近代日本と東南アジア

近代日本と東南アジア

南進の「衝撃」と「遺産」

後藤乾一

岩波書店

目　次

序章　近代日本の東南アジア像の変容

はじめに

異国——亜米利加をも露西亜をも含めた広い意味での欧羅巴——支那でもなく朝鮮でもなく印度でもない異国に対するこの国の人の最初の印象は、決して後世から想像するような好ましいものではなかった。

島崎藤村『夜明け前』より

近代日本の歩みは、「世界に亙っての土地征服者」とみなされたこの「異国」＝西欧近代によって鎖国の長夢を破られ、「異国」に新たな文明のモデルを求め、そして精神的にも物理的にも「異国」と格闘しつづけた歴史であった。

それは約言するならば、相対的に安定した東アジアの伝統的な華夷秩序から離脱し弱肉強食の西欧的国際体系への参入がもたらした意図せざる帰結ともいえた。そしてこの新しい国際体系の中での近隣アジア諸民族・諸国家との関わりは、日本とその「異国」との関係によって大きく規定され、また逆に近隣アジアとの関わりが欧米列強との関係のあり方に影響を与えることになった。

十数世紀にも及ぶ中国に対する日本人の崇敬の念はアヘン戦争以来とみに翳りをみせていたが、それは一八八五年(明治一八年)、時代を象徴する大啓蒙思想家福沢諭吉が「支那朝鮮に接するの法も隣国なるが故にとて特別の会釈に及ばず、正に西洋人が之に接するの法に従って処分す可きのみ」(「脱亜論」)と宣言した時、もはや決定的なものとなっていた。「琉球処分」(一八七九年)につづきかつての師であり仲間であった中国、朝鮮が「処分」の対象になったことは、同時にかつて華夷秩序の中で「外夷」と位置づけられた今日の東南アジア諸地域(除ベトナム)が、新しい秩序の下では「夷の中の夷」ともいうべき地位に転落したことを意味した。[1] その東南アジアでは、一八八〇年代に至ると西欧列強による植民地体制がほぼ完成していた。

こうした中で、かつて日本人に「紅夷」と蔑すまれた「異国」の人々は、彼らに対する劣等感と畏敬の念が混り合う中で、きわめて短時間の内に「西洋文明人」と呼ばれるに至った。いうまでもなく文明とは本来中国の文物とくに儒教文化が普及している状態を意味するものであったので、こうした呼称の登場と定着は、そのまま近代日本の価値の座標軸がどこに推移していたかを如実に示すものであった。

一　「東洋外国人」から「名誉白人」へ

新しい価値の座標軸を設定した近代日本にとって最初の本格的な対外戦争＝日清戦争は、政治的には「東洋平和」の実現を大義としてなされただけでなく、国民の多くにとって「野蛮」に対する「文明」の義戦であると理解された。こうした社会進化論的な文明一元論に立つ理解がいかに根強かったかは、日清戦争を擁護したことをやがて厳しく自己批判することになる内村鑑三すら開戦前には「余輩は歴史家として曰ふ、日支の衝突は避くべからざると、而して二者衝突して日本の勝利は人類全体の利益にして世界進歩の必要なり……」と述べていたことからも明らかである。こうした知識層の日清戦争観は、「膺てや懲らせや清国を、清は御国の讐なるぞ　東洋平和の讐なるぞ　伐ちて正しき国とせよ……」(「膺てや懲らせや」作詩横井忠直、作曲上真行、一八九五年)と勇壮に口ずさむ民衆の「支那」認識に下支えされたものであることはいうまでもなかった。

脱亜化＝新「文明」世界への参入と認識した近代日本の中国(アジア)に対する姿勢は、いわゆる義和団事件の鎮圧に際し日本が「異国」の五カ国と連合しかつその指揮をとったことで、より一層鮮明に浮かび上がる。

アジアを圧迫することで脱亜化を押し進めたともいうべきこの事件の結果、それまでの日本が折にふれて唱えたアジアとの連帯の論理、それを「アジア主義」と呼ぶならばそのアジア主義は純粋性を失うことになる。基本的な点で列強から差別されているとの意識なしにはアジアとの連帯はあり得ないと指摘する坂野潤治が、この時期までが「真面目な意味でのアジア主義が存在しえた最後の時代」と強調するとおりである。そして義和団事件鎮圧の直後「列強の中の列強」イギリスと日英同盟を結んだことは――英の意図と対日認識は別にして――、日本が西欧国際体系のまぎれもない一員として認知され、弱肉強食の帝国主義の世界に参入したことを象徴するものであった。

この日英同盟と日露開戦の中間にあたる一九〇三年、世紀初頭の近代日本のアジア認識をみる上で重要な出来事があった。それは同年三月大阪で開かれた第五回内国勧業博覧会の会場に「学術人類館」なる見世物小屋が設けられ、「内地に近き異人種を集め」その風俗習慣を紹介するといういわゆる人類館事件が生じたことである。そこには「北海道アイヌ五名、台湾生蕃四名、琉球二名、朝鮮二名、支那三名、印度三名、爪哇一名、バルガリー一名、都合二十一名の男女」が好奇の対象として〝展示〟されることになった。

この「人類館事件」については真栄平房昭の問題提起的な好論文(5)があるが、いずれにせよ内国植民地北海道(ちなみに「旧土人保護法」が制定されたのは一八九八年)、沖縄、かつての同一文化圏、さらにはジャワ、インドという南方の異文化圏——ひらたくいえば後の「大東亜共栄圏」内の人々——に差別と偏見の目を向けた事実は、近代日本のアジア観の本質を抉る上で今後さらに追究されるべき課題である。

それと共にこの「人類館事件」をめぐりもう一点考えるべき点がある。それは、アジア域内における差別の重層性ということである。真栄平論文(二二頁)は、同年四月十一日付『琉球新報』の論調を紹介しているが、そこには「台湾の生蕃・北海道のアイヌ等と共に本県人を撰みたるは、是れ我を生蕃アイヌ視したるものなり。我に対するの侮辱豈にこれより大なるものあらんや」との沖縄県人の憤激の声が記されている。

また当時、この「人類館事件」の報に大国としての民族的誇りを著しく傷つけられた在日中国人留学生は、抗議文を発表した。そこには「われ支那人は賤しめられるといえどもどうしてこの六種族と同列に扱われ得よう」との怒りが露にされている。「インド、琉球は亡びた国でイギリス、日本の奴隷、朝鮮はわが旧属国、今はロシア、日本の保護国、ジャワ、アイヌ、生蕃などは最も卑しい人種でけだものに近い」というのが彼らの抗議の理由であった(6)。

こうした経緯をみるとこの「人類館事件」からは、一方において近代日本が東南アジアを含めた近隣アジア諸民族をどのような認識枠組で捉えたのかが判明すると共に、他方では日本に差別されたアジア諸民族の側において被圧迫者同士の連帯よりも華夷秩序観の残滓、あるいはそれに起因するある種のエスノセントリズムを見出すことが可能である。近代日本と近隣アジア諸民族・諸地域との関係をアジア大の規模でより立体的に考察するには、今後このような諸側面にも留意することが求められるのではないだろうか。

西欧国際体系の中で日本は列強の仲間入りを遂げ、反対にタイ国(当時はシャム)を除く東南アジアはその植民地支配の中に組み込まれることになった。そうした構図の中で日本は、東南アジアに対してどのような視線で臨んだのであろうか。それは明治初めの岩倉訪欧使節団をはじめ「欧羅巴」への往復の途次シンガポール等に立ち寄った多くの日本人が観察したように、東南アジアとは日本から近距離に位置する天産の地であり、列強に蚕食されている惨めな存在という――端的にいえば「北人南物」的な――地域認識であった。

この東南アジア地域との関係を築くとき一九世紀末の日本が第一に掲げた原則は、列強による植民地体制を承認し、その上で自らの経済的利益を追求することであった。一八九三年三月、榎本武揚を会長に近衛篤麿、小村寿太郎、志賀重昂ら朝野の有力者を集めて発足した殖民協会が目的としたのもまさにその点であった。近代日本の最初期の本格的な南洋団体たる殖民協会は、「人口問題の解決、海運・海軍の増強、市場獲得、外貨獲得のために平和裡に移民を送り出すこと、およびその世論作り」を主たる目的としたが、その進出先として重視されたのが南米と共に台湾、フィリピン、英領マラヤ、蘭領東インド(蘭印、現インドネシア)等今日の海洋部東南アジアであった。(7)なおこの内スペイン支配下にあったフィリピン(一八九八年アメリカ領)は、「独立の英雄」ホセ・リサールと親交を結んだ末広鉄腸の政治小説『南洋の大波瀾』(一八九一年)の影響もあり、当時の日本人にはもっとも身近に感じられた南方の地であった。この鉄腸の小説には、フィリピン独立運動への協力と日本の影響力の扶植といういわばアジア主義的連帯と膨張の二要素が見出され、東南アジアに向き合う際の日本の姿勢の原像ともなっている。(8)

日清戦争後清国から台湾を割譲させたことで、日本の東南アジアに対する関心はより現実味をおびたものとなり、進出の可能性を求めてさまざまな試行錯誤がなされた。バシー海峡をはさみ一衣帯水の地となったフィリピンでは、東南アジア最初の民族革命(カティプーナンの蜂起、一八九六年)、さらには米西戦争を契機とするスペイン支配の終焉がみられたが、そうした中で陸軍参謀本部を中心に、一時積極的な介入論が唱えられたのは、その代表的な一例であった。

また一八九七年三月、駐シンガポール領事藤田敏郎らの一行が、ジャワ視察に赴いたのも同じ文脈で理解できよう。蘭領東インドの中心ジャワに在住する日本人の実態を把握し、商権拡大の方途を探ることが視察の主目的であった。藤田は「最モ感歎ニ堪ヘザルハ支那人ナリ」(9)と記述するように華僑の経済的実力に圧倒される一方、ジャワに居住する一二五名の日本人中一〇〇名もが「からゆきさん」であり、正業を営む日本人がほとんどいない実情を慨嘆する。しかも日本人が「該地政庁ヨリ非常ノ圧制ヲ受ケ支那人同様ニ待遇セラレ」(10)ている状況に暗澹たる思いを抱く。こうした現実は、対英治外法権の撤廃(一八九三年)と日清戦争の勝利を通じ文明国の一員となったことを自負する帝国日本の外交当事者にとっては黙過しえない屈辱と映じた。

その当時の植民地蘭印には、人種差=階級差を特色とする「ヨーロッパ人、東洋外国人、土民」の三層からなるヒエラルキーが、法的にも現実的にも確立していた。その複合的秩序の中で、日本人は中国人、インド人、アラブ人等と共に「東洋外国人」の範疇に入れられていた。こうした現状に驚愕した藤田領事は、ジャワ滞在中蘭印総督に対し、日本人の法的地位をヨーロッパ人同等に引き上げるよう強く求めた。しかしながらこの要請に対する総督の返答は、「日本ハ近国ニシテ給料低廉ナレハ若欧州人同様ノ待遇ヲナセハ日本人多数爪哇ニ渡来シ愚昧ナル土人ノ職業ヲ奪フ虞アルニ付特殊ノ待遇ヲ変セル不能然レトモ之ヲ以テ日本ヲ侮辱スルモノト思フハ大ニ誤レルモノナリ」(11)という突き放したものであった。結局この問題は日本側の外交努力が奏効し、最終的には一八九九年五月「蘭印行政処務規程」の手直しによって、日本人はヨーロッパ人同等の法的地位を認められることになった。東南アジアにおけるその他の列強植民地においても、ほぼ時期を同じく日本人の法的地位の変更が実現する。ここにもアジアからの「異化」、欧米への「同化」＝脱亜入欧を目指して苦闘した明治日本のいじましい精神の軌跡を見出すことが可能である。

一九世紀最後の一〇年間は、このように東南アジアと向かい合う近代日本の「正面の顔」がその輪郭を明確にした時期であるが、それとの関連で独立国シャムとの間に締結した「日本暹羅修好通商航海条約」にも軽く触れておきたい。英仏両勢力の緩衝地帯となり日本の恰好の進出先とみなされたシャムとの条約締結の必要性については、東邦協会（一八九一年、副島種臣らにより創立）幹事長稲垣満次郎が日清戦争の直後から提唱していたが、その稲垣が初代弁理公使としてバンコクに赴任した翌年の一八九八年二月に調印をみた。この条約の最大の特徴は、日本が領事裁判権をシャム側に認めさせたことである。[12] 幕末に結んだ列強との不平等条約の屈辱を身をもって痛感しその改正を最大の外交課題と決意した明治日本が、「正に西洋人が之に接するの法」をもって誇り高き独立国シャムに対したことは大きな矛盾であった。

シャム側からすれば、ラーマ五世（チュラーロンコーン王）下でのチャクリ改革を通じ対英ボーリング条約をはじめとする欧米列強との間の不平等条約の改正に全力をつくしていた中で、近代化の一モデルともみていた日本からさらなる不平等条約を強要されたことはきわめて屈辱的なことであった。それによって「日本に対する、そして汎アジア連合をめざす日本の使命に対するタイの熱狂は著しく気勢をそがれ[13]」たとしても、それは蓋し当然であった。

以上の諸事例にみられるように東南アジアにおける日本人の立場は、手短かにいえば「名誉白人」あるいは「準白人」と呼びうるものであった。「名誉」「準」の語が冠せられることで「白人」世界の完全なる構成員とは認知されない一方、「白人」世界の末端につらなることによって他のアジア諸民族からの「異化」をはかるという二律背反性をぬぐいきれないままに、近代日本は東南アジアとの関わりを深めていくことになった。

しかしながらそうした抽象レベルでの一般化とは別に、一九世紀末から今世紀初めにかけて渡南した日本人の多くは、海外娼婦(「からゆきさん」)、農業・漁業・商業移民、さらには各種工事現場で肉体労働に従事する無告の民とも呼びうる階層の人々であった。しかも東アジアとくに朝鮮に向けての日本の民衆の進出がしばしば「官」と密接な関係をもっていたのと異なり、東南アジアに向けての初期の「人流」の多くは、国家権力とは無縁なものであった。それどころか、流れついた地において、しばしば国家から冷淡な視線を向けられていたことは、一九世紀末のマラヤへの農業移民、今世紀初頭のフィリピン・ベンゲット移民等にみられるとおりである。

その意味で、時代は先にとぶが第一次世界大戦後に流行した大衆歌謡「流浪の旅」(後藤紫雲作詞)の冒頭の一節「流れ流れて落ち行く先は、北はシベリヤ、南はジャバよ」は、東南アジアに関わった初期日本人の境涯を象徴するものであった。彼らはそれでも日本人として植民地社会の中で「白人」同等の法的地位を享受したが、その一方で植民地の被圧迫民族との間に心情的な絆を築くものも少なからず存在したということも看過されてはならない事実である。こうした植民地民衆への「共感」の中から、彼らの民族主義運動との関わりが産まれてくる事例も——全体からみればごくわずかではあったが——戦前期に存在したということも、この段階で一言指摘しておきたい。

二 「勝利の悲哀」vs.「黄人の重荷」

日英同盟を背景に大国ロシア帝国と戦いこれに勝利したことは、新世紀初頭の日本人の精神のあり方に重大な影響を及ぼすことになった。日露戦争は基本的には朝鮮半島、「満州」に権益圏をつくろうとする二つの帝国主義ライバル間の角逐であった。と同時にそれは当時の国際関係の文脈においては、アジア対ヨーロッパ、有色人種対白色人種、非キリスト教国対キリスト教国の間の戦争という性格ももっていた。したがって日本の勝利は、「不敗」のヨーロッパに対するアジアの勝利としてある種の文明論的な衝撃を世界に与え、また一部の日本人にもそのことを痛切に感じさせることになった。日露戦争終結の翌年、「勝利の悲哀」と題した一文を綴った徳冨蘆花もそうした知識人の一人であった。その中で当時トルストイに傾倒していた蘆花は、ヨーロッパを破った日本が置かれるであろう微妙な地位をこう描写した(14)。

一方においては白皙人の嫉妬、猜疑、少なくとも不安は黒雲のごとく爾を目がけてわき起り……一方においては、他の有色人種は爾が凱旋ラッパの声にあたかも電気をかけられたるごとく、勃々と頭をもたげ起こし来れるにあらずや。この両間に立って、爾は如何にして何をなさんと欲するか、一歩を誤らば、爾が戦勝はすなわち亡国のはじめとならん、しかして世界未曾有の人種的大戦乱のもととならん。

蘆花が直感したように、アジアの非キリスト教の小国ながら世界の八大強国の一員として「白人世界」に参入した日本、それも蘆花の兄蘇峰の言を借りるならば「吾人は実力を以て、世界列強の間に、無理押しに押入りて、其の仲間の一員となりつつ[15]」あった日本に対する欧米列強の視線は、日本人が予想した以上に厳しく険しいものであった。

とりわけ日露戦争後の日本が戦前の公約に反し満州を勢力下に置こうとしたことは、これまで日本を好意的にみてきた――勢力均衡論的な観点からではあるが――アメリカの不信を買い、さらには日本人移民問題、海軍増強問題ともからみ、日米関係は「黒船」以来最大の危機的様相をみせた。もちろんその底流には「予は文明国から来て日本に駐在する所の最初の公認代表者であろう。これは予の一生における新時代を画するであろうし、又日本における新時代の秩序の始まりとなるであろう」(T・ハリス)というようなアメリカ人の人種的優越感(そしてそれから派生する黄禍論)といった非合理的な要因があったことも指摘されねばならないだろう。いずれにせよ、日露戦争後の日米関係の緊張の結果、細谷千博が指摘するごとく「太平洋戦争の破局に向かう大河に注ぐ源流[16]」が形づくられることになったのである。

国際社会における日本への不信の高まりを直視した一人に朝河貫一がいる。一九四八年に没するまでの約半世紀間、イェール大学を拠点に比較法制史研究の世界的碩学として名声を博した朝河は、同時に太平洋の彼岸から故国日本の動向に憂いにみちたまなざしを向け続けた愛国者でもあった。その朝河は日露戦争四年後、日本における膨張主義の台頭を危惧し、もし現状のまま推移するならば日本は「世に孤立する私曲の国、文明の敵」として「世界憎悪の府」となろうと警告を発し、次のように述べた。

しからざるまでも、日本が行く行くは必ず韓国を併せ、南満州を呑み、清帝国の運命を支配し、かつ手を伸べて印度を動かし、比律賓および豪州を嚇かし、兼ねてあまねく東洋を威服せんと志せるものなりと信ずるもの比々然らざるはなきもののごとし。[17]

他方それと同時に、朝河貫一の所説は主にアメリカ東部の知識層の対日観をふまえて組み立てられたものであることも念頭に入れる必要がある。したがって彼が「比律賓」「印度」という時、そこには無意識的にその地を支配している欧米列強の既得権益が前提とされており、それを打破せんとするアジア諸民族のナショナリズムを内在的に捉える視点が欠けていることは否めない。たとえば朝河は、イギリス人の対日感情の悪化に言及する中で、その原因を彼らが日本の膨張を警戒し、「印度土人の不穏」も「東洋人種が一体に日本の勝利に鼓舞せられたるの一結果」だと理解しているからだと、イギリスに肩寄せする形で指摘している。しかしながら、この「印度土人の不穏」とは、裏返してみるならばまさに蘆花が看取したように「他の有色人種は爾が凱旋ラッパの声にあたかも電気をかけられたるごとく」に民族的な自覚を強めたということにほかならない。

「人類館事件」に象徴される近隣アジア諸民族への明らさまな蔑視、あるいは日英同盟、桂・タフト覚書、日仏協約さらには日露協約にみるアジアにおける列強との勢力圏画定といった日本の脱亜化にもかかわらず——逆説的だがある意味ではそれ故に——欧米諸国の植民地東南アジアでは、北方アジアの「大国」日本の存在がはじめて意味ある実体として意識されるようになる。ベトナムの抗仏勤皇の民族主義者潘佩珠《ファンボイチャウ》が、その回想録の中で日露戦争における日本の勝利を「東風一陣、人をしてきわめて爽快の想にあらしめた一事件……日露戦役は実に私達の頭脳に、一新世界を開かしめた」と述べ、「アジアの黄色人種」日本には「全アジア振興の志」があるだろうと期待し、抗仏独立運動たる東遊運動を日本で展開したのはその典型的な事例であった(18)。

ベトナム以外にも日露戦争後の東南アジア各地からは、蘭領リアウ王国のスルタン一族の対日接近、英領ビルマの高僧ウー・オウッタマの民族主義に根ざした対日提携、さらにはフィリピンの抗米志士リカルテ将軍の日本亡命など日本をアジアの仲間と期待しての政治的動機に支えられた来日が相次いだ。しかしながら、フランス政府の要請により東遊運動を崩壊に追い込んだ日本政府に対する潘佩珠の怒りが象徴するように、近代日本に多大の期待をかけたこれら東南アジアの民族主義者が、脱亜化の道に深入りした日本から最終的に得たものは——「アジア主義」の原点に立ちつつ彼らを支援しつづけた少数の日本人は存在したが——落胆と挫折感でしかなかった。

こうした実践的な来日に加え、日露戦争が東南アジア各地の新世代の植民地知識人に与えた精神的影響も看過することはできない。この点は当時の日本でも自意識過剰気味に受け止められていたことは、蘇峰の日露戦争直後の論文「黄人の重荷」の次の一節からもうかがわれる。

然も自ら求めざるも、世界の二大人種の一なる、黄色人種は、何れも我か大和民族を仰かさるものなし……何れも大和民族を以て、其の希望を繋く標的となしつゝあるか如し。(19)

たしかに一九〇六年のイギリス植民地ビルマにおけるＹＭＢＡ(青年仏教徒連盟)の成立、その二年後のインドネシアにおけるブディ・ウトモの誕生の背景には、日本勝利の衝撃の余波をみることが可能である。そして今日の両国における歴史記述において、これらの組織が最初の本格的な民族主義的結社として金文字で位置づけられていることも事実である。

と同時に、それにもかかわらず、日本人としてとくに留意すべき点は、東南アジアにおける民族主義的な覚醒を日露戦争に短絡的に結びつけるべきではないということである。日本勝利の衝撃の意味を思想化し、内在化するにたるだけの民族意識の一定の熟成が植民地下にあった東南アジアの各地にすでにあったという事実を無視するならば、それは東南アジアのナショナリズムの蓄積を黙殺した上でのみ成り立つ「大東亜戦争＝解放戦争」史観と同質の陥穽に陥ることは明白だからである。

三　「大衆オリエンタリズム」と南洋

首相大隈重信が「日本国の発達に対する大正新時代の天佑」と呼んだように、日本は第一次世界大戦に参戦しさしたる犠牲を払わずに経済的飛躍を遂げ、さらには戦勝国として中国山東省のドイツ権益と赤道以北のドイツ領南洋諸島を獲得した。当初日本に参戦を求めたイギリスがその直後にこれを撤回しようと試みたのも、戦争に乗じ日本が中国、太平洋方面で権益を拡大することを恐れたからに他ならなかった。

名実共に日本は世界の五大国の一員としての地位を獲得した反面、皮肉にも第一次世界大戦を契機に、日本と列強との間に伏在する矛盾が顕在化することになった。ワシントン海軍軍縮条約において米英両国に譲歩を強いられたという軍事面での遺恨だけでなく、それに先立つヴェルサイユ講和会議では日本が提議した「人種差別撤廃」条項が欧州諸国やオーストラリア等の強い反対で葬り去られたことは、日本の政府・軍部の指導層の一部に深い怨念《ルサンチマン》の火種を残すことになった。その意味でアメリカの日本近代史家ピーター・ドウスが、西欧支配の打破を掲げる「大東亜共栄圏」構想を一九一八年に対する日本の「イデオロギーによる強力な復讐[20]」であると指摘したことは、正鵠を射たものといえよう。またその点との関連で、一九三〇年代から「大東亜戦争」期(さらには五〇年代半ばまで)の日本外交の最前線にあった重光葵が次のように書き留めていることは、戦前期の国際協調路線の底流にある屈折した心情をみる上で興味深い事実である。

戦敗者の為めには民族主義は蹂躪されたのみでなく、東洋に対しては亜細亜植民地の観念は何ら改めらるる処なく、即ち東洋人に対しては人種の平等が認められぬのみでなく、民族主義の片鱗をも実行せられなかった。東洋を永遠に西洋の奴隷とする考えが尚維持せられたのは非常な矛盾であった[21]。

このような国際政治上の問題はさておき、日本は「同盟」関係にあった欧州諸国が戦場となった一九一四―一八年の間、東南アジアに対する経済的関心を急速に深めてゆく。開戦翌年の一九一五年初、官民期待の内に東南アジアへの平和的経済進出を推進すべく財団法人南洋協会が設立されたのは、そうした日本の南方関心の深まりを象徴するものであった。この関心は、何よりも列強の植民地とりわけ蘭印、英領マラヤに対し初めて本格的に進出する機会が与えられたことに起因した。

経済関係の飛躍的な拡大に伴ない、従来、商業・農業・漁業移民を中心に形成されてきた東南アジア各地の〝つつましい〟性格の日本人社会も様変りをみせる。(22) 蘭印を例にとるならば、すでに支店を有していた三井物産等大商社にくわえ、第一次世界大戦と共に台湾銀行、横浜正金銀行等の金融機関が支店を開設、さらには大日本製糖、南洋倉庫など各分野の大手企業の進出が相次いだ。こうして短期間の内に一定の規模をもつに至った日本人社会を対象に邦字紙『爪哇日報』も発刊される(一九二〇年)。そして一九一九年にバタビア(現ジャカルタ)の日本領事館(一九〇九年開設)が総領事館に昇格する頃になると、総領事を頂点に政府機関関係者、大手企業駐在員、そして長期在留邦人からなる近代日本の似姿ともいうべきヒエラルキーが形成されるようになる。(23) しかもこの序列化された構造をより細かくみるならば、日本人社会の底辺部には沖縄県人が位置づけられ、さらにその下に「日本国民」たる植民地台湾・朝鮮の出身者が置かれたのである。

朝鮮人が置かれた境遇との関連で、東南アジア最大の日本人社会があったシンガポールでの一事例をみておきたい。一九二一年三月訪欧途中の皇太子(のちの昭和天皇)一行が同地に寄港するが、皇族関係者や名士来訪の際の慣例である歓迎行事もとり行なわれないまま皇太子一行が「極秘上陸」したことにつき、同地の日本人社会の総代格、医師西村竹四郎はこう書き留めている。「近来朝鮮に不逞分子が蠢動している。当地総領事館は予じめ在留鮮人の行動を内偵し非常な警戒振り[24]……」（傍点引用者）。日本本土、植民地朝鮮半島でみられた差別の構造が、そのままの形で異郷の「日本人」社会に移植されている構図が明瞭に示されていよう。

第一次世界大戦後に「南」一般に対する日本人の関心を深めたもう一つの重要な要因は、参戦直後に赤道以北の旧ドイツ領ミクロネシアの支配権を獲得したことである。小笠原諸島の南に連なるこの海域への関心は、明治中期に広範な読者層を得た井上彦三郎・鈴木経勲『南島巡航記』、志賀重昂『南洋時事』等の著作でもつとに表明されており、一般的通念として第一次世界大戦期までは南洋といえばこの南洋群島をさしていたといっても過言ではなかった。事実この地域にははなばなしく人目をひくものではなかったが、早くから小規模の貿易会社が進出していた。たとえば後に南洋庁がおかれるパラオには、第一次世界大戦前の一九一二年、一二二名の白人に伍しすでに日本人在住者七三名を数えていた。[25]

開戦二カ月後の一九一四年十月、南洋群島は——イギリスの不安が的中し——日本海軍の占領下におかれ、ひきつづきヴェルサイユ条約により国際連盟の委任統治領として日本の実質的な領土になる。矢内原忠雄がつとに指摘したように、委任統治制度は帝国主義間の領土再分割の一形態にすぎず、[26]それは第一次世界大戦後民族自決思想が高まる中、列強が「植民地なき帝国主義」を模索した結果産みだされた制度であった。

タテマエとしての「(まだ自立できない人民の)福祉及発達ヲ計ルハ、文明ノ神聖ナル使命」という委任統治の「理念」にもかかわらず、一九三〇年代後半になると群島全体の人口構成において日本人が最大多数を占めるに至った。[27] この事実が示すように、南洋群島は日本が「神聖ナル使命」を行使する場ではなく、糖業を中心に燐鉱業、水産業等の諸分野で日本人が大挙進出した文字通りの「植民」地に他ならなかった。しかも日本全体の生産比の中で南洋群島が占めた比率は一%(一九三五年)[28]でしかなかったにもかかわらず、日本とりわけ海軍がこの地域を重視したのは、第一にここを対米軍事戦略の拠点として位置づけたこと、第二に南洋群島の外側に〝無限〟に広がるとみた外南洋(東南アジア)への進出根拠地とみなしたためであった。[29]

近年、南洋群島における日本統治期の実態に関しては内外で本格的な実証研究が発表されているが、これらの先行研究をふまえつつ、本書の主題との関連で二点ほど指摘しておきたい。第一は、基本的に同一文化圏に属した台湾や朝鮮と異なり、この地域は評価すべき歴史伝統のない低レベルの異文化圏であるとみなされ、それ故に統治に際しては日本が事実上の〝フリー・ハンド〟を行使できると措定されたことである。大日本帝国臣民から厳然と区別された「島民」[30]という法的概念が導入されたのも、その端的なあらわれである(台湾における本島人、朝鮮における半島人が差別性をもちながらも社会的呼称にとどまったのに対し)。こうして一九二〇年代初頭から群島全域において「島民」に対する日本語教育の徹底、日本的価値観の注入など急激な皇民化政策が実施された。その方法は、一九三〇年代の「公式植民地」=台湾・朝鮮における皇民化政策の前哨をなすものであり、また日本軍占領下の戦時期東南アジアでも適用が試みられた方式であった。さらに南洋群島では統治の補助的手段として青年団、隣組などの組織が日本語のまま導入されたが、これらもまた東南アジアの占領統治においてモデルを提供する形となった。

第二は、「内地」からの植民者の流れとならび大量の沖縄県人が農業(糖業)労働者あるいは漁民として来島し、そして日中戦争期以降には朝鮮人が各種工事現場で働く労働者として政策的、組織的に送り込まれたことである。その結果、ここでも前述したような民族差=階級差という性格をもつ複合的な秩序が形成され、それは同一職場における明白な民族別賃銀差となってもあらわれた。アンガウル島の燐鉱採鉱所の労働者の賃銀実態(一九三三年六月分)を現場で調査した矢内原忠雄によれば、そこでの日給は、「内地人」三円四五銭、「沖縄県人」二円五三銭、「支那人」二円一五銭、「チャモロ族」一円四〇銭、「カナカ族」七〇銭であった。[31] また南洋群島についての詳細な著作の中でマーク・ピーティは、日本人を頂点、ミクロネシア人を底辺とするヒエラルキーの中間に沖縄県出身者と朝鮮人が組み込まれ、そこには「明確に区別のつく三つの階級」が成立していたと指摘している。[32]

ところで若干本筋から離れるが、南洋群島は近代日本が初めて関心を向けた「南」の地域であると同時に、三〇余年にわたり支配下に置いた初めての異文化圏である。そしてこの地は「大東亜戦争」末期にはアメリカの対日反攻の最初の目標となったため、甚大な被害を現地住民に与えることになった。それにもかかわらず、南洋群島は戦後日本人の脳裡からほとんど忘れ去られた存在となった。今日厳しく問われている「戦後補償」問題の中でも南洋群島(現在は北マリアナ連邦、パラオ共和国、ミクロネシア連邦、マーシャル諸島共和国)は、ごく最近まで論議の蚊帳の外におかれてきた。日本人の中でこの地の植民地支配に対する贖罪感が稀薄なことに加え戦後の南洋群島はアメリカの信託統治領となり日本人の目の届かぬ地となったこと、そしてそのアメリカとの間に一九六九年いわゆるミクロネシア協定が締結され、これにより南洋群島への日本の戦争責任は免罪されたとの法解釈がなされてきたことなどがその理由である。

しかしながら、新旧の支配国たる日米両大国がミクロネシアの頭越しに結んだこの協定に対し、近年関係諸国の間では強い異議申し立ての動きが官民両レベルで高まっていることも事実である。(33)総人口一八万弱とはいえ、戦前・戦中期にこの地域に君臨した日本——その象徴としてのパラオにおける官幣大社南洋神社(34)——が、「アジア太平洋時代」を唱える時、ミクロネシアの文字通り「小さな声」にどのように対処すべきかは、日本人の歴史認識のあり方とも深く関わる問題となってこよう。

前述した第一次世界大戦以降の日本と東南アジアとの経済関係(ヒト・モノ・カネの流れ)の拡大と加速化そして南洋群島の統治は、それでは一般国民レベルのどのような南方認識の上に成り立っていたのだろうか。結論を先取りしていうならば、「南」に対する認識に関する限り、近代日本は国家レベルをみても民衆レベルをみても質的な差異はなく、いずれも上から下を見下すものであった。約言すれば川村湊が指摘する民衆レベルの根深い「大衆オリエンタリズム」(35)ともいうべきものが、第一次世界大戦期以降の日本の南進の心理的基盤となっていたのではないだろうか。具体的な例として小学校の教材として使われた二つの文章をみておこう。一つは日露戦争直後から使用された『高等小学読本』に収められた一作家の次のようなシンガポールでの印象記である。

上陸スレバ、色黒キ土人争ヒ集リテ、予ガ手荷物ヲ取リ、辻馬車ニ持チ運ブ、其ノ喧シキ事喧嘩ノ始リシガ如ク……異様ノ服ヲ着ケタル土人ハ猛悪ナル黒色ノ顔ニ笑ヲ含ミテ、鬼ノ如クアリ、羅漢ノ如クアリ。（傍点引用者）

もう一つは、南洋群島のトラック島を舞台にしたもので、叔父からの「トラック島便り」という形で甥へこう語りかけられている（『尋常小学国語読本第三期』）。

土人はまだよく開けてゐませんが、性質はおとなしく、我々にもよくなつき、殊に近年我が国で学校をそこここに立てたので子供等はなか〳〵上手に日本語を話します。（傍点引用者）

以上の二例が示すように、東南アジア（外南洋）、南洋群島（内南洋）を問わず、近代日本が「南」の人々を「土人」（あるいは「原住民」「島民」）と捉える視点は、公的な学校教育さらには各種のマスメディアを媒体として幼少年期から日本人の脳裡に深く繰り返し植え付けられていった。まさにこの「土人」という二文字こそ、近代西欧を規矩とする「文明」に対置された「野蛮」、さらには伝統的な華夷秩序観における「外夷」と同義であり、戦前期日本人の南方観（それは今日なお「現地人」「東南アジア系」と表現をかえて色濃く継承されている）を象徴し、約言する概念であった。

四　南進と東南アジアのナショナリズム

第一次世界大戦後の国際秩序ヴェルサイユ＝ワシントン体制の下で、日本は国際協調主義を掲げ、その枠内で列強の植民地東南アジアに向けての経済的進出をはかることを目的とし、そのことに一応の成果をおさめた。

しかしながら世界大恐慌直後の一九三〇年代に入るや、日本経済の東南アジア進出を相対的に容易ならしめてきた諸条件に大きな亀裂が入り始める。その第一は、日本の経済進出が東南アジアの植民地保有国とくにオランダの許容度を越えるほどに急激となったことである（一九三二年には蘭印総輸入に占める蘭・日の比率が逆転し、三三年にはその差は約二・五倍となった）。こうした中で蘭印植民地政府は、潜在的な対日不安を顕在化させ「日本の経済的浸透は来るべき軍事占領の単なる序曲」[36]と警戒し、対日経済関係の規制や在留邦人に対する監視体制を強化することになった。第二は、日本の政・軍指導層の中で既成の国際秩序や国内政治体制を打破しようとする勢力が力を強め、そのことが列強側に著しい不安感を与えたことである。とくに近代日本が列強との事前協議なしに強行した最初の対外的軍事行動である満州事変は、日本における対外強硬主義《ジンゴイズム》の台頭だとし、ほぼ時を同じくしてのドイツにおけるヒトラーの登場と共に列強側に少なからぬ衝撃を与えることになった。

満州事変をめぐる列強側との対立に端を発しての日本の国際連盟からの脱退は、爾後の日本の対外政策の決定過程に重大な影響を与えることになった。なかでもかねてから国際協調路線に異を唱え、ワシントン、ロンドン両海軍軍縮条約に対する批判の急先鋒であった海軍内の対外強硬派（艦隊派）が、既成国際秩序の打破を唱えつつ積極的な南進論を主張するようになる。[37]折しも一九三四年には石油業法が制定され、重要国防資源としての石油の重要性が決定的なものとなる。石油の対米依存（総輸入の約六〇％）から脱却したいとする海軍は、満州における巨大な権益を獲得した陸軍に対する競合意識にも刺激され、東南アジアとりわけ「資源の宝庫」とみなしていた蘭印に対する関心を急速に深めてゆく。

こうした海軍の南方関心の深化と関連し一言付言すると、海軍内部には、一九一四年の南洋群島占領以来「南方問題」には通暁しているとの強い自負があった。このため国際連盟を脱退した以上日本は南洋委任統治領を連盟に返還すべきだとの列強側の要求に対し、真向から反対したのも海軍であった。ただし南洋群島の統治継続論は対外強硬論者に限られたものではなく、当時の日本の世論の大勢を占めていたことは留意しておくべきだろう。たとえば矢内原忠雄ですら、南洋群島の統治実績に鑑み、植民政策学的な観点から統治の継続を肯定する立場をとっていた(38)。

海軍を中心とする諸勢力による南進論の高揚は、南進国策を北進と同列に位置づけた一九三六年八月七日の五相会議決定「国策ノ基準」によって制度化されることになる。同時にこうした急速な動きは、東南アジアの植民地保有国に大きな脅威感を与えることになった。現代の一オランダ人史家も、この一九三六年を「太平洋戦争の恐怖が頂点」に達した時期と位置づけ、その根拠として二・二六事件、海軍軍縮条約からの離脱といった軍国主義的空気の盛り上がり、そしてフィリピン・コモンウェルスの成立（一九三五年一一月）に伴なうアメリカのアジアからの段階的撤退が蘭印の安全保障に及ぼした影響等を指摘している(39)。

日本の南進政策に対する列強側の不安を高めた要因としてさらに付け加えるならば、その一つは台湾における南進態勢の急速な制度化（本書第二章を参照）、もう一つは南洋群島（一九三八年に日本は領有を宣言）の軍事的機能の増強という問題である。とくに後者に関して、ハワイ―グアム―フィリピンを西太平洋方面の戦略の要とするアメリカ海軍は、このラインを縦断する形で日本が南洋群島以南にさらなる南進をはかることに神経を尖らせていた。同じようにこの線に沿った日本の南下はオーストラリア等英連邦諸国、そしてオランダの安全感を著しく損うものであったことも明らかであった（本書第三章を参照）。

政府・軍部そして経済界の東南アジアに対する関心の深化に照応し――ときにそれを刺激する形で――アジア主義的な南進論が唱えられたのも、一九三〇年代の顕著な特徴の一つであった。国際連盟脱退と時期を同じく結成された思想団体「大亜細亜協会」の活動は、その典型的な例であった。同協会は在野のアジア主義者として知られた言論人下中弥三郎の提唱で、政界（近衛文麿ら）、軍部（松井石根、末次信正ら）、言論界（徳富蘇峰ら）等各界の有力者を網羅し、敗戦までの十二年間積極的な現状打破論、対外強硬論を展開した思想団体である。

ここでは大亜細亜協会の対外関心の中で東南アジアがどのように位置づけられたかという問題と関連させ、機関誌『大亜細亜主義』の巻頭論説（中谷武世筆）にみられる文言を跡付けてみたい(40)。協会発足当時の一九三三年九月号の同誌は、東南アジア（南方）は「形勢を重視しなければならぬ地域」として消極的に位置づけられたに過ぎなかった。この時期の協会の関心は、圧倒的に成立まもない「満州国」そして戦線拡大中の中国大陸に向けられていた。しかしながらその後、政策レベルの動きや日本の対外関係と連動する形で協会は南方への関心を深めてゆく。一九三六年二月号では「国策ノ基準」を半年早く先取りする形で「南北両進、南進北進」を唱え、日本軍の南部仏印進駐後の一九四一年八月号では「皇軍の南進は亜細亜の希望であり福音である」とし、さらに「大東亜戦争」勃発の直後(一九四二年一月号)になると、東南アジアは「日本民族の宿命的使命」たる「西欧支配からの解放」を具現すべき舞台として〝昇華〟されていった。

すでに述べたとおり、従来海軍の〝専売特許〟であるかにみえた南進論であるが、日中戦争の泥沼化、第二次世界大戦の勃発と盟邦ドイツの優勢、そのドイツおよびイタリアとの三国同盟締結、さらには日ソ中立条約の調印等の新しい国際環境を背景に、陸軍内でも積極的南進論が急浮上してくる。この過程を陸軍内部資料に拠って分析した波多野澄雄は、一九四〇年秋頃から参謀本部上層の間で三国同盟を背景に、英米依存から脱却可能な自給圏を設定すべく好機に武力を行使して「南方問題」を解決し、それによって最大の懸案たる日中戦争を終結に導くとの構想が固められるに至った、と指摘する。(41) なおその当時日本の自給圏＝「大東亜共栄圏」とされた範囲は、「日満支を根幹とし、旧独領委任統治諸島(南洋群島——引用者)、仏領印度及太平洋島嶼(フィリピン、新南群島等——同)、泰国、英領馬来、英領北ボルネオ、蘭領東印度、ビルマ、豪州、新西蘭並に印度」からなる地域であった。(42)

南進政策についての先の陸軍の基本認識からも明らかなように、陸軍にとって東南アジアとは北進の挫折を埋め合わせする副次的な意味をもつ地域として位置づけられたのであった。換言すれば、日中戦争遂行のために——そしてアメリカの対日経済制裁が強まる中で——石油を主とする資源を獲得し、かつ援蔣ルートを遮断することに南進の意味と価値を見出したのだった。こうした陸軍の認識は、陸軍きっての燃料問題の専門家といわれた岡田菊三郎大佐の次のような〝何気ない〟発言にその本質が集約されているといえよう。

南方資源でわが国の立場から見て一番大きなものはやはり石油である。この石油が(蘭印占領の結果——引用者)も早何らの不安もないという見通しがついたのは帝国の永遠の存在を確保する所以……[43]

石油、錫、ゴム等の重要資源の「急速獲得」をはじめ東南アジア占領方針の三大原則を定めた「南方占領地行政実施要領」が策定されたのは、開戦わずか三週間前のことであった(一九四一年一一月二〇日、大本営政府連絡会議)。このように南進のホンネはあくまでも資源の獲得であったが、日本はタテマエとしては、植民地体制の打破とアジア解放とを戦争目的として掲げざるを得なかった。いうまでもなく占領政策を実施する上で東南アジア側とりわけ民族主義者の支持を得ることが、目的達成のために不可欠だとの認識に達していたからである。またそうした「大義」は、日本国民とくに青年層を戦争に動員する上でも必要とされたのであった。

日本が提示したこの「アジア解放」の理念に対し、東南アジアの民族主義運動がどのような対応を示したかは、各地域の民族主義運動の歴史、宗主国の植民政策、過去の対日関係などの差に起因し一律には論じえない。さらには同一地域内でも、政治集団によりまた民族により異なる対日態度がみられたのでなおさら一般化は困難である。それにもかかわらず、第二次世界大戦の勃発により欧米植民地体制の屋台骨が大きく動揺する中で、既成国際秩序の打破を唱えつつ南進する日本を自分たちの独立の達成(ないし保持)あるいは生存とどのように関連づけるかをめぐって、真剣な議論がなされたことは重要である。いわば東南アジアの諸民族にとって植民地権力を介在しての間接的な関係しかなかった日本が、初めて直接的に、真正面から向かい合う対手として登場したわけである。(44)

この問題は本書第六章で考察するが、端的にいえば民族主義運動の最大目標たる「独立」がすでに手の内にあるか(タイ国)、宗主国から約束されているか(フィリピン・コモンウェルス)、あるいはまだ手の届かぬ課題として残されているか(その他諸地域)によって、「アジア解放」を唱える日本に対する政治的・心理的距離が決められたといえる。

開戦前夜から日本がまだ軍事的優位にあった一九四二年前半にかけては、東南アジアの民族主義者の多くは日本との「協力」を自分たちの民族的課題の達成と基本的には両立可能であると認識していた。また現実的には、「協力」する以外の選択肢はきわめて限られていたことも事実であった。しかしながら東南アジアの政治指導者の内、もっとも「積極的」に「対日協力」を選択した一人であるタイ国首相ピブーンが、日本と協力する以外に「我々は一体どうすべきなのだろうか」(本書二八八頁)と嘆じたように、その協力は日本を指導者とする「大東亜共栄圏」構想に心底からの共鳴を覚え、また近代日本の近隣アジア諸民族との関わりの軌跡を納得した上でなされたものでは決してなかった。

こうした東南アジアの民族主義者の表向きの対日協力の背後にある素顔については、日本側の一部でも認識されていたことは指摘しておくべきと思われる。たとえば開戦三カ月前に日本軍による蘭印占領を想定して作成された外務省の一報告書には、インドネシアの民族主義運動は基本的には親日的だとしながらも「(圧制をもって臨む場合には)其反日感情ハ曾テノ支配者タル和蘭ニ対スルヨリ以上ニ悪質ナルモノトナルデアラウ」(45)と展望していた。まさにこうした不安感が底流に潜んでいたが故に、日本軍当局は、インドネシア(ジャワ)占領わずか十二日後に、「解放」約束とは裏腹に「当分ノ間総テノ言論、行動、示唆又ハ宣伝ニシテ政治ニ関スルモノハ禁止ス」るとの布告第二号を公布せざるを得なかったのであった。

おわりに

黒船に乗った「異国」＝西欧近代が日本に開国を迫った翌年の一八五四年(安政元年)、江戸の獄中にあった吉田松陰はこう綴っていた。(46)

今急に武備を修め、艦略ぼ具はり礮《ほう》略ぼ足らば、則ち宜しく蝦夷を開墾して諸侯を封建し、間に乗じて加模察加《カムチャツカ》・襖都加《オホーツク》を奪ひ、琉球に諭し朝覲会同すること内諸侯と比しからしめ、朝鮮を責めて質を納れ貢を奉ること古の盛時の如くならしめ、北は満州の地を割き、南は台湾・呂宋の諸島を収め、漸に進取の勢を示すべし。然る後に民を愛し士を養ひ、慎みて辺圉を守らば、則ち善く国を保つと謂ふべし。然らずして群夷争聚の中に坐し、能く足を挙げ手を揺すことなく、而も国の替へざるもの、其れ幾くなるか。

それから約九〇年後の一九四〇年代初、「世界列強の間に、無理押しに押入りて、其の仲間の一員」となっていた日本は、かつて松陰が胸に描いた範囲をさらに拡大した版図を手に入れつつあった。

この「大東亜共栄圏」期の日本・東南アジア関係については、本書後半部で論じるが、そのための前提としてここでは一九四〇年代までに行きついていた近代日本の東南アジア認識を改めて確認しておきたい。それは単純化するならば、経済面における補完論(そしてその延長としての「生命線」論、「生存圏」論)、政治面における日本盟主論、文化面における優越意識の三点に集約することができる。そしてこうした認識の根底にあるものは、華夷秩序観であれ、脱亜入欧史観であれ、時期により規範とすべきモデルは異なるが、つねに外部から与えられた引照枠で世界像を築き、その中でほとんどアプリオリに「南」を遅れた地域と捉える思考方法ではなかっただろうか。

ここではこの点との関連で、「大東亜戦争」前夜に作家としての地歩を築きつつあった二人の若き知識人、高見順と中島敦が「南」との関わりをどのように認識していたかを検証しておきたい。

高見順は、プロレタリア文学運動から転向後、自らの私的煩悶からの脱出口を蘭印への旅に求めた(47)。それは、日本と蘭印植民地政府との関係が緊迫の度を深めていた一九四一年春のことで、南洋群島パラオ経由であった。そして帰国の船中、高見はその地の最も鮮烈な印象を「ジョンゴス(下男の意——引用者)としての土民の姿」と捉え(「蘭印の印象」)、帰りの「ザラザラした埃っぽさ」の原因を「根本はそこに文化がなかった」ためだと自分自身を納得させた。

また高見順は別の作品の中で、狭いバスの座席で窮屈な思いをしている主人公の〈私〉に、「なんだ、この土人め、土人の癖して偉さうに股を開いて、——土人らしく日本人に対しては、もう少し遠慮したらどんなものか！」と心の中で吐かしめている(「諸民族」)。もちろん高見は、「私は心のうちに、住民に対する秘かな軽蔑が隠されてゐたことに気づかされた。私はハッとした」(「蘭印での感想」)と告白するように自分の言動を反芻できる理性の持主であった。しかしそれにもかかわらず、彼は旅行中、蘭印の官憲から日本人故に白人同様に遇されたことを「かふいふ差別待遇に会ふと、国の有難さをしみじみと感じさせる」(「蘭印点描」)と意識下のホンネを無意識裡に吐露するのだった。

蘭印旅行を題材とした一連の作品に流れる高見の段上から南方を見下す視線は、戦後文壇で指導的地位をしめアジア諸国との文学者交流にも貢献した彼個人に特有なものでないことはいうまでもない。それはすでに繰り返し論じてきたように、「南」と関わり、「南」を見る時に、近代日本が——意識的であると否とを問わず——つねに示す反応型の縮図に他ならないのである。

もう一人は、詩情豊かな数々の名作を産みながら光芒のごとく短かい生涯を終えた中島敦の場合である(48)。一九四一年「十二月八日」をはさみ前後約半年間、南洋庁の教科書編纂官としてパラオを中心に南洋群島を巡り歩いた中島は、「ガリガリの内地人」に反発を覚える一方、「島民」の世界にも疎隔と異和の念を隠すことができず、妻宛て私信の中でこう書いた。「僕は島民(土人)がスキだよ……単純で中々可愛い所がある。オトナでも大きな子供だと思へば間違ひがない」。高見のやや振りかざした筆致とは異なるものの、中島の言説の底流にも近代日本が「南」をみる際のもう一つの特徴的な視線が無意識の内に動いているといえよう。さらに中島は、「文化人は、肉体的にも、精神的にも、南洋には住めないらしいな、全く頭が狂ひそうになるよ」とも妻に綴っている。

他方、中島敦の繊細な感性が、日本の南洋群島支配のあり方に生理的な異和感を覚えていたこともたしかである。そのことは、「土民は労働者として、使ひつぶして差支へなしといふのが為政者の方針らしく見えます」「ここの公学校(「島民」対象の小学校――引用者)は、ずゐぶん、ハゲシイ(といふよりヒドイ)教育だ、まるで人間の子をあつかつてゐるとは思へない」などといった家族への私信からも明らかである。

この中島とほぼ同世代の作家島尾敏雄は、『中島敦全集・第三巻』の「月報」に寄せた一文の中で、中島のそうした柔らかな感性は認めつつも「「ヘルメット帽」をかぶった「役人」の視点から全く自由であることは出来なかった」のではないかと指摘する。そしてその上で、島尾は「(中島の作品から)日本がミクロネシアを治めた時の日本人の島々での生活が透し絵のように見えて来て、ある感慨を強いられて来る。そしてその状況がまたふしぎと奄美や沖縄に重なって、文章が一層立ち上って来たのであった」と描写するのであった。島尾が創作の場とする「奄美や沖縄」をそのまま「東南アジア」と置き換えることが可能であることは改めていうまでもないだろう。

高見順、中島敦……。「昭和文学」史の中で異彩をはなつ、そして近代日本の最高学府に学び「異国」の文明の洗礼を受けた二つの近代精神が「大東亜戦争」開戦前夜に辿りついた南方(東南アジア、ミクロネシア)認識は、「大東亜共栄圏」の崩壊から半世紀を経た今日、どのような相貌をみせている

のであろうか……。(49)

(1)「東南アジア」という地域概念の意味、成立過程については、以下の論文を参照。石井米雄「東南アジア地域認識の歩み」『上智アジア学』第七号、一九八九年、清水元「近代日本における『東南アジヤ』地域概念の成立」(Ⅰ)(Ⅱ)『アジア経済』第二八巻第六・七号、一九八七年六月、七月。また池端雪浦編『変わる東南アジア史像』山川出版社、一九九四年所収の池端論文「東南アジア史へのアプローチ」も示唆的である。なお今日「東南アジア」と呼ばれる地域は、ベトナム、ラオス、カンボジア、タイ、ビルマ(ミャンマー)、マレーシア、シンガポール、フィリピン、ブルネイ、インドネシアの一〇カ国から構成される。

(2)伊東昭雄「日本の植民地支配と天皇制——内村鑑三を中心に——」『横浜市立大学論叢人文科学系列』第四三巻第一号、一九九二年三月、二七二頁より。

(3)古茂田信男他編『日本流行歌史(戦前篇)』社会思想社、一九八一年、一八五頁。

(4)坂野潤治「近代日本における対外政策と対外意識——一八六八年—一九四五年——」北大路弘信、P・ドライスデール編『オーストラリアと日本』東京大学出版会、一九八二年、三三頁。

(5)真栄平房昭「人類館事件——近代日本の民族問題と沖縄——」『国際交流』No.六三、一九九四年所収。

(6)厳安生『日本留学精神史——近代中国知識人の軌跡——』岩波書店、一九九一年、一〇一頁。他方、一九四一年夏「満州」に渡ったアイヌ青年貝澤正は、「アイヌ自身もやっぱり中国に対して、「シナ」とか「チャンコロ」という見方で、下に見て差別してきた……日本人の尻馬に乗って優越感を持ちたかったのではないだろうか」と回想している。『アイヌ　わが人生』岩波書店、一九九三年、二五〇頁。

(7)原不二夫の労作『忘れられた南洋移民』アジア経済研究所、一九八八年、は、英領マラヤへの最初期の移民の実証分析である。
(8) 詳細は武田清子『日本リベラリズムの稜線』岩波書店、一九八七年、一一四—一一六頁。
(9) 大平生「南洋見聞」『殖民協会報告』第五二号、一八九七年、九〇頁。
(10) 同前。また藤田敏郎『海外在勤四半世紀の回顧』教文館、一九三一年、八二—八三頁を参照。
(11) 外務省編『日本外交文書・第三十巻』日本国連協会、一九五四年、一六六頁。
(12) この点については吉川利治編著『近現代史のなかの日本と東南アジア』東京書籍、一九九二年所収の吉川論文「タイ」を参照。
(13) ベンジャミン・バトソン「タイのナショナリズムと対日関係の展開」杉山伸也、イアン・ブラウン編『戦間期東南アジアの経済摩擦』同文舘、一九九〇年、二六五頁。
(14) 橋川文三『黄禍物語』筑摩書房、一九七六年、七五頁に依拠。
(15) ビン・シン(杉原志啓訳)『評伝徳富蘇峰』岩波書店、一九九四年、一〇五頁。
(16) 細谷千博『日本外交の軌跡』日本放送出版協会、一九九三年、四一頁。また日本近代史家の立場からも日露戦争後の「満州支配をめぐる日米対立こそ日米戦争にいたる最大の遠因を形成」したと指摘されている。江口圭一「一九一〇—三〇年代の日本——アジア支配への道——」岩波講座『日本通史・第十八巻　近代三』岩波書店、一九九四年、一一頁。
(17) 朝河貫一『日本の禍機』講談社(復刻版)、一九八七年、一三六—一三七頁。近年朝河貫一についての研究は阿部善雄『「最後の日本人」——朝河貫一の生涯——』岩波書店、一九八三年、以降活発化しているが、その際の重要な基礎文献として以下がある。朝河貫一書簡編集委員会編『朝河貫一書簡集』早稲田大学出版部、一九九〇年。

(18)　潘佩珠(長岡新治郎、川本邦衛編)『ヴェトナム亡国史他』平凡社、一九六六年、一一六頁。また白石昌也『ベトナム民族運動と日本・アジア——ファン・ボイ・チャウの革命思想と対外認識——』巌南堂書店、一九九三年も参照。
(19)　ビン・シン、前掲書、一〇九頁。
(20)　ピーター・ドウス(藤原帰一訳)「植民地なき帝国主義——「大東亜共栄圏」の構想——」『思想』一九九二年四月、一二〇頁。
(21)　伊藤隆、渡辺行男編『重光葵手記』中央公論社、一九八六年、七六頁。またこの点との関連で『日本及日本人』一九一八年十二月に発表された近衛文麿「英米本位の平和外交を排す」も、きわめて重要である。
(22)　この点との関連で矢野暢『「南進」の系譜』中公新書、一九七五年、一二四—一二七頁を参照。
(23)　後藤乾一『昭和期日本とインドネシア——一九三〇年代「南進」の論理・「日本観」の系譜——』勁草書房、一九八六年、第六章を参照。
(24)　西村竹四郎『在南三十五年』安久社、一九三六年、三一一頁。
(25)　矢内原忠雄『南洋群島の研究』岩波書店、一九三五年、四二頁。
(26)　同上、三八頁。
(27)　今泉裕美子「ミクロネシア」『歴史評論』No.五〇八、一九九二年八月、四七頁。
(28)　Mark R. Peattie, *Nan'yo: The Rise and Fall of the Japanese in Micronesia, 1885-1945* (Hawaii: Univ. of Hawaii Press, 1988), p. 152.
(29)　今泉裕美子「南洋群島委任統治政策の形成」岩波講座『近代日本と植民地・第4巻』岩波書店、一九九三年、五二頁。

(30) 矢野暢「総説近代日本の南方関与」『講座東南アジア学・第十巻』弘文堂、一九九一年、一二頁。
(31) 矢内原忠雄、前掲書、一一四頁。
(32) マーク・ピーティ「日本植民地支配下のミクロネシア」岩波講座『近代日本と植民地・第1巻』岩波書店、一九九二年、二〇六頁。
(33) この問題については次の論文を参照。Wakako Higuchi, *War Reparations in Micronesia and Japan's Responsibility* (Micronesia Studies Program, Micronesia Area Research Center, Univ. of Guam, 1994).
(34) Donald R. Shuster, "State Shinto in Micronesia during Japanese Rule, 1914-1945", *Pacific Studies* vol. 5 no. 2 (Spring 1982). を参照。
(35) 川村湊「大衆オリエンタリズムとアジア認識」岩波講座『近代日本と植民地・第7巻』一〇七—一三六頁を参照。なお本文で紹介した「トラック島便り」もこれに依拠している。
(36) Howard Dick, "Japan's Economic Expansion in the Netherlands Indies between the First and Second World Wars", *Journal of Southeast Asian Studies*, vol. XX, no. 2 (Sept. 1989), p. 244.
(37) 後藤乾一、前掲書、第一章を参照。
(38) 矢内原忠雄、前掲書、四九四頁。
(39) Elsbeth Locher-Scholten, "Changing Perceptions of Japan in the Netherlands and the Netherlands East Indies before 1942", *Journal of the Japan-Netherlands Institute*, II (1990), pp. 49-50.
(40) 詳細は後藤乾一、前掲書、第三章。
(41) 波多野澄雄「開戦過程における陸軍」細谷千博他編『太平洋戦争』東京大学出版会、一九九三年、三頁。
(42) 当時の日本側の諸構想については、信夫清三郎『聖断の歴史学』勁草書房、一九九二年、一八〇—一八一頁を参照。

(43) 防衛庁防衛研究所戦史部編『史料集・南方の軍政』朝雲新聞社、一九八五年、三四三頁。

(44) 各地域の状況を比較考察する上で、吉川利治編著、前掲書、が有益である。

(45) 外務省南洋局『東印度民族運動ノ現状』一九四一年九月、四三頁。

(46) ビン・シン、前掲書、五〇頁より引用。

(47) 『高見順全集・第十巻』勁草書房、一九七三年に収められた一連の蘭印紀行等に依拠。

(48) 『中島敦全集・第一巻』筑摩書房、一九七六年に依拠。

(49) この点については今後の研究課題としたいが、筆者の見解の一端については、土屋健治編『講座現代アジア・第1巻　ナショナリズムと国民国家』東京大学出版会、一九九四年、所収の「近代日本・東南アジア関係史論序説」を参照されたい。また本書「あとがき」で紹介した諸文献、さらには「近代日本と東南アジア——何故、日本は東南アジアが見えないのか——」(内山秀夫編『政治的なものの今』三嶺書房、一九九一年)をはじめとする萩原宜之の一連の論考も示唆的である。

第一章　沖縄・南進・漁業

はじめに

日本が国際連盟からの脱退を通告（一九三三年三月）した翌年、政府当局者の間で爾後の日本漁業の発展方向をめぐり次のような認識が表明された。

南洋ハ今後当然ニ本邦漁業ノ進出範囲ニ帰スヘキ運命ニ在ルノミナラス……寧ロ進ンテ本邦漁業ノ南洋進出ハ之ヲ助長促進スルコト緊要ト認メラル(1)

間大戦期におけるオランダ領東インド（蘭印、現インドネシア）の職業別邦人人口比を見ると、水産業従事者の占める割合は一九二〇年一％、二五年六％、三〇年一一・三％、三五年一三・七％と一九二〇年代以降急激に上昇している。一九三五年の場合、この数値は商業人口六一・九％には遠く及ばないものの、第三位の工業六・二％、第四位の農業五・五％を大きく凌駕している。(2)

また一九二〇年代後半の駐バタビア（現ジャカルタ）総領事三宅哲一郎は、その回顧録「ジャガタラ談話」の中でこう記述している。

沖縄の漁民は最初シンガポールを本拠として活動していたが、馬来半島周辺の漁獲が少なくなるにつれ、蘭印領海にも進出し、屢々問題を惹起し……蘭印の要塞に入るものはスパイの疑いを以って蘭印海軍のため拿捕され、漁船および漁獲物の没収されることが屢々あった。沖縄漁民はその救済のため総領事館の援助を求めたが、彼等は教育程度が低い上、日本語の分るものも少な

く事件の処理に少なからぬ困難があった。(3)

これらの記録からもうかがえるように、一九二〇年代以降急増する蘭印への邦人漁業者のうち、圧倒的多数が沖縄県とくに那覇市南郊の糸満出身者であった。従来、今世紀以降の沖縄漁民の南方(ここでは主として外南洋＝東南アジアを指す)への進出については、水産社会学、移民史研究の専門家による研究蓄積があるが、これらの研究の多くは漁業進出をもたらした原因として、戦前期沖縄の苛酷な社会経済状況、あるいは近世以来の沖縄の海洋民族的な文化伝統との関連から説明する場合が多かった。(4)

こうした研究成果をふまえつつも、本章は冒頭で示唆したような日本の南進国策との関わりから、沖縄漁業の南方(とりわけ蘭印)進出を考察することを意図したものである。対象時期としては今世紀初頭から前大戦までの約半世紀を取り上げ、㈠沖縄の南方出漁と中央の南方関心・南進政策との間にはどのような相互関係が存在するのか、㈡「本土」における南進論が高揚する一九三〇年代から戦時期にかけ、沖縄は南方出漁に対しどのような対応を示したのか、そして㈢沖縄(日本)の漁業南進を、「受け入れ」側である蘭印は、そしてまた「送り出す」側の「内地」はいかなる態度で受け止めたのか、等の諸問題を検討したい。

このように一地方、しかも「近代日本」の中で特異な位置を占める沖縄という周縁レベルでの、また漁業分野での南方関与のあり方を考察することによって、これまでとかく政府・国家レベル、そして商業・農業を主対象として進められてきた広義の南進(史)研究の欠落部分を多少なりとも補うことも本章の意図する点の一つである。なおこの分野の研究について、日本では前述したように水産社会学者等による実証的研究が発表されているが、東南アジア地域研究者の側からの論考はいまだ緒についたばかりの段階といえよう。また史料的な制約もあり、植民地政府側の関係文書に依拠した若干の論文を除くと、諸外国での本格的な研究も管見の限りほとんどないのが現時点での研究状況である。(5)

一　近代日本の漁業南進と沖縄

1　糸満遠洋漁業会社の設立と解散

「琉球処分」(一八七九年三月)によって「本土」に統合されることになった近代沖縄(この問題についての最新の重要な研究として我部政男「琉球から沖縄へ」岩波講座『日本通史・第十六巻』一九九四年、所収がある)の対外的漁業進出は、今世紀初頭に開始される。そしてそれは、当初から中央の政策と不可分に結びついていた。日露戦争が終結した一九〇五年に発足した糸満遠洋漁業会社は、その意味で象徴的な先駆例であった。

この糸満遠洋漁業会社は、農商務省の物心両面にわたる援助を受けつつ「堅固なる大なる遠洋漁船を求めて、それを母船とし之に数隻の刳舟を積行き漁場に至」る「近代漁業」への転換が唱えられる中で設立されたものであった。その背景には、沖縄の伝統的漁法である刳舟《くりふね》を使っての漁業では生産

性が低く、かつ危険性も大きいので、他県との競争に耐えないとの県当局の危機意識もあった。(6)

しかし興味深いことは、同社の設立について報じる地元の有力紙『琉球新報』(一九〇八年四月一日)の論説が、「置県以来支那との貿易が大阪又は長崎商人の手を介して行はれたる為我生産家は全く需要の情況を知るに由なく為に貿易品生産の上に少なからざる不利を蒙むりたるものなるべし」と指摘していることからも明らかなように、中央政府の意向に沿ってのたんなる漁業活性化というだけでなく、新会社設立を対中国貿易(とくに鱶鰭等の海産物)の復活・促進の契機と位置づけていることである。この点について同論説はさらにこう提起している。

(同社設立により)南清との連絡も一段階を進むるを得へきなり……将来に於ては直接に支那との貿易を為さんとするの企画なりと云ふに至りては勇気以外に知識の一開展を認むへきなり　我輩はかかる現象を以て単に一漁村〔糸満――引用者〕の発展とのみ観る能はすこれ本県から支那沿岸と円形貿易をなすの手始めとして大いに歓迎せんと欲するものなり……今本県と南清との間に直接貿易の道を開き本県の実業家にして需要地の情況を知悉するに至れば……我輩が一漁村の発展とせず寧ろ帝国の一宝庫を開くの鍵とする所以なり。

この論調からは、中央集権体制に組み込まれてまもない沖縄県の「自我意識」の中に、「帝国」の一員としての「自覚」と同時に――否それ以上に――独自の海洋王国を築きアジアの朝貢貿易システムの中で活発な対外交易活動を営んできたという歴史伝統への自負を読み取ることも可能である。(7)

このような空気の中で、そして中央およびそれに直結した県当局、那覇経済界の期待の中に「西洋形帆船二艘」(第一糸満丸八〇トン、第二糸満丸五〇トン)を所有し、「台湾比利賓にも遠漁し水産物を南清へ直輸出」することを目的とした糸満遠洋漁業会社が、一九〇五年三月に発足したのであった(『琉球新報』一九〇五年三月二九日)。同社設立に際して農商務省は、「新造保助《(ママ)》」四六〇〇円の国庫補助を支出したが、このことはいうまでもなく、中央政府が沖縄県漁業の南方進出を積極的に支援しようとしたことを意味するものであった。ちなみに同社は、一八九七年に公布された遠洋漁業奨励法が南方漁業に適用された唯一の例であった。

端的に言うならば、「北進」に一応の「成果」をおさめた日露戦争直後の日本において、沖縄県が——最初の植民地台湾と共に——将来の「南進」の踏み台として具体的に認識されたものと了解することができよう。なお、こうした認識は、沖縄県の一部ではそれ以前、とくに日清戦争直後から表明されていたことも指摘されるべきであろう。たとえば沖縄師範学校長児玉喜八(鹿児島県人)は、一八九六年一月の同校入学式式辞の中で、「沖縄の地は、新しく版図になった台湾及び澎湖島の間に介在し、要港の地となった。このような位置にある沖縄県の人士特に、子弟少年らは、国の屏障となって、これを他に委すことなく、帝国の南門の鎖鑰として、その有事に当るべき重責を果たすことができなければならない(8)」と述べていた。

日露戦争後の国家レベルでの南方への関心は、「本土」への統合が一段と進んだ沖縄県内部でも共有されるようになったが、『琉球新報』一九〇六年七月二七日の次の記事も、その間の空気の一端を反映したものであった。

我が日本帝国の人民は一方に於ては満韓の広野沃土に向って其が膨張的発展を試むるに勉むべきと同時に、茫漫たる海洋の利源を開拓するはまた将さに努力すべきの一事ならざるべからず……(我沖縄県も)此の際盛んに遠洋漁業を勃興せしめて……一面に於ては自己を益すると共に広き意味合に於ては国家的富源の開拓に任ぜん……。

さらに同記事は「我島帝国の中に於ても島国的条件の悉くを具有」する沖縄県こそ、「東は布哇より南は比律賓諸島に及び北は朝鮮近海に至るまで」の地域に積極的に漁業進出をはかるべきことを説くのであった。こうした記述が示すように、今世紀初頭の沖縄県の漁業南進論の中で当初具体的な進出対象地とされたのは、フィリピンを南限とする比較的狭い範囲の海域であった。そのフィリピンへは、一九〇四年に初めての沖縄移民がベンゲット道路工事(早瀬晋三『「ベンゲット移民」の虚像と実像』同文舘、一九八九年参照)に従事すべく渡っており、その距離的近接性もあって一種の親近感が芽生えつつあったといえよう。

当初中央当局者からも「糸満遠洋漁業会社の遠洋に於ける漁業の成功不成功は繋りて国家将来の遠洋漁業上の興廃如何に及ぶと云へり」[9]という〝熱い期待〟を受けつつ誕生した同社は、その後いかなる推移を辿ったのだろうか。結論を先取りしていうならば、同社の発足はその後の沖縄県漁業の一大発展をもたらす契機にはならず、またそれ故国家レベルでの南方への漁業進出を促進するということもなかった。

糸満遠洋漁業会社は、徒弟制的な伝統漁業に慣れ親しんできた糸満の「経営風土」と合わなかったことも一因し、その経営は予想以上に不振をきわめた。だが、その社運に決定的な打撃を与えたのは、第二糸満丸の慶良間島における遭難事故であった。この事故を「実に遺憾」だとした監督官庁たる農商務省は「糸満丸前後処分意見書」なる文書を作成したが、そこでは「不時の天災」という自然要因を認めつつも、基本的には事故は「人災」であったとの立場を明確に打ち出している。即ち第二糸満丸は、㈠気候上最も不利な時期に出漁した、㈡会社及糸満乗組人と漁撈長との間に慣習その他意見の衝突があった、㈢糸満漁民に遠洋漁業者としての能力が欠けていた、との三点をきびしく指摘したのであった(『琉球新報』一九〇七年三月一七日)。

それと同時に「意見書」は、「全会社の事業を廃止候様の事有之候ては南洋漁業の発展に一頓挫を来す」との観点から、出漁時期の限定(「十二月若しくは一月より八月若しくは九月迄」)、水産局から派遣された監督者による漁場及び漁業の指揮、さらには乗組員の構成、給与体系の整備等に至るまで細部にわたる「行政指導」を行なう方針を明確にした。こうした経緯をみる限り、沖縄漁業の対外的進出は、同地方漁業の内的成長をバネにした主体的、内発的なそれというよりも、功をあせる中央のやや性急な施策によるものであったということができよう。

その後、もう一隻の第一糸満丸はハワイ近海で好漁を続けていたが、一九〇九年三月末、アメリカ領リシアンスキー島周辺の岩礁で座礁し、全乗組員は一カ月余の漂流後救助されたものの船体が沈没するという事故に見舞われた(『琉球新報』一九〇九年六月七日)。そしてこの第一糸満丸事件から半年後の同年九月二五日、同社は臨時株主総会の決議により解散が決定されるに至ったが、この点をふまえ沖縄漁業の研究者上田不二夫は、同社の史的意味合いをこう総括している。

設立から解散まで僅か四年二カ月という短期間ではあったが、初期の遠洋漁業全般にみられる問題点を象徴した会社であったといえよう。糸満の漁業実態と余りにもかけ離れていた初期の大型船による遠洋漁業は、後の時代に多くの教訓を残しながら、事業として定着は出来なかったわけである。(10)

2　第一次世界大戦前後期の南洋漁業

このように、今世紀初頭の沖縄漁民による南方海域への出漁の試みは挫折し、その後漁業南進は急速に発展することもないままに推移した。だが第一次世界大戦に際し、日本が赤道以北のミクロネシアをドイツから獲得したことが契機となり、同地域(南洋群島、内南洋と総称)への漁業面での関心が沖縄でも深まった。同地域は「魚介類は本県に於けるものと略其種類を同うし且気候風土等本県漁業者の出漁に適する」(『琉球新報』一九一五年六月二八日)とみられたからであった。

だが外南洋(東南アジア)への進出状況をみると、一九一六年初めより一七年三月までの糸満の出稼ぎ漁業は、シンガポール・フィリピンへわずか五人であったのに対し、鹿児島県へは四〇名、小笠原諸島へは二七名、下田町(静岡県)へは二六名等総計二〇〇名近くに達したことが示すように(『琉球新報』一九一七年五月五日)、県外への進出といっても圧倒的に国内漁場が中心であった。

一方、今世紀初め農商務省が糸満遠洋漁業会社の助成に乗り出したことが示すように、中央政府もつとに南洋漁場を発展可能性の大きい漁場として深い関心を向けていた。そして第一次世界大戦初期には、農商務省技師高山伊太郎による南洋漁業調査が実施された。

高山はその報告書の中で、日本の漁業進出の主要目的として、㈠漁業移民による漁村過剰人口の解消(日本から漁業者、生産手段をもち込み、現地調達をしないという方式)、㈡国権伸張の尖兵たらしめること、㈢シンガポールのような大都市を対象とした鮮魚供給型漁業を主とする進出(資本がなくとも小規模漁業で加工部門を持たないですむ)の推進といった具体的な新構想を提言した(11)。全体的にみるならば、純然たる南洋漁業の振興というよりも、日本国内の社会的矛盾の解決、それと表裏一体的な国権拡張という政治的意味合いの濃い提言であった。

この高山提言に基づき、一九一四年には、その二年前から一本釣り、流網漁法で日本人漁業が成立していたシンガポールで試験操業がなされるなど一〇年代半ばから行政当局の関心を背景に、シンガポールを中心とする列強植民地支配下の南方で漁業進出が開始されることになった。一九一六年度から始まった農商務省の「遠洋漁業奨励金」制もそうした方向に拍車をかけたが、それは「遠洋に堪え得る漁船にして漁船検査規定に適合する者、機関精巧にして石油消費量の少く且つ農商務省に於て適当と認められたもの」が有資格者とされ、これに基づき沖縄県漁業者へは同年度「三、七〇二円」の奨励金が交付された(12)。

さらに一九二〇年代に入ると、南方各地の植民地政府当局も日本人漁業者に対する入国、漁業許可を正式に認めたり、漁場・市場条件の整備に努めるなど受入れ体制を整えるようになった。いうまでもなく、日本の対外政策が国際協調主義をとっていたこととも関連し、列強にとってはまだ日本の漁業進出が「脅威」と受け止められておらず、むしろ植民地民衆への鮮魚供給の一環として歓迎されていたためであった。後述する一九三〇年代と比較し、日本漁業をめぐる国際環境に大きな差があったといえよう。

こうした中で、シンガポール・英領マラヤ・フィリピン等と比べると、従来沖縄県からの出移民が出遅れていた蘭領東インドへも進出が始まり、一九二三年には蘭印への日本人出移民に占める沖縄県民の割合が初めて一〇％を越え、さらに二五年には四六・二％、三七年には六〇・三％と上昇し、それぞれ二〇年代、三〇年代のピークをつくることになる。そしてミンダナオ島ダバオを中心に農業移民が主体をなしたフィリピンの場合ときわだった好対照を示すが、これらの蘭印へ向かった沖縄県人の圧倒的な部分が漁業従事者であった(13)。

蘭印への日本人漁業の進出は、ジャワ、スマトラを中心とする西部海域は追込網漁業、セレベス(現スラウェシ)、ハルマヘラ、セラム諸島等の東部海域はカツオ漁業を主に追込網漁業、高瀬貝、真珠貝の採取と二分される形となっているが、糸満漁民は独自に完成させた追込網漁法に圧倒的な強みをもっていた(14)。

その糸満漁民の蘭印における活動拠点は、人口増と公営市場の整備(一九二六年)で急速に大都市化していた首都バタビアであり、そこではシンガポールとの間に漁業者の相互移動等密接な関係があった。バタビアでの最初の定着漁業者は一九二五年に操業を開始した共栄組であったが、同年末には鹿児島県人永福虎の大昌公司もシンガポールから進出し、それを契機に同地から数多くの漁業者が回航することになった。[15]こうした一九三〇年前後の蘭印における邦人漁業の盛況については、シンガポールで日本人社会を対象とする総合雑誌『南洋時代』、俳句誌『ナナス』を刊行していた辻森民三も、そのジャワ訪問記の中でこう記録している。

我が漁業家は近年ジャバに進出し、土人生活並に市民生活に貢献する斯業に就き、爾来好成績を収め、バタビア市には既に邦人の発展貢献に依りて魚市場が設置され政府の一収入ともなっている……土人漁家にも新市場の拡大するは利益の増大になり、土人と方面の違う邦人漁家の活躍は恐らく東印度の総ての方面から賞讃さるべき邦人として働きがいある事業であろう。[16]

ところで沖縄県漁民の南方出漁について水産社会学の立場から研究を進めている片岡千賀之は、その特徴として、漁業者数の増加、漁労体数の増加という量的拡大としてあらわれる一方、漁業の有機的構成の高度化や漁業経営の拡大、多角化といった質的高度化の形では進行せず、その結果シンガポールに本拠を置く前述の永福虎に代表される近代的経営による企業体に統合支配され、従属＝下請化した状況を指摘している。そしてそのことの主な原因として、片岡は糸満漁業が徒弟制を基礎とした漁撈技能集団であり、そのため産業基盤が未成熟であった南方漁業の開発には主導権を発揮しえたが、資本蓄積による近代経営への脱皮ができなかったことを強調している。[17]

二　一九三〇年代南進論と日本漁業

1　日蘭印関係と漁業問題

前述したように一九二〇年代後半期以降、沖縄県人とくに糸満漁民を中心とする日本人漁業者の蘭印への進出が本格化した。それを取り巻く国際環境として、日本・蘭印間の政府関係が基本的には友好的であったことも指摘しておくべきであろう。とはいうものの、オランダ本国政府や蘭印植民地政庁あるいは同地のオランダ人社会の間では、日露戦争以降「軍事大国」として登場した日本の南進を警戒する意識も強く――それが公的にかつ明白に表明されることは稀ではあったとしても――存在した。Ch・I・J・M・ウェルテル(植民地問題専門家、一九二五―二六年植民相)が一九一三年に記した覚書は、そうしたオランダの対日認識を象徴するものであった。この報告は、現状において㈠日本は最小限の抵抗により蘭印に進出することは確実、㈡日本の経済的拡張は政治的拡張を導くことは不可避、㈢大量の日本人移民は、日本人と反オランダ分子の接触を増すので好ましくない、と結論づけている(18)。

そうした対日不安は、大恐慌直後の一九三〇年代初頭の日本の輸出攻勢、そして満州事変、それにつづく国際連盟脱退によって次第に顕在化していく。たとえばオランダ植民相は、日本が連盟脱退を発表した一九三三年、蘭印全域の地方行政官に管轄地域内の日本人の動静について定期的に報告するよう命じ、また日本を訪問するインドネシア華人は厳しくチェックされることになった。さらに一九三五年には蘭印政庁内に東亜局(DOAZ)が設置され、同局は政治諜報局(PID)との密接な連携により、日本および在蘭印の日本人に関する情報収集を積極的に行なった。[19] そうした傾向は、さらに一九三六年八月、日本の南進国策を打ち出した五相会議決定「国策ノ基準」、翌年七月の日中戦争勃発により一段と深まっていった。

それでは日蘭印関係の基調が協調→不協和音へと転換していく一九三〇年前後期、日本の漁業進出はどのような政治的経済的文脈の中で捉えられたのであろうか。

一九二七年に蘭印政庁は、骨子次のような「沿岸漁業条令」を公布していた。

和蘭臣民は原則として沿岸漁業に従事する資格を有するも外国人及和蘭、蘭領東印度に於て設立せられざる株式会社、合名又は合資会社、組合、船舶会社は沿岸漁業に就ては農工商務長官の交付する許可証、小規模沿岸漁業に於ては地方長官又はその名に於て交付された許可証により許容せられたる場合に限り之を営む事を得。[20]

このように従来は要塞地帯等特殊の制限を除き自由操業が認められていた漁業において、外国人操業に対する許可制が導入されたのであった。[21]

とはいうもののこの「沿岸漁業条令」は、ことさら日本人漁業者を対象としてその活動を厳しく規制するというものではなかった。蘭印当局にとっては、住民漁業を極度に圧迫しない限り日本人漁業の発展は、食糧政策上歓迎すべき現象と考えられ、実際の取締りも峻厳を極めるというものではなかった。またその他の理由としては一九三〇年代最末期と異なり、日本人漁業が軍事目的との関連ではみられていなかったこと、あるいは綿布等と異なり、漁業はオランダ人企業家の既得権益を著しく侵害するといった分野ではなかったことなどが指摘されよう。

さらに駐スラバヤ領事姉歯準平が指摘するように「当管内〔東部ジャワを主とする――引用者〕ニ於ケル本邦人ノ漁業ハ現在極メテ小規模ノモノノミニシテ従テ其ノ漁撈ノ方法モ極メテ幼稚ナルモノナリ(22)」といった事実も、蘭印側に深刻な不安を引き起こすことのなかった一因であったかもしれない。

いずれにせよ、一九三〇年代までのイギリス、オランダ等植民地政府の日本漁業に対する不安がさほど強くなかったことは、一九三一年六月に拓務省拓務局が作成した「南洋ニ於ケル水産業調査書」(注(22)参照)からも看取される。この報告書は、植民地当局の姿勢を次のように指摘していた。

　南洋ニ於ケル英領官憲ノ邦人漁業者ニ対スル意向ハ絶大ノ好意ヲ寄セ居リ、……蘭領印度ニテハ英領程ノ熱ハナキモノノ如キモ相当ノ好感ヲ持シ、且ツ歓迎ヲナシ居レリ。

ところで上述の姉歯領事報告もその一つであるが、日本の外交当事者は、糸満出身者を中心とする定住性の弱い、しかも漁港周辺に独自の集落をなして居住する在南沖縄県人に対して、きわめて冷淡な視線を向けていた。そのことは、一九二九年の駐バタビア総領事三宅哲一郎の次のような記録からも明らかである。

　彼等低能なる沖縄県人の自由なる離合集散の儘に之を放任する時は、結局大局を誤り共倒れの運命なること必至の勢なるを以て適当の機会に相当の圧力を加へ彼等を一団として働かしむる為組合を組織せしむる可能性なきやを思考し居る次第なり。(23)

2　蘭印政庁の対日警戒

一九三〇年代に入ると綿布を中心とする日本の蘭印向け輸出が激増し、深刻な貿易摩擦を引き起こすようになる。しかしながら、緊張度からみると漁業進出の場合は若干の時間差があったように考えられる。この点に関連し当時の南方における日本人漁業の実態について、拓務省技師下田杢一らがとりまとめた前述の視察報告「南洋ニ於ケル水産業調査書」は、多くの興味深い所見を書き残している。その報告書では、沿岸漁業条令を施行したものの蘭印当局は、公海上の操業はもちろん「公海漁業の為め当領内に於て準備行為を為すこと……公海に於ける漁獲物を加工する為め当領内に工場を設立することも」認めている現実に言及している。

またインドネシア人社会の間でも、日本人漁民の存在は——当時の一般的な「親日」感情とも関連し——良質で安価な鮮魚提供者として基本的には歓迎されていた。ただ日本にもっとも近いメナドを中心とする北セレベス(現スラウェシ)地方では、近海漁業が盛んな地ということもあり、日本漁業の急激な進出に対して民族主義者の間でときに批判が投じられることもあった。こうした声が、後述する一九三〇年代中葉以降の政庁当局の一連の規制措置に一定の影響——「口実」を与えたという点も含め——を与えたということも十分考えられよう。

前述の報告書は蘭印政庁の寛容な対応を指摘する一方、インドネシアの民族主義運動の一部に日本の漁業進出に対する警戒――政治的なものではないが――が生じつつある状況を「殊ニ地方ノ智識階級ニ属スル土人中ニハ本邦人漁業者ノ優秀ナル機械ヲ利用スル漁業ニ対シ強硬ナル反対意見ヲ唱フルモノアリ」と述べ、さらに「(大恐慌後)土人ノ漁夫等ハ困窮シテ之レヲ全ク大量漁獲、日本漁業ノ圧迫ニ因ルモノトシテ盛ンニ邦人漁業ヲ敵視シ官憲又ハ世論ヲ動カシテ沿岸漁業問題ニテ各所ニ苦情生ゼルハ我漁業界ノ為メニ多少ノ不安ヲ感ゼシムルモノニシテ……」と所感をしるしているが、その対策としては「共存共栄ノ精神ノ涵養」の必要性を抽象的に説くにとどまっている。

こうした現状認識に立ちつつ、さらに同報告書は蘭印海域での漁業の発展可能性に鑑み「貧弱ナル当州市場ヲ相手トスルコト無ク遠ク販路ヲ日本及ビ其他ニ求メ」ることが必要だとし、現地市場を対象とする鮮魚供給型漁業からの脱皮を説いている。そして「願クバ我資本家少シク眼ヲ此方面ニ注ギ製氷所及ビ冷蔵庫ヲ造リ鰹漁船ヲ仕立テ冷凍及ビ冷蔵ノアル特別船ヲ以テ輸送」することの急務たるべきことを、南洋漁業に対する政府の補助拡大策と共に提言した。

さらに拓務省という官庁の性格を反映したものといえるが、下田は今日こそ「南洋ニ漁業ヲ開発スベキ絶好ノ機会」と断ずるにとどまらず、満州等への進出(＝北進)は排日に直面し、かつまったく「不毛デ発展ノ望ミナシ」の一方、南洋発展(＝南進)こそが一九三〇年代以降の日本のとるべき針路であることをこう強調するのであった。

然ルニ我日本国ヨリ僅カ一千余浬ノ近距離ニアリテ地味豊沃ニシテ肥料ヲ要セズ気候順和ニシ

テ健康ニ適シ日本ニ数倍スル広漠ノ土地ヲ有スレド人口稀薄ニ無限ノ宝庫ヲ包容シテ日本人ノ来リ開発スルニ委スル我蘭領東印度アルコトヲ世界ニ閑却セラレタルノ感アルハ誠ニ遺憾ニ耐ヘザルナリ。

このように一九三〇年代初頭、拓務省技師によって、反日感情もさしたる程でなく絶好の漁業進出地と捉えられた蘭印ではあったが、その後二、三年の日本の国際的地位の変化、それに伴う蘭印当局の対日不安感の増大、それによる相次ぐ規制措置は、日本漁業の南方進出に対する著しい阻害要因となった。

こうした緊張の激化を象徴した事件が、一九三二年末に蘭印海軍工兵隊が禁漁区違反をしたとの理由で日本漁船(共栄組所有)を爆破した事件であった。この事件は総領事館(外務省)関係者、在留邦人にとって大きな衝撃となっただけでなく、議会でも大きく取り上げられることになった。とりわけ国際連盟脱退前夜の反欧米感情が高揚する中で、貴族院議員野村益三は事件の経緯を質問すると共にこう発言した。

　南洋の開発は支那人の手では出来ませぬ和蘭人の手では出来ませぬ、独り……日本人の手に依るに非ずんば到底行はれない、言葉を換へて申する南洋開発には我国民が最も適応して居るものである……。

当時の対外拡張論を背景にしたこうした強硬論に対し、内田康哉外相はきわめて微妙な段階にさしかかっていた対蘭印関係に留意しつつ、爆破事件は遺憾ではあるが「両国の親交に累を及ぼさないやうに結末を付けたいと思つて居ります」と述べ、あくまでも平和的な南洋漁業進出の基本方針を慎重に表明したのであった[24]。

この爆破事件のあとの諸規制措置の第一波となったのは、一九三三年四月に公表され翌月に発効した「沿岸漁業条令」の改正であった[25]。これにより、従来は違反漁船は船具及び漁具を没収されるだけであったが、漁船そのものが没収の対象となった。こうした規制の本格化は蘭印在住の邦人社会に深刻な衝撃を与えることになり、「何れにしてもこの罰則強化は爪哇の邦人漁業が極度の不振に悩まされている折柄邦人漁業人の拘束の過重であり新しい警告であると理解せねばならぬ」との認識が表明されるに至った(『爪哇日報』一九三三年四月一九日)。

一九三四年二月には「船舶籍勅令」が出され、外国船籍の運搬船は入港ごとに水揚高の三割を輸入税として課されることが決められた。これらは外国船一般を対象としたものではあるが、実質的に日本人漁業の排斥を意図したものであることは明白であった。

翌一九三五年に入ると「領海および要塞地条令」が出され、インドネシア人以外の要塞地帯内での操業禁止のほかに、要塞地帯が逐次拡大されることになり、スンダ海峡、マドゥラ近海から日本人漁船が大幅に締め出されることになった。さらに三六年には、ジャワ、セレベス方面の多数の開港場の閉鎖と沿岸航海制限の実施で、日本人漁業の操業が一段と厳しく制約されることになった。このような日本を主対象とした諸種の制限政策の結果、最大のバタビア市営市場における日本人漁業者の水揚高は表1-1のごとく激減することになり、そのシェアも、一九三〇年の二七%から三五年には一六

表1-1　バタビア市営市場の民族別鮮魚水揚高

（単位：1000ギルダー）

	計	ジャワ人	中国人	日本人	ヨーロッパ人
1929	2,049	1,175	355	493	26
30	1,962	1,039	379	523	20
31	1,792	887	342	523	39
32	1,429	723	326	336	43
33	1,237	566	310	258	103
34	1,069	476	297	198	97
35	948	456	268	152	72

出典：片岡千賀之『南洋の日本人漁業』同文舘，1991より．

%まで落ち込んだ。

国際連盟から脱退した一九三〇年代中葉以降の日本の南進論の高揚に比例するかのように強化された蘭印政庁の日本漁業への規制措置は、三〇年代後半に入るとさらに厳しくなった。しかもオランダ側は、この頃になると約四〇〇〇人、五〇〇隻に達するとみた日本の漁業者を日本の膨張政策の尖兵であり、海軍の命を受けて蘭印海域の情報蒐集に従事しているものだとの疑惑の念を深めるようになった(26)。

日本海軍が意図的かつ組織的に邦人漁業者をその情報活動のネットワークに巻き込んだか否かはともかく、南進問題に強い関心を抱く海軍関係者の一部が、各種手段を用いて蘭印近海の地誌調査を行なったことは否定できない。少なくともワシントン、ロンドン両海軍軍縮条約の拘束から離れた日本海軍は、満州を支配した陸軍への対抗意識も作用し南方進出に対する関心を深めていった。南進政策を初めて公式化したといわれる一九三六年八月の「国策ノ基準」策定においても、海軍の強い主張があったことは周知のとおりである。

こうした海軍側の関心は、一九三〇年代中葉以降『南洋軍事彙報』と題した小冊子を発行するようになっていたことからも明白である。同彙報第二〇号（昭和一一年四月一三日付）は、軍令部第三部がまとめた「蘭印官憲の邦人漁業圧迫」という小論を載せ、オランダ側の抑留政策は「恐日思想、排日主義」に基づくものであり、日本漁船の無保護に乗じ「近来急速に発展しつつある我漁業を妨害せん為」のものであると結論づけている。(27) 本来、民間の経済活動であるべき漁業に、海軍当局がこのような積極的関心を示したこと自体、海軍が南洋漁業を戦略目的のための一定の手段視していたことを端的に示すものであった。

さらにこの問題に関連し、海軍省は官房外事課編で「蘭領印度政府監視船による邦人漁船拿捕等に関する報告」をとりまとめている。この報告は、バタビアで刊行されていた邦字紙『爪哇日報』（一九二〇年発刊、社長斎藤正雄）の記事を検索し、一九三二年から三五年末までの沖縄県人を主体とする邦人漁業と蘭印当局との係争事件の概要を紹介したものであるが、その年次別件数は、一九三二年八件、三三年七件、三四年四件、そして三五年には一〇件と最大を示している。

ちなみに一九三二年一〇月二二日の『爪哇日報』記事は、前述した禁漁区違反で起訴された某邦人漁船が蘭印当局により爆破処分された事件を大きく報じ、「邦人漁夫は勿論一般邦人に与へし印象は極めて痛烈にして抜くべからざるものがある」と衝撃の色を露にしていた。

こうした漁業をめぐる緊張関係は、日本の中国への軍事的侵略が本格化する一九三七年七月以降ますます高まってくる。同年一二月シンガポールでは英国政庁により、日本人漁業者に対し漁船の新規許可を与えぬ等一連の規制措置がとられたが、蘭印においても日本人漁業者に対する排斥、そして取り締まり政策が一段と強化された。まず三七年沿岸漁業令がさらに改訂され、原則としてオランダ国籍民が乗り組み蘭旗を掲揚した漁船のみが操業を許可され、名義上オランダ国籍でも実収益が同籍民に属しない場合は操業が禁止されることになった。この改正は日本側の漁業関係者、領事館当局の強硬な反対により、既得権だけはかろうじて認められることになったが、新規許可、事業拡大は不可能となった。

蘭印海軍当局による日本人漁船の取り締まりは、前述のように一九三二年頃より頻発していたが、三七年九月になるとついに死傷者を出すまでになった。一連の事件はすべて沖縄県人が「被害者」であったが、この事件も、テタップ島近くを航海中の大城組所有漁船第七徳栄丸が蘭軍艦「フローレス」の艦載機により上空から機関銃発砲を受け、船長はじめ死者一名、負傷者数名を出すというものであった。

バタビアの日本総領事館は事態を重視し、ただちにオランダ語にも通暁した副領事三好俊吉郎に事実関係の経緯につき調査を命じた。三好はその報告書の中で、停泊命令に従った漁船への発砲は不法行為であり、将来の保障要求と共に蘭印当局へ厳重抗議すべきことを強く具申した。こうした日本側の強硬姿勢により、蘭印当局は約半年間の外交交渉の結果、死傷者の遺族等関係者に対し五〇〇〇ギルダーの弔慰金を支払うことで事件に結着をつけたのであった。(28)

こうした武力行使に象徴されるように、日本の漁業進出をめぐる蘭印当局の対応は――彼らがその背後に日本の政府・軍部の意向があると判断していたために——その後の両国関係の悪化と軌を一にし一段と険しいものとなった。(29) 以下では開戦前夜を中心にこの間の推移の概略を日本側外交史料によって跡付けておくことにしたい。

ジャワ海に位置し、好漁場を控えたバンカ、ビリトン島周辺はシンガポールにも近く、首都バタビアへの通過地点でもあったために、蘭印政府がことに警戒を強めていた海域であった。この海域では一九四〇年後半になって日本漁船に対する蘭印当局による発砲事件が相次いでいたが、開戦半月前の石沢豊総領事報告(一九四一年一一月一九日)は、その状況をこう伝えている。

「ガスパル」「ビリトン」方面ニ於ケル邦人漁船ニ対スル警戒ハ今月ニナツテ遽カニ厳重トナリ最近帰港セル各船長ノ報告ニ依レバ何レモ一日ニ一、二回宛飛行機ノ威嚇的看視ヲ受ケタル趣……邦人漁船行動ニ対スル同領政府ノ圧迫及猜疑心極メテ強クナリタルハ注意ヲ要ス。

このようなまさに一触即発状態の中で、同年一一月後半になると最後の引揚船「富士丸」で帰国しようとする在留邦人の動きが慌ただしくなる。そしてそれに呼応して、バタビア地区二三〇余名の漁業従事者の中にも「帰国希望者続出業者側ノ説得ニ服セス富士丸ニテ引揚クルコトトナリ」(石沢総領事発東郷外相宛至急電、一九四一年一一月二八日)という事態となり、沖縄県民を主体とした戦前期日本漁業の南方進出は国家間関係の悪化という外的な阻害要因により幕を閉じることになった。

三　戦時期の沖縄漁業の再編

1　沖縄と南洋

表1-2は『糸満市史』に収録されている『大阪朝日新聞』(鹿児島・沖縄版)の記事見出し索引の内、南方関係およびその中で占める漁業関係の記事の量的な推移を示したものである。沖縄関係のすべての記事を収録したものではないかもしれないが、基本的には「十五年戦争」期の沖縄県の南方関与の一端を示すデータと理解してよいであろう。ここから得られる主な特徴として以下のことが指摘できる。

(一)　沖縄県関連記事のうち、南方関係が占める割合が高まるのは一九三五—三七年、および四一—四三年と二回ある。前者は「国策ノ基準」をはさみ日本の朝野における南進論議が高揚した時期であり、後者は緒戦の勝利を背景に「大東亜共栄圏」が喧伝された時期である。これらのことは、『大阪朝日新聞』が中央紙であることを考慮したとしても、沖縄の動きが中央(国家)の国策の基本方向と決して無縁ではあり得なかったことを如実に示すものであろう。

(二)　南方関係記事(B)とその中に占める漁業関連記事(C)は、共に一九四二年にピークを示すなどほぼ相似形で推移している。このことは、南進国策の展開過程の中でいかに沖縄県漁業に大きな「期待」

表1-2 『大阪朝日新聞』にみる南方関係等記事

（筆者作成）

	(A)沖縄（とくに糸満）関連記事	(B)内南方関係	(B)/(A)（%）	(C)内漁業関係	(C)/(B)（%）
1930	75	2	2.6	1	50
31	60	0	0	0	0
32	31	0	0	0	0
33	21	0	0	0	0
34	53	3	5.7	3	100
35	115	21	18.3	8	38.0
36	64	10	15.6	9	90.0
37	110	17	15.5	7	41.2
38	24	1	4.2	1	100.0
39	87	9	10.3	2	22.2
40	145	6	4.1	2	33.3
41	86	11	12.8	4	36.4
42	122	33	27.0	28	84.8
43	318	20	6.3	17	85.0
44	77	4	5.2	3	75.0
45	36	1	2.7	1	100

がかけられていたかを端的に示すものといえよう。後述するように、県内部にあっても、漁業南進を通じ国策に貢献しようとの動きが具現化したこととも無縁ではないと思われる。

㈢　一九三五年以前においては、沖縄県関連記事の中で南方関係記事はほとんどないか、あってもごく僅かである。これも植民地を保有する列強との協調外交と関連した日本における南方関心の相対的低さを反映したものといえよう。

㈣　南方関係記事の割合は、一九四二年にピークに達するが、それ以降は戦局の悪化にも起因し急激に低下する。四二年（二七％）と四五年（二・七％）を比較すれば、実に一〇倍もの開きがある。

㈤　沖縄県関連記事が増加するのは一九

三五年以降の現象であり、それは四三年にピークに達する。この時期は一方では、沖縄県に対する中央の「皇民化」政策が徹底化された時期であり、記事の中にも同県特有の姓名の改姓運動、あるいは「標準語化運動」に関するものが数多く登場するようになる。(30)

2　漁業南進と「県策会社」

前節で検討したデータ的特徴を念頭におきつつ、ここでは一九三〇年代後半から戦時期にかけて、沖縄県漁業はどのように南進国策と接点をもつに至ったかを考察したい。

当時の沖縄県民の間には、「近代日本」に組み込まれた過去半世紀の歩み、とくに三〇年代に推進された「本土」主導型の「皇民化運動」に対し、根強い抵抗意識が底流にあったことは何人も否定できないであろう。だがそれと同時に、一方では――決して「主流」的思潮ではなかったかもしれないが――「本土(=内地)」との精神的かつ物理的結びつきを強め、そして本土の提唱する「大東亜共栄圏」構想に種々の理由から関与し、支持を表明した指導者、知識人そして一般民衆も決して少なくはなかった。

代表的な知識人の一人東恩納寛惇もそうした一人であろう。彼は一九四一年一月に公刊した『黎明期の海外交通史』において、共栄圏構想を沖縄県が「孤島の宿命」を打ち破り「新沖縄が生きる道」として歓迎した。また安里延の著作が、当初『沖縄海洋発展史――日本南方発展史序説』として上梓されながら(一九四一年一一月)、翌年の改訂版においては『日本南方発展史――沖縄海洋発展史』と主・副題が倒置されたことも、[31] 苦渋にみちた試行錯誤を余儀なくされた当時の沖縄の時代的対応の一端を示すものといえよう。

こうした状況下、沖縄では開戦前夜から「ブーム」的ともいえる南方関心が急速に高まった。そしてそれは過去数十年の沖縄漁業の南方進出の「成果」の延長線上で捉えられ、かつ沖縄県の地理的・風土的・文化的特性と南方のそれとの共通性や近似性から「南洋進出は沖縄県人が最適」(『大阪朝日新聞』一九三九年九月二日)とするような議論が盛んに行なわれた。その他にも同紙には「糸満に漁民道場・南方進出の青年育成」(一九四〇年二月一七日)、「拓南訓練所三月より愈々開設・南方の海陸に働く拓士養成」(一九四一年二月一九日)、「南方水産開発営団を速かに組織せよ・沖縄県水産会が陳情を決議」(一九四二年二月六日)等々の記事が、「大東亜海での活躍」といった地政学的なキーワードと共に報じられるようになった。

「大東亜共栄圏」構想の高揚の中で南進に乗り遅れまいとする、さらには「大東亜共栄圏」を沖縄が主体的に「内地化」する契機とみる一部の県世論の動きを背景に、開戦直後、早川知事は「県民の南方進出の機は熟しつつある」と訴えた。こうした時代認識の延長上に「朝鮮が満州に対する咽喉であると同様、沖縄は南進日本の咽喉であり、国防上其他からしても将来頗る主要な地点である」[32]とする議論が、少なくとも公的には広く定着するに至ったのである。

戦前期とくに一九三〇年代の漁業の南方進出においてもっとも重要な役割を果した沖縄であったが、開戦後も現地にどとまった県出身漁業者がオーストラリア、インド等の「敵性外国人キャンプ」に抑留された結果、民間主体の漁業南進はひとまず断絶することになった。そして戦時期に入ると、その「伝統」を継承する形で、県当局の音頭による公的な南方進出が論議されるようになる。

ここで興味深いのは、「昭和十八年知事事務引継書類」にみられるように、県当局は戦前の県民の「南方漁業に進出したる其の足跡は実に大にして広く世人の知る処」とその役割を一定限度評価しながらも、彼ら県漁民は「既設の資本家」に圧迫された結果「独立の意気は去勢」され、あるいは「県人漁業者相互間の無益なる競争による自滅」状態を呈したと指摘し、次のように結論づけていることである。(33)

之は県人漁業者が資力に恵まれず、且つ教養低く無統制なる出漁をなしたる結果に他ならず、加之、米・英・蘭官憲の圧迫等もあり戦前に於ける成績は良好と云ふを得ず。

いずれにせよ、統制を欠いた戦前型の漁業進出の轍を踏むことは避けるというのが、戦時期の県当局の基本方針であった。一方、南方各地における日本軍占領体制が確立し、軍政当局から軍納魚体制の整備が要請されるようになると、各県の漁業関係企業体は「軍の下命による南方進出の好機」と捉え、これに備えて経験豊富な沖縄県漁民を積極的に誘致するという事例が数多くみられるようになった。

「県漁民の南方進出の舞台が次第に確保されつつある」にもかかわらず、そうした事態が生じたことに対し、県当局は「斯ては県内漁業の支障は勿論無計画の抜歯的漁民の進出を見ることは甚だ寒心に不堪ところなり」との認識を抱き、「県策会社」の構想を具体化することで新たな状況に対応しよ

うとしたのであった。(34)

こうした沖縄県当局の方針にさらに拍車をかけることになったのが、一九四二年八月拓務省拓南局長の名で出された「ビルマ地区に於て差当り軍食補給を主目的とし県指導の下に管下の業者を一元的に組織し之が統制ある進出を企画すべき」との通達であった。このような中央からの要請と県漁業者の再進出を組織的に統御するとの県当局の方針が合致して、新会社の設立が具体的に検討されたのであった。しかし資金調達能力からみて、県「管下の業者」のみでは不十分なため「企業能力優れ且つ理解ある資本家」との提携が求められたのであった。こうして紆余曲折を経た後、最終的には一九四三年四月、中央財界の巨頭であり日本商工会議所会頭、大日本製糖株式会社社長であった藤山愛一郎を社長に戴く太洋水産株式会社（資本金四〇〇万円、本社東京市麴町区丸の内）が発足したのであった。(35)

しかしながら、太洋水産株式会社は「本県民南方進出の揺籃たらしめ本県の振興に寄与せしめんとする遠大なる計画」の下に発足したとはいうものの、総株数八万株の内沖縄県側の持株が二万五〇〇〇株と定められたこと、藤山社長はじめ六名の取締役がいずれも県外出身者であったこと（四名の監査役の末席に沖縄県漁業組合連合会理事上原永盛の名がみえるのみ）、さらには県側と藤山社長との間の「諒解事項」一一項目の多くが以下の二、三の事例に象徴されるように会社側に有利であったこと等が示すように、中央への従属性が強いものであった。(36)

一、ビルマに於ける軍納魚類供出権及之に附帯する一切の権利は知事の指示に従ひ会社に移譲すること

一、今後南方水域に於て沖縄県出身漁業者の実績に依り発生したる権利は知事の南方開発統制方針に従ひ之を会社に移譲することに努力すること

一、会社が其の漁業経営に必要なる漁業者を要求したるときは優秀なる漁夫を以て之に応ずること

おわりに

以上、今世紀初頭の糸満遠洋漁業会社に始まり戦時中の太洋水産株式会社の設立まで、沖縄漁業の南方進出を主に国家レベルの南進政策との関連で考察した。この沖縄県の半世紀に及ぶ漁業南進の歴史過程を通観すると、多くの場合そこには二つの流れが相絡み合いながら、より正確には一方が他方を包み込もうとする力学が——時代的な異相はあっても——つねに働いていたといえよう。

その一つの流れとは、糸満を中心とする沖縄漁民の自然流出的な南方進出である。ここでいう自然流出的というのは進出の理由が経済的貧困からの脱却を目指したものであれ、あるいは卓越した漁業技術を有する彼らの海洋民族性の発露であれ、基本的には公権力や中央財界とは直接的な関係をもたずになされたものである。他方もう一つの流れは、南方漁業を国策伸張の一環と捉え、日本の最南端沖縄を漁業南進の基地・拠点化し、かつ沖縄漁民そのものをそのネットワークの中に取り込んでいこうとする力である。

この両者の相互関係の態様は、いうまでもなく広い意味での時代状況に大きく規定されたことはいうまでもない。時系列的に単純化してみるならば、官民の思惑が合致して生まれた糸満遠洋漁業会社の挫折後しばらくは漁民の自然流出の時代が続く。ついで第一次世界大戦頃より国家的関心が南方漁業に向けられるようになり、この傾向は一九三〇年代以降は時代を下るにつれ強化されていく。こうした中で三〇年代後半期以降、沖縄を中心とする民間の南方出漁漁船が植民地政府当局の厳しい取締まりの対象となると、外務省、さらには海軍等がきわめて過敏な反応を示すようになるのも、南方漁業をめぐる国際環境が大きく変化したことを端的に示すものであった。

しかしここで強調されるべき点は、沖縄の漁業南進問題をめぐり――沖縄漁民側の意識はさておき――今世紀初頭以来、通奏底音としてあるのは、「国家」が沖縄漁業に寄せる功利主義的、権力主義的な視線である。糸満遠洋漁業会社の成功不成功を「国家将来の遠洋漁業上の興廃如何」として捉える一方、その挫折を沖縄漁民の「後進性」に求めようとする対応の仕方は、その後も改められることはなかった。それは二節一項でも紹介した一外交官の「彼等低能なる沖縄県人(漁民)……」という露骨な発言(それを産む本土意識)へと直結しているのであった[37]。またこうした視線は、沖縄県中枢部が県漁民を見る視線とも同心円的な構造にあるということも同時に指摘されるべきであろう。

戦前期約半世紀の沖縄を主とする日本漁業の南方進出は相手国ではいかに捉えられたのか、という問題も本章の関心の一つであった。インドネシアの民族主義者の一部には、日本の漁業南進を経済的圧迫と捉える声もあったが、その進出を政治的文脈の中で理解することは稀であった。一方蘭印当局は、一九三〇年代初頭までは対日関係の「友好」性もあり、表向きは日本の漁業進出に必要以上の警戒を示すことはなかった。しかしながら一九三〇年代中葉以降、とりわけ海軍を主唱者として日本朝野の南進論が高揚するようになると、一転して日本人漁業者に対しきわめて厳しい監視体制をとることになる。そして蘭印当局は一九三〇年代後半になると、日本の漁船は漁業目的を主とするのではなく、海軍の第五列であり日本の膨張主義の前衛であるとみなすようになるのであった。

このようにみてくると、沖縄県漁民の南方進出は、彼ら自身の意図に関わりなく、絶えず国家の南方関心・南進政策に取り込まれていく過程であり、また国家レベルでの日本・蘭印関係、あるいは国際関係の変動の波に翻弄された歴史であった、と総括できるのではないだろうか(38)。

(1) 外務省「本邦漁業ノ南洋進出及統制ニ関スル件」(一九三四年一一月二六日)、外務省外交史料館(以下DROと略)所蔵。

(2) 村山良忠「戦前期オランダ領東インドにおける邦人経済進出の形態」『アジア経済』二六巻三号(一九八五年三月)、五八頁。また一九四〇年の在蘭印水産業者六五二名中六三八名(九七・八%)が沖縄県人であったことが示すように、日本人漁民=沖縄県出身者といっても過言ではない。データは片岡千賀之「糸満漁民の海外出漁」中楯興編著『日本における海洋民の総合研究――糸満系漁民を中心に――上』九州大学出版会、一九八七年に依拠。

(3) ジャガタラ友の会編『ジャガタラ閑話――蘭印時代邦人の足跡――』ジャガタラ友の会、一九七八年、六―七頁。

(4)　水産社会学者の最新の研究成果として片岡千賀之『南洋の日本人漁業』同文舘、一九九一年、移民史研究としては石川友紀「沖縄県から東南アジアへの移民の歴史」島袋邦・比嘉良充編『増補・地域からの国際交流』研文出版、一九八九年、等がある。また又吉盛清『日本植民地下の台湾と沖縄』沖縄あき書房、一九九〇年、には台湾における沖縄県漁民の足跡についての興味深い調査報告が含まれている。

(5)　最近の論文として、Howard Dick, "Japan's Economic Expansion in the Netherlands Indies between the First and Second World Wars", *Journal of Southeast Asian Studies*, vol. XX, no. 2 (Sept. 1989). 所収がある。またピーター・ポスト「対蘭印経済拡張とオランダの対応」『近代日本と植民地・第3巻』岩波書店、一九九三年、所収も参照。

(6)　『琉球新報』一九〇五年四月九日。以下本章で利用する同紙は、すべて糸満市史編集委員会『糸満市史・資料篇1』一九八二年に依拠している。

(7)　こうした伝統は、「華南経済圏との交流」と題した『沖縄タイムス』社説(一九九四年一月二一日)にも受け継がれているといえよう。同社説は「県民がさらに南に視野を広げて、中国、香港を含む『華南経済圏』との経済、文化交流に関心を高め相互発展することを期待したい。……日本は政治的に中国、台湾に〝侵略者〟の負い目を持っている。その中にあって本県は、地理的な関係からもこの地域との歴史的交流からしてもわだかまりはないはずだ」と述べている。

(8)　又吉盛清『台湾支配と日本人』同時代社、一九八四年、三八頁、に依拠。又吉は、日清戦争を契機に「沖縄人が被害者と同時に加害者に転落」していったと位置づけ、沖縄近代史を新しい角度からみることの必要性を強調している(一八頁)。また「内国植民地」としての沖縄の開発の成否こそが、日本の植民地支配の正当性にかかわるものとの立場から、かつて志賀重昂はこう述べていた。「琉球の発達こそ外国有識者をして、日本が朝鮮を開発し得べしと確信せしむる前提に供したりとすれば、琉球の発達は則ち世界に日本の品格を……重からしめるものにして」(高良倉吉『沖縄歴史への視点』沖縄タイムス、一九八一年、一四三頁)。
(9) 前掲『糸満市史』一二〇頁。
(10) 上田不二夫「歴史の中の糸満漁民――水産政策と糸満漁民――」『新沖縄文学』八三号(一九九〇年春季)、四四頁。
(11) 片岡千賀之「戦前期シンガポールを中心とした日本人漁業(1)」『漁業経済研究』二七巻三号(一九八九年一二月)、五頁。
(12) 琉球政府編『沖縄県史(16)』一九六八年、七六〇頁。
(13) 石川友紀、前掲論文、二七七頁。また同じ頃(一九三三年)の南洋群島における日本人数は三万六七〇人、内沖縄県人が五七%を占めた。ここでは糖業労働者が主体であったが、矢内原忠雄は、沖縄移民が多いことの理由を(1)沖縄の人口過剰、経済的疲弊、(2)気候風土の類似性、(3)同郷的団結心に富むことに求めている。『南洋群島の研究』岩波書店、一九三五年、五二頁。
(14) 追込網法については以下を参照。「此の漁法に付特記すべきは漁夫の裸潜りにして、熟練せる者は水中眼鏡のみを用ひ百五十尺の海底に潜行すること約五分間に及び魚群の発見、魚道の探索をなしたる後袋網を適当なる場所に設置、これを中心に潮流の方向に従ひ扉形に袖網を開長せしめ、然る後袋網の潮上二分の一浬乃至一浬の地点に於て全漁夫孤型に展開し、各々水中に鉛垂を垂下せしめ、海底を叩きつゝ魚群を漸次袋網中に追込み漁獲するものなり」『軍政下ジャワ産業綜観(2)』(復刻)龍溪書舍、一九九〇年、一四九頁。また一九二〇年代後半に始まるマカッサル方面の沖縄県民漁業については次の資料に詳しい。南洋庁『蘭領東印度水産事業調査書』一九三五年。

(15) シンガポールの邦人漁民の蘭印進出について、駐バタビア三宅総領事発在シンガポール伊藤総領事宛公信「漁業ニ関スル件」では「当地ニ於テモ一般経済界不況ノ影響」がみられる折、回航は「(当地の)各組合員ノ利益ニ関係スル処少カラス」と婉曲に苦情を述べている(DRO所蔵)。また永福虎「南方漁業の思い出」ジャガタラ友の会編、前掲書、一一〇—一一二頁も参照。

(16) 辻森民三『爪哇の現在と輝く邦人』南洋時代社、一九三二頁、辻森のシンガポール時代については次を参照。増田与『インドネシア現代史』中央公論社、一九七一年、第三章。

(17) 片岡千賀之「糸満漁民……」三九四頁。沖縄漁民の「従属化」に関連し、永福虎は「(植民地政府の取締りを防ぐには)沖縄人ノミニテハ信頼シ得サルニ付キ船長機関長等ハ成ル可ク内地人ヲ雇入ルル……」と述べ、明白なる優越感を示している。在シンガポール総領事郡司喜一発広田外相宛「漁業家永福虎ニ関スル件」一九三六年三月三日、DRO所蔵。

(18) ピーター・ポスト、前掲論文、五四頁。

(19) 同前、五七頁。

(20) 土井章監修『昭和社会経済史料集成・第二巻』御茶の水書房、一九八〇年、一四九頁。

(21) 在バタビア三宅総領事発田中外相宛「蘭領印度ニ於ケル漁業ニ関スル件」(一九二八年八月一五日)。三宅は許可申請に関連し、「関係当事者ハ沖縄県人ニシテ日本語自体ヲ甚タ怪シク申請ノ手続キ等ヲ凡テ当館ニ於テ世話シ居ル状態」だと報じている。DRO所蔵。

(22) 拓務省拓務局(下田杢一他)「南洋ニ於ケル水産業調査書」(一九三一年六月)。本報告書は、沖縄水産行政史編集委員会編『沖縄県農林水産行政史・第十七巻』農林統計協会、一九八〇年に収録。

(23) たかだふじお「シンガポールの糸満人――徳栄丸事件を中心に――」『沖縄文化――沖縄文化協会創設四〇周年記念誌――』沖縄文化編集所、一九八九年、六〇一頁より引用。原本はDRO所蔵。

(24) 「第六四回帝国議会貴族院予算委員会議事速記録第二号」一九三三年二月一五日。

(25) 駐バタビア小谷領事代理発内田外相宛公電(一九三三年四月一三日)は、「今後ハ処罰事実ノ行ハレタル漁具漁獲物ノミナラズ漁船モ没収セラレ得ルコトトナレリ」と第一報を送っている。DRO所蔵。

(26) The Netherlands East Indies Government, *A Decade of Japanese Underground Activities in the Netherlands East Indies* (London: His Majesty's Stationery Office, 1942), pp. 15-16.

(27) 土井章監修、前掲書、七九頁。

(28) たかだふじお、前掲論文。

(29) 当時の蘭印政庁当局の対日認識の一端について、日中戦争直前の一九三七年三月、蘭印を視察した桑島駐蘭公使は次のようなオランダ人官吏の談話を紹介している。「日本は屡々支那に対して領土的野心を有たぬとか、政治上の野心は毛頭ないといふことを幾度か声明された、然るに我々が北支に於ける日支の関係を新聞なり、雑誌なりによって見ると、日本の北支工作が単なる経済上の基礎のみから来てゐるものであるか、どうかと云ふことがハッキリしない。蘭印に対しても日本の政策は平和的であり経済的であると云ふことを終始言つてゐるが、支那に対しては経済的範囲を越えて居りはせぬか、と見られてゐるのであるから、和蘭に対してもさう云ふものが来るのではないかと云ふ気がする……。」桑島主計「日本の蘭領印度発展への途」『蘭印情報』第一巻第一号(一九三七年一〇月)、一八頁。

(30) この点についての最近の研究として、安仁屋政昭「沖縄における皇民化政策」藤原彰他編『現代史における戦争責任』青木書店、一九九〇年がある。

(31)　沖縄県教育委員会編『沖縄県史(1)』国書刊行会(復刻)一九八九年、八〇八頁。
(32)　同前、前掲書、八〇四頁。
(33)　沖縄県沖縄史料編集所『沖縄県史料・近代1・昭和十八年知事事務引継書類』一九七八年、三三六頁。
(34)　同前、三三七頁。
(35)　同前、三三九頁。
(36)　同前、三三八―三四一頁。
(37)　沖縄(さらには近隣アジア諸国)に向ける「近代日本」の視線をみる上で一九〇三年三月大阪で開催された第五回内国勧業博覧会の「学術人類館」を看過することはできない。この点については本書序章を参照されたい。また広津和郎「さまよへる琉球人」(『中央公論』一九二六年三月号)等をめぐる沖縄認識に関する議論については次を参照。国吉真永『沖縄・ヤマト人物往来録』同時代社、一九九四年。
(38)　なお「本土復帰」以前の沖縄からは、戦前同様多くの漁船がインドネシア海域に出漁し、繰り返し拿捕事件に遭遇した。しかし当時の沖縄の帰属が国際法上明確ではないということが主因となり、その解決は難航し彼らは再び国際政治の「非情」を体験することになった。たとえば大浜信泉『私の沖縄戦後史――返還秘史――』今週の日本社、一九七一年、は「この旗(日本国旗でなくデルタ旗と称されたもの――引用者)を掲げた沖縄の船舶が国籍不明の船舶としてインドネシア近海で銃撃されたり、拿捕の悲劇を招いた……」と述べている(三二〇頁)。

第二章　台湾と南洋

——「南進」問題との関連で——

はじめに

興隆日本南進の　使命は強く双肩に
溢るる力燃ゆる意気　吾等の前途に光あり
躍進、台湾わが台湾
おお栄あれ記念博

「躍進台湾」と題された右の行進曲の歌詞は、昭和一〇(一九三五)年、台北で開かれた「始政四十周年記念台湾博覧会」に際し、台湾総督府の歌詞公募に首席に選ばれ、後コロンビア社からレコード化され広く歌われたものである(1)。

この歌詞が物語るように、日本国内で南進論が高揚しつつあった一九三〇年代半ばの時代背景の中で、台湾もその一翼を担うべきであるとの空気が、台湾総督府・台湾軍当局、そして在台日本人の間で急速に高まりつつあった。

本章は、こうした一九三〇年代の台湾における南進論議が、どのような「領台四〇年」史の上に登場し、またその後日本の敗戦に至るまでの一〇年間にどのように展開していったのかを検討するものである。考察にあたっては、台湾総督府・台湾軍、在台日本人社会の動向のみならず、その南進に植民地台湾(人)がどのように組み込まれていったのかという視座も設定し、いわばその三つの「主体」の南方との関わりを比較し、関連づけながら論じてみたい。

一　歴史的背景

1　「領台」初期の南方関心

一八七四(明治七)年の「台湾出兵」は近代日本の最初の対外軍事行動であったが、それから二〇年後日清戦争に勝利した日本は、その台湾を最初の植民地として清国から獲得した(一八九五年四月下関条約)。戦争中から日本の指導層の一部には、台湾の地政学的地位に鑑み、そこを将来の南方進出の基点とする発想が明確にみてとれた。明治・大正・昭和の半世紀にわたり「帝国日本の嚮導者」として日本の対外強硬思想の先導役を果たすことになる徳富蘇峰の稿「台湾占領の意見書」はその代表的なものであり、爾後の台湾＝南進拠点論の原形をなすものであった。その中で蘇峰は骨子次のように述べている(2)。

(台湾は)我邦に於ける恰も南門の関鍵にして、苟も南方に向けて大日本帝国の版図を膨張せんとせば、先ず此の門をくぐらざる可からずは口論を俟たず候……此れよりして海峡諸半島及び南洋群島に及ぶは、当然の勢いと存候……我れ若し今日に取らずんば、他国諸強国必らず今後に於て取る可く候。台湾は東洋に於ける好餌に候……。

第二代総督(一八九六年六月―同年一〇月)となる桂太郎も、「南清一帯の地はあたかも朝鮮半島の如くならしめる要意」を強調し、さらに「台湾の地勢は独り南清に対するのみならず、さらに南方群島に羽翼を伸張するに適宜の地位を占む……将来台湾を根拠として南洋に向かって政事、商事の勢力を伸張するまたもとより難事にあらず」と台湾のもつ潜在的な拠点性を展望していた(3)。このように総督府中枢の間で、対岸の華南だけでなく南洋(東南アジア)への非軍事的進出が早くから指摘されていた。さらに翌九七年に公布された台湾銀行法の設立趣旨にも「……尚進みて営業の範囲を南清地方及南洋諸島に拡張し是等諸国の商業貿易の機関となり……」と明記されていることからも、「領台」直後からの日本人支配層の南方志向の強さがうかがわれよう(4)。

しかしながら、当時の台湾総督府は、親清国派指導者の抵抗、台湾人(含む山地民族)の抗日運動、あるいは財政基盤の確立といった「内政」上の諸問題に直面していた。また日本の対外政策は、南方に植民地を領有する欧米諸国との協調路線を基調とすると共に、三国干渉後の「ロシア問題」が最優先課題とされ、南進のための客観条件が十分に整っているとはいいがたかった。第四代総督(一八九八年二月―一九〇六年四月)として八年間台湾に君臨した児玉源太郎の「南進の政策を完了するには、内、統治を励し、外、善隣を努め、なるべく国際上の事端を生ずるを避け、対岸清国ならびに南洋の通商上に優勢を占むるの策を講ずる事」という所見に、領台初期の南進をめぐる理念と現実のギャップを見てとることが可能である(5)。

後述する「大東亜戦争」勃発前夜の在台日本人の南進論議において、「領台」初期を振り返り、「図南の石」として出発したにもかかわらず台湾が「南方に背を向ける」結果になったと慨嘆するのも(『台湾経済年報・昭和一六年度版』)、そうした状況を反映したものといえよう。

2　第一次世界大戦期

日本による台湾統治の開始後、「あるべきもの」としての南進が「存在するもの」へと急旋回するのは第一次世界大戦期のことであった。大戦を契機に日本の総輸出に占める南方(今日の東南アジア諸国)の比が、一九一四年の三・八%から二〇年には九・五%に上昇したこととも関連し、日本国内ではこの時期、南方への経済的関心が著しく高まった。

日本経済の全体的拡大と共に、植民地台湾においても砂糖、米を中心とした農業経済が発達し、それをテコにした貿易、投資の伸張がみられた。こうした中で総督府認可による大阪商船の南洋航路の開航、台湾銀行のジャワ三支店(スラバヤ、バタビア、スマラン)の開設、あるいは「南支南洋施設費」の新設といった南進施策が相次いだ。まさに第一次世界大戦を機に、「台湾はわが資本の為めに完全に「図南の飛石」となったかの観を呈した」(矢内原忠雄『帝国主義下の台湾』)。

この大戦期は、安東貞美、明石元二郎の両陸軍大将が総督をつとめ、その下で下村宏(海南)が民政長官として敏腕をふるった時代であるが、下村は着任早々の一九一五年十一月、安東総督に対し、台湾統治にあたっての意見書を提出している。その中で下村はかつて台湾を「南門ノ関鍵」と形容した蘇峰と同じ文脈で「台湾ハ実ニ支那、中央亜細亜及南洋に対スル我帝国ノ前衛ニシテ、又之等諸邦ニ向フ所ノ〈ステップストオン〉ナリ(6)」と位置づけていた。このような積極的南進政策の提唱ゆえに、戦前期台湾の刊行物をみると、この時期は「台湾が初めてその南進性に相応し、努力を払った時期」(『台湾経済年報・昭和十六年度版』)、あるいは「南進発展のために台湾総督府として最も力を入れた絶頂時代」(井出季和太『南進台湾史攷』)との評価がなされている。

その一方、大戦後の日本が米英主導のワシントン体制に組み込まれたことで、その後の南進政策が著しく衰退したのだという海軍南進論者小西干比古のような見方も根強く存在した(7)。いずれにせよ、日本本国において政党政治が〃軌道〃に乗り、また外交面では米英協調路線が主流を占めていた一九二〇年代、台湾でも一九一九年一〇月に着任した第八代総督田健治郎以降一二代中川健蔵まで一七年間におよぶ文官総督の時代を迎えることになる。そうした中で総督府の南方政策は華々しい展開をみせるというよりも、南進のための基礎作業ともいうべき農林水産業、鉱業、商業を主とする地味な経済調査に重点が置かれていった(次節二項を参照)。

3 「台湾籍民」

これまで述べた台湾における南進をめぐる論議は、日本人の立場に関わるものであった。それでは被支配者である台湾人は、この時期どういう形で南方と関わったのであろうか。この問題は資料的な制約もあり、従来十分には考察されてこなかったが、ここでは一事例として中村孝志の研究に依りつつ「台湾籍民」のことに言及しておきたい。「籍民」とは、中国民族で外国籍をもち、その所属国領事の保護の下に中国官吏の管轄をうけない人々を指す言葉であるが、日本の台湾領有により日本籍をもつ台湾籍民とよばれる新しい型の籍民が生まれることになった。明治・大正期の外務省文書を駆使した中村の研究によれば、一九〇九年初代駐バタビア(現ジャカルタ)領事として赴任した染谷成章の最初の仕事が台湾籍民の取扱い問題であった。当時領事館に登録された台湾人はわずか三〇名ほどであったが、彼らを日本人と同等の法的地位(序章一節参照)に引き上げることが領事の目的であり、紆余曲折を経た後、一九一〇年一一月には蘭印(蘭領東インド、現インドネシア)当局との間で法的解決をみるに至った。

台湾人に日本人と同じ法的地位が認められたことで、台湾からの新規の渡航者の増加がみられた。そして彼らは「言語、挙動、服装に至るまで中国人と同様、しかも多くは中国人の家に寄宿しているのに日本人としての待遇」を享受することになった。こうした現実に対し、「東洋外国人」として第二級の法的地位にとどめおかれた蘭印在住の華僑は、清国政府の支援を得つつ蘭印政庁と交渉を重ねた結果、一九一一年五月、日本人(そして台湾籍民)と同様の法的地位を獲得することとなった。そして南方他地域でも、この解決策を参考に同様の問題が処理されることになった。その意味でも中村孝志の次の指摘は、重要な示唆に富むものである。(8)

従来日本人の欧人並み権利の獲得が在留中国人を刺戟して、彼らも同様の権利を獲得するに至ったことが伝えられているが、実はその中でも台湾人の存在が中国人に大きな刺戟を与えたことをこの際特に指摘しておきたい。

蘭領東インドにおいて日本人と同等の権利を得ていた「台湾籍民」の一人として、台中州大甲郡大甲街出身の柯呆がいる。米穀商を営み四人の子の父親としてごく平凡な生活を送っていた植民地民衆柯呆は、一九二七年秋、突然ジャワに出稼ぎに行くと言って妻子のもとを去った。そして東部ジャワの清爽な高原都市マランに住むわずかな縁故を頼りに糊口を求めた。その後刻苦精励の末一本立ちし、コーヒーと綿花の栽培でかなりの資産を築く成功者の一人となった。しかしながら、その汗の結晶も「大東亜戦争」の勃発と共に蘭印政府に没収され、しかも「敵性国民」の一人としてオーストラリアの収容所に放り込まれるという災難に見舞われた。

少年時代に父柯呆と別れた柯生得は、その回想録の中で、父と散歩していた幼年時代、商売禁止とされていた路上で野菜を売っていた小農民が日本人警官に打ちのめされる光景を目撃した時、父が力なく「生得、見たろう、あれが台湾なのだ」と呟いたことを強烈な思い出として綴っている。そして父の渡南をその幼児体験と重ね合わせて考え、生得はこう振り返るのだった。[9]

帰国するたびに父が語るジャワ島は、生活環境も安定しており住みやすい場所のようだった。物価は安く、治安もよく、どんな田舎へ行っても泥棒はいない。また日本人はといえば一等国民としてどこでも尊敬されていた(傍点引用者)。故郷たる台湾の現実に失望した父が、ジャワに新天地を求めたのは、このあたりに理由があったのだろう。

南進国策が本格化する一九三〇年代以前、台湾から蘭印をはじめ南方各地に渡った「台湾籍民」は、この柯呆に共通する心情をもち、同じような期待感、解放感を味わいながら渡南し、現地社会に根をおろそうとしたものと思われる。端的に言えば、日中戦争期以降の国家権力の命令による渡南とは異なる、いわば自然流出的な植民地民衆の人流であった。そうした意味では、「大東亜戦争」期に南方に動員された台湾人を評して「台湾において受けた侮蔑、差別から部分的には解放されて、いまや中国大陸に、南洋において日本帝国の二等臣民となり、虎の威をかりて現地人に差別を、侮蔑を加えていった」と述べる戴國煇の指摘（『日本人との対話』社会思想社、一九七一年）には、きわめて鋭いものがあるとはいうものの、そのままの形で一九三〇年代以前の南方における「台湾籍民」一般にあてはめることはできないのではないだろうか。

二　台湾＝「南進拠点」論の再登場

1　「領台四〇年」

本章冒頭に紹介した歌詞が象徴するように、「領台四〇年」が喧伝された一九三五年は、台湾における「南進拠点」論が、「領台」初期、第一次世界大戦期につづき三たび燃えさかった年であった。台湾におけるこの年の南進論議と密接な関わりをもつものは、「始政四十周年記念台湾博覧会」に加え、同年一〇月大谷光瑞、井上雅二、石原広一郎といった南方各地に事業拠点をもち国内でも大きな影響力をもつ南進論者をも招いて開かれた熱帯産業調査会である。台湾拓殖株式会社(一九三六年一一月設立、社長加藤恭平＝三菱商事筆頭重役)の設立母体となったこの調査会については、長岡新治郎の研究等[10]で事実関係が明らかにされているが、ここではその後の南進政策の主導権をめぐり、総督府と中央政府とくに外務省との間の軋轢がより一層明白になってきたことを指摘しておきたい。

総督中川健蔵を会長に戴く熱帯産業調査会は、その「設立趣意書」の中で「南支南洋地方ト経済上ノ一層密接ナル関係ヲ保持シ其ノ貿易ノ進展ヲ図リ相互慶福ノ増進」を目的として掲げた。いうまでもなく「領台四〇年」を機に台湾＝南進拠点論を内外に宣明したものであった。まさに総督府としては、「二〇年来消極政策に終始し、施政の沈滞期にあったため、領台四〇周年記念を期としてここに積極策をとり回生を図ろうとした」決意のあらわれであった[11]。

これに対し外務省を代表し同調査会に参加した加藤三郎は、「台湾ヲ根拠トスル本邦ノ南方発展方策ノ調査」を主目的とする調査会は、台湾総督府を統轄する拓務省の〝点数稼ぎ〟であり、また総督府の功名心のあらわれだと不快感を露にした。外交の主務官庁を任じ、かつ欧米列強との摩擦をできるだけ回避しようとする外務省の見解は、次の加藤の言葉に集約されている。

南支南洋発展ニ付テハ本来ナラバ我外務省ニ於テ企図スヘキ筋合ナリ……(しかし本省は「予算不足ノ一方、台湾ハ予算ニ余裕アリ」、かつ熱帯産業には経験もあるので——引用者補足)小官ハ其ノ目的カ平和的経済的発展ニ存スル以上ハ我外務省トシテモ大乗的精神ヲ以テ同調査会ノ使命ニ寄与スルモ亦不可ナカルベシトノ態度ヲ以テ会議ニ臨ム……然レドモ南支南洋発展云々ノ看板ヲ掲ゲ徒ラニ国際関係ヲ刺戟スルハ策ノ得タルモノニ非サルカ故ニ此点ハ台湾総督及総務長官並ニ関係当局ニ篤ト話入レタル……（「台湾総督府熱帯産業調査会報告書進達ノ件」――外務省外交史料館所蔵）。

南進政策をめぐる台湾総督府（そして拓務省）と外務省の官庁間〝縄張り争い〟に加え、この頃になるとワシントン、ロンドン両海軍軍縮条約から離脱した海軍も、南方進出における台湾の重要性に対し急速に関心を高めるようになった。「台湾総督の進退――南方防備の万全上後任は海軍出身将官、小林大将が最も有力」との観測記事（『大阪朝日新聞』一九三六年六月一四日）が示唆するように海軍は、台湾での足場を固めることが南進における自らの立場を強化し、かつ西太平洋地域における日本の「安全保障」を高める上で不可欠だとみなすようになった。

その意味でも、一九一九年以来長期にわたり文官の手にあった総督ポストを手に入れることは、海軍にとって象徴的な意味をもつことと了解されたのであった。海軍大将（退役）小林躋造の総督就任が現実化するのは三六年九月のことであるが、「武官総督を復活して台湾を南進策源地に復活」(12)させる上で中堅幕僚の果たした役割は少なからざるものであった。とりわけ一九三五年当時、馬港要港部参謀であり、翌年シャム（現タイ）国駐在初代武官となった中堂勧恵海軍中佐は、海軍出身総督論の急先鋒であった。中堂は開戦前の海軍にあっては、同じ中堅幕僚たる石川信吾、中原義正らと共に海軍内の積極南進論者として知られ、〝真珠湾〟に向けての海軍の政策決定にも深く関わった人物である（開戦時は軍令部三部八課長）。このように「領台四〇年」を機に海軍出身総督を迎え積極的な南進態勢を整えた台湾では、一九三〇年代後半に向けて「皇民化、工業化、南進基地化」というスローガンを掲げることになった。

2 総督府調査課の調査活動

海軍大将小林総督時代の南進政策の展開をみるのに先立ち、本項では一九一九年の発足以来統計官原口竹次郎の指導下で産業・経済を中心とする南方調査を精力的に推進し、財団法人南洋協会等と共に戦前期日本の代表的な南方調査機関となった総督府官房調査課(三五年外事課、三八年外事部となる)の調査活動に言及しておきたい(詳細は、後藤乾一『原口竹次郎の生涯——南方調査の先駆——』早稲田大学出版部、一九八七年)。

そのための一つの手掛かりとして、ここでは『台湾経済年報・昭和十八年度版』に収録されている「台湾総督府外事部並南方資料館発行南方関係印刷物目録」を利用しつつ、調査課の活動成果の核ともいうべき「南支那及南洋調査書」シリーズの主要な特徴を概観しておきたい。表2-1は、この「目録」で使用されている九地域についての時期別刊行状況をデータ化したものである。この四期の特徴を簡潔にいうならば、第一期(一九一〇年代初期—一九年)は調査活動の試行期、第二期(一九二〇—三五年)は若手調査マンを登用・育成した調査課の全盛期、そして第三(一九三六—四〇年)、第四(一九四一年)期は、南進国策の進展を背景に、調査により一層官製色が強まった時期だといえよう。[13]

この表からは、調査活動の一般的傾向として以下のような特色が抽出できる。

表 2-1　台湾総督府調査課の南方調査書一覧

	南方一般	南支那	仏印	泰国	緬甸他**	馬来	比律賓	蘭印	濠洲他*	合計
第 1 期 (1910 年代初期-19 年)	9	14	2	1	2	2	4	6	0	40
	22.5	35	5	2.5	5	5	10	15	0	
	5.9	11.8	5.4	5.9	10.5	7.4	7.4	6.5	0	
第 2 期 (1920-35 年)	45	39	5	3	5	9	25	48	3	182
	24.7	21.4	2.7	1.6	2.7	4.9	13.7	26.4	1.6	
	29.4	33.8	13.5	17.6	26.3	9	46.3	52.2	60	
第 3 期 (1936-40 年)	89	40	23	11	10	15	20	24	2	234
	38.0	17.1	9.8	4.7	4.3	6.4	8.5	10.3	0.8	
	58.2	33.6	62.2	64.7	52.6	55.6	37.0	26.1	40	
第 4 期 (1942 年)	10	26	7	2	2	1	5	14	0	67
	14.9	38.8	10.4	3.0	3.0	1.5	7.5	20.9	0	
	6.5	21.8	18.9	11.8	10.5	3.7	9.3	15.2	0	
合計	153	119	37	17	19	27	54	92	5	523

注：各欄の二段目は各時期における地域別分布のパーセンテージを，また三段目は各地域の時期別分布のパーセンテージを示す.
＊　南太平洋諸島を含む.
＊＊　インド，セイロンを含む.
出典：『台湾経済年報・昭和十八年度版』に基づき筆者作成.

(一)　全四期を通観すると、特定地域を対象とするよりも、「南方一般」および「南支那」を対象としたものが全体の五二％(二七二点)と過半数をこえている。とくに「南支南洋」という当時広く用いられた地域概念に示されるように、日本国内と異なり、台湾の南進論議においては「南支那」の比重がきわめて高いことがうかがわれる。
「南方一般」「南支那」を除く残りを地域別にみると、蘭印(三六・六％)、フィリピン(二一・五％)、仏印(一四・七％)、英領マラヤ(一〇・七％)の順位になっている。とくに各期とも蘭印が首位を占めているのが注目される。このことは蘭印が人口、面積において南方の約半分を占めるだけでなく、各種の資源が豊富であり、しかも蘭印政庁が外国資本に対し門戸開放政策をとっていたという諸条件に起因するものである。

なおこの点と関連し、『新亜細亜』誌(一九四一年二月号)が、各界の名士四〇名を対象に行なった「南方世論調査」を紹介しておきたい。その質問中、南方のどの地域が日本にとって最も重要と考えるか、との問があるが、五二回答(複数回答)の内、蘭印と答えたのが二五名(四八%)を数え、二位仏印の八名(一五・四%)、シンガポール五名(九・六%)を大きく上回っている。この世論調査が実施されたのは、北部仏印進駐、シンガポールのイギリス海軍基地の強化が重大な関心事であった折ということを考慮するならば、日蘭会商が開会中という時期とはいえ、日本人の間で蘭印が南方の心臓部と理解されていたことを示すものといえよう。

(二) 総督府の経済調査活動が全盛期にあった第二期一五年間に、全刊行物の三四・八%(一八二点)が出版されているが、それ以上に南進が国策化した第三期のわずか五年間に四四・七%という〝集中豪雨〟的な刊行状況を示している。各地域とも時期別の刊行状況に顕著な差はないが、仏印の占める割合だけは第三期および第四期に大きな増加を示している。これは日中戦争勃発後におけるいわゆる援蔣ルート問題、さらには第二次世界大戦勃発後の日本軍による北部、ついで南部仏印への進駐といった軍事的要因によるものと思われる。しかしながら、全体としてみると、この仏印を含む大陸部東南アジアに対する関心が、海洋部東南アジアに対するそれと比較し全体を通じ低率を示していることも、総督府の主たる関心が南方の資源に向けられていたことを示唆するものであろう。

㈢　地域別の刊行初年度をみると、南方一般(二点)、緬甸等、蘭印が一九一三年、南支那ならびに仏印が一六年、フィリピン一七年、タイ一九年とすべてが第一次世界大戦前後期となっている。また一三年の刊行物は、金平亮三『南洋視察復命書』をはじめ四点すべてが経済を主とする視察報告書である。

㈣　内容的には一九三〇年代中葉までは、経済・金融・産業一般(とくに栽培企業関係)・行政に関するものが圧倒的に多い。総督府が各地の日本人経営の農園に対し積極的な助成政策をとっていたことと密接な関係があると考えられる。調査課からの初めての長期出張者として、一九三〇—三一年バタビア法科大学に留学を命じられた台北高等商業学校出身の若手調査マン塩谷巖三に与えられた調査課題の一つが邦人農園企業に対する利子補給制度であったことも、そのことを反映している(『わが青春のバタヴィア——若き調査マンの戦前期インドネシア留学日記——』龍溪書舍、一九八七年)。

このように経済調査が主流を占める中で、民族主義運動を対象としたものは、官房外事課編『南洋各地統治組織及土民運動』(一九三五年)一点を数えるのみである。ちなみに同書の「蘭印」篇では「蘭印土人の民族運動に対して直接の動機となったものは日露戦争」との見方から出発しつつ、現下の指導者スカルノ、ハッタらの逮捕(一九三三年)により民族主義運動は「遠き将来はいざ知らず、少くとも近き将来に於ては再燃されるとは思はれない」と展望している(14)。このような分析視角からも、既存の植民地体制の枠組を承認した上でその地への経済的進出を深めていく、という総督府の基本的な態度がうかがわれよう。また個別地域の政治に関するものとしては、開戦前夜の『蘭領印度に於ける独立運動の最近の動向』(一九四〇年)、『インドネシア民族運動』(一九四一年)の二点のみである。いずれも蘭印を対象としていると同時に、一点はこの時期としてはきわめて例外的であるが、「インドネシア」という名を冠していることは興味をひく。

(五) 一九三五年前後を大きな転換期として、出版物の内容および書名には著しい変化がうかがわれる。それ以前の『南洋に於ける邦人の企業』(一九一七年)の系譜に立つ地味な実態調査的なものから、『南洋に対する日本の経済的進出』(一九三五年)に代表されるように日本の南進を強調した刊行物がふえてくる。それと同時に第三期になると、台湾における〝南進ムード〟の高揚を反映し、『台湾と南支南洋』(一九三五年)、『台湾と南支那』(一九三七年)といった南進の拠点としての台湾を改めて前面に押し出す視点が強まってくる。

(六) 満州事変以降の日中関係の急激な悪化、それに伴う在南の華僑社会の排日運動の高まりを背景として、一九三八年の『南洋華僑事情』を嚆矢に、華僑社会を対象とした刊行物がふえてくる。この点は満鉄東亜経済調査局、あるいは東亜研究所(その第三調査委員会は華僑調査担当)といった国内の官製研究機関とほぼ同じ傾向を示している。

(七) 一九四〇年夏、第二次近衛内閣の外務大臣松岡洋右が唱えた「大東亜共栄圏」という言葉が時代の〝キーワード〟になるにつれ、総督府関係の出版物にも従来の「南洋」「南方」に代わり、「南方共栄圏」を書名に冠したものが続出してくるのも時勢を示す特徴の一つである。さらに「共栄圏」論が賑う中で、日本人が南方へ進出することは、人種学的にみても合理的であることを「科学的」に立証しようとする『大東亜共栄圏の確立と日本民族の熱帯適応生活』（一九四一年）をはじめ類似の報告書が相次いで公刊されるのも、南方占領前後期の目立った特徴の一つである。このことは換言するならば、当時の〝南進ブーム〟に沸く日本、台湾において、南方は「不潔不衛生」あるいは「優生学上好ましくない」といった根拠のない固定観念が根強く存在していたこと、即ち日本人の南方認識と密接な関係をもつものといえよう。

以上、総督府関係の刊行物のデータ的考察を通じ、台湾における南方関心の推移の大筋をみてきた。もちろんこれらの調査成果の多くは、今日の人文・社会科学的な研究水準からみれば「欧米の学者、専門家による研究成果の翻訳であり、他の大部分は視察旅行の復命書、およびそれぞれの地域の概説書、あるいは特産物についての調査、貿易その他経済状況に関する調査書類で、いずれも独自性をもった研究成果といいうるものではない」（原覺天『アジア研究成立史論』勁草書房、一九八四年）という評価は、当を得ているといえるかもしれない。

しかしながら、戦前期日本の東南アジアに対する一般的な無関心あるいは無知を考慮するならば、「縁の下の力持ちながら我国人の南洋に関する啓蒙に貢献し、その蒐集せる資料は我国に於ける比類なき資料として誇るに足るもの」（『台湾経済年報・昭和十六年度版』）という調査課関係者の当時の自賛もあながち誇張とはいえないであろう。また先述の評価と対照的に、総督府調査課および外事課が「（日本の）南方関与との関係で歴史的に果した役割は測り知れないほど大きい」（矢野暢「大正期南進論の特質」『東南アジア研究』一九七八年六月）という研究史上の位置づけもなされていることにも留意しておくべきであろう。

この他、台湾における南方調査研究との関連で、一九二八年に設立された台北帝国大学の文政学部史学科には、国内の主要大学の史学科が採っていた日本(国)史、東洋史、西洋史に加え、「日本」の大学としては初めて南洋史学の専攻もおかれたことの意味は小さからぬものがある。植民政策学的な観点から設立されたとはいえ、そこでは村上直次郎、岩生成一らの南方史研究者が教鞭をとっていたことは、戦後の日本の東南アジア史研究との連続性をみていく上で看過できない事実である(15)。また総督府の経済調査活動の担い手となった前述の塩谷巖三ら若手調査マンの多くは、台湾育ちの日本青年が数多く学んだ台北高等商業学校(一九一九年創立)の出身者であったことも一言付記しておきたい。

3　日中戦争と皇民化運動

日本国内や台湾における朝野の南進論の高まりを背景に、日本政府・軍部が明確な形で外南洋(東南アジア)を対象とした南進政策を打ち出すのは、いうまでもなく一九三六年八月の五相会議決定「国策ノ基準」によってであった。しかしその後の日本の対外関心は南方には向かわず、翌年夏から本格化する日中戦争により中国大陸に釘づけされた形となる。

こうした状況の中で、一九三六年秋就任以来、「皇民化、工業化、南進基地化」を三大政策として唱導していた小林総督は、〝臣民〟台湾人の心がこの戦争により「祖国中国」へ向かい抗日意識が高まることを恐れ、「国語」教育を軸とする「皇民化」政策を加速化させた。台湾で青少年時代を過ごした尾崎秀樹は、当時の日本側の警戒心の高まりをこう描写している。

（一九三七年）八月十六日には開戦後(日中戦争―引用者)はじめての告諭によって台湾島民に戦時体制の重大性を認識させるべく警告を発した。さらに二回目には地方長官緊急会議を召集して、臨時情報委員会を情報部と改組、戦局の拡大するにつれての情報部の宣伝工作、言論統制策はますます拡充強化され、機構も整備されてゆく。台湾語による文章表現が、あらゆる面で禁圧され……そして国民服の奨励、日本姓への改姓名、国語常用をもって「皇民化」(奴れい化)をしいた。一三年の特高警察の大増員は、島民の反抗をおさえ「皇民化」を強行するための警戒配置であった。(16)

こうした皇民化運動の帰結が、事実上最後の総督となった長谷川清の下で、一九四一年四月に発足した皇民奉公会である。この皇民奉公会は「戦時下国家総力ヲ発揮シ戦力増強ニ遺憾ナカラシムル為ニハ国民ノ積極的協力ト時局担当ノ熱意」が不可欠との認識に立ち、「内地人、本島人、高砂族ノ全島民ヲ挙」げ、「戦意ノ昂揚、決戦生活ノ実践、勤労態勢ノ強化、民防衛ノ完遂、健民運動ノ推進」を目的とした官製の実践運動体であった。(17)そして運動の基本理念として、かつて明治天皇が二代総督乃木希典に与えた勅語、すなわち「台湾諸島ガ版図ニ帰セシヨリ日尚浅ク新附ノ民マダ或ハ其堵ニ安ンゼザルモノアラン。宜シク民情旧慣ヲ視察シ撫恤ヲ加フベシ」という言葉が用いられ、またそれと共に同天皇の歌「新高の山のふもとの民草と、茂りまさると聞くぞ嬉しき」が「皇国日本」の台湾に寄せる慈悲を示すものとして利用された。

このような官製運動は国家総動員体制下にあった日本の大政翼賛会運動の影響を受けていることは明白であるが、同時に台湾におけるこうした運動体が戦時期の日本軍支配下の南方各地にも一つのモデルを提供したと思われるのは興味深い。とりわけジャワ奉公会（一九四四年三月発足）は「皇民」の語こそ冠しないものの、「全島民親和の裡に軍政施策を実践推進して以て大東亜共栄圏の一環としてのジャワ住民の使命たる聖戦完遂に挺身する」（『ジャワ年鑑・昭和一九年』）ことを目的とするなど、多くの点で皇民奉公会と著しい共通性がみられる。

なお「皇民」創出と関連し注目されるべきことは、日本の国民学校教科書（『初等科国語・三』）に台湾少年が皇民の典型として登場したということである。それは一九三五年の台湾大地震で崩壊した建物の下敷きになり重傷を負った徳坤少年が、治療中日本語以外は一切口にせず、また息を引き取るまで「君が代」をうたい続けたという挿話である。(18) こうした「美談」により、「内台一如」のあるべき姿を説こうとしたものであることはいうまでもないだろう。

4　台湾軍研究部

一九三九年の年頭に際し発表した一論文の中で小林躋造総督は、「聖戦究極の目的」を達するには「国力の充実増強」が急務であるとの認識に立ちつつ、こう述べている。

海を隔てて我台湾と隣接する広大なる南洋一帯の地域は、我が不足資源の供給地竝に商品の需要地として、将又企業竝に移民地として実に重大意義を有するものであって、帝国南方発展の根

拠地としての台湾の演ずべき使命も亦益々重要性を帯ぶるのである。(19)

このように台湾を「根拠地」とする日本と南方との結合が「国力の充実増強」に不可欠との立場を再確認しつつ小林は、現下の日中戦争について「事変の終極は前途尚遠く、寧ろ今後に於ける局面こそ幾多の障壁と困難を伴」うだろう、と悲観的な展望を行なっていた。

小林総督の指摘をまつまでもなく、日本が日中戦争で泥沼状況にあった間、ヨーロッパでは第二次世界大戦が勃発し、一九四〇年五月にはオランダがドイツに敗れロンドンに亡命政権を樹立、六月にはフランスにペタン政権の誕生という政治的変動を迎える。こうした欧州情勢の急変を背景に、「資源の宝庫」と目された蘭印を中心に軍部の南方関心は一挙に高まった。そして南進こそが日中戦争解決の切札であるという空気の中で同年七月、大本営政府連絡会議は、「武力行使ヲ含ム南進」を示唆した「世界情勢ノ推移ニ伴フ時局処理要綱」を決定する。

しかしながら、南方への軍事的進出が重要課題となったものの、日本の軍部とくに陸軍は建軍以来寒冷地作戦に対する研究蓄積こそあれ、熱地作戦については白紙同様であった。こうした中で一九四〇年八月二六日、陸海軍の間で「新南方補給根拠地推進要領」が決定された。その眼目は、台湾を「南方作戦」が実施された場合の物資、燃料の補給根拠地として位置づけ、そのために台湾における「補給諸機関及び施設の補強」を図ることであった。

こうした南方作戦計画における「台湾基地論」との関係で、同年一一月、陸軍省軍務局大槻章大佐を長とする調査班が台湾へ派遣された。そのメンバーの一人瀬島龍三(大尉)は帰国後の一二月七日、参謀本部に南方作戦準備の現状を報告しているが、そこでは台湾が「南方作戦全般の基地」と位置づけられ、特に一衣帯水のフィリピンに対する作戦にとって台湾の「価値は重大」であると強調していた[20]。

上述した陸軍中央の台湾重視の基本路線に沿い、一九四〇年一二月二五日、参謀総長指示にもとづき、台湾軍司令部内に「台湾軍研究部」が創設され、「南方作戦ニ直接必要ナル研究、調査及試験ヲ実施スル」任務が与えられた。ここには軍事作戦のみならず「軍情、兵要地誌調査」「兵器、経理、給養、衛生、防疫」など広範な研究課題が含まれ、「一応昭和十六年三月末迄ニ綜合報告」を提出することが指示された[21]。

今日この台湾軍研究部の調査報告書は現存してないといわれているが、辻政信中佐が実質的な中心となってなされた研究の成果は、シンガポール上陸作戦を想定したといわれる「海南島演習」(一九四一年六月)の名で実施に移されている。周知のようにその辻は「マレー作戦」における中心人物でもあったことと関連し、陸軍関係者の間では、台湾軍研究部の実践的研究は「大東亜戦争の作戦、戦闘の実施、食糧衛生対策等に大きく寄与した」(防衛庁戦史室『陸軍軍戦備』)との評価がなされているようである。いずれにせよ、南進とりわけ南方作戦との関係で台湾を考える場合、この台湾軍研究部の役割については、今後さらに検討がなされる必要があると思われる。

台湾の「南進基地性」がたんなる机上の空論ではなく、陸軍中枢の緊急関心事になっていく中で、そして開戦に向けての重要な一歩となった「南部仏印進駐」を前にして、一九四一年六月二四日、閣議は「南方政策ニ於ケル台湾ノ地位ニ関スル件」を決定し、「帝国ノ南方ニ於ケル前進基地」として

「台湾ノ地位、資源、経験等」を最大限に活用すべく、総督府を中央の南方政策に全面的に組み入れてゆくことが強調された[22]。そしてそのことは、台湾の植民地社会の再編＝動員体制の強化とも密接に関わるものであった。かくして日本の軍事的南進→その前進基地としての台湾→台湾民衆をそれに組み込むための総動員体制の制度化が、開戦に向けての台湾総督府の主要な任務となっていった。

なお、開戦後の一九四二年九月、大東亜省の設置とそれに伴う拓務省の廃止によって、台湾総督府を監督する主務官庁は、拓務省から内務省に移された。このことは一面では総督府の権限強化をもたらしたが、他方、ある意味で台湾が「内地化」されたことを意味した。その結果台湾の日本人関係者の一部には、南方の拠点＝台湾が「南方圏の外」に置かれ「南方工作よりオミット」される可能性が生じたことを危惧する声もあった。台北帝国大学教授楠井隆三の次のような発言は、台湾における南進論議のもつある種の〝ジレンマ〟を物語るものでもあった。

中央、殊に大東亜省としては台湾の南方への積極的な活動を目して、従来ややもすれば外務省方面などにおいて見たように、単なる出しゃばりとはなさず、これを充分に利用、善用すべきである。如何に過少評価しても、台湾の半世紀に亘る熱地統治についての経験が皇国にとって至大なる意味を持っていることは否定し得ない所である[23]。

5　台湾工業化論と南進

すでに指摘したように「領台四〇年」を契機に台湾総督府関係者の間では、台湾のもつ「南進性」

あるいは総督府の各種南進施策を自画自賛的に評価する傾向が顕著となった。しかしながらその一方、在台年数の長い、そして中央との関係がさほど密接ではない総督府中堅官僚や知識人の一部には、むしろ台湾が本来備えている「南進性」がいまだ十分に発揮されていないとの〝苛立ち〟の念が表明されていた。彼らは、そうした現実は日本政府が過去半世紀、対英協調を過度に重視した結果だと指摘し、「南方に於ける英の指導的地位の確認乃至尊重を余儀なく」させられ、そのため積極的な南方政策が等閑視されてきたのだと手厳しく批判する。こうした文脈の中で、論者はさらに「(南進に向けての)台湾のもつすぐれた客観的諸条件と主体的な意図にも拘らず」、台湾は「南方に背を向ける」結果となり、さらには経済構造そのものが「ひたすら内地への原料品、食料品の供給」地に堕したとし、総督府の政策的失敗をも指摘する議論が少なからずみられた。

その代表的な見解は、『台湾経済年報・昭和十六年度版』に収録された「南方経済圏と台湾」と題する論文である(著者は高雄商工奨励館長のち台湾南方協会主事西沢基一と元総督府調査課員で台北高商教授塩谷巌三)。論者は前述の議論をふまえ、より直截的に、「領台四五年」の歴史にもかかわらず「台湾を中心とする南方発展はいうべきものなし」と断じ、それは台湾経済が「内地工業製品の市場」という従属的な地位におとしめられた結果である、と台湾経済の現状を総括するのであった。

この論文の共著者の一人西沢は、その前年に書いた一論文において、より明示的に、日本資本主義の英米依存体質が南方国策の進展を阻害したと説き、それはさらには台湾の内地経済への「植民地的従属」をもたらしたとすら指摘していた。(24) そして西沢は、台湾がこうした「植民地的な従属」を断ち切るには「内地生産力拡充の延長」とは異なる型の工業化が不可欠だとし、かつその工業化は南方経済圏との新たな結合の下ではじめて可能になる、と強調するのであった。

そうした西沢の理解の背景には、㈠同じ植民地——しかも後発の——でありながら、朝鮮は豊富な地下資源を利用し、その開発の上に重化学工業化を推進している、㈡台湾も同一方向で経済的自立をはかるべきだが、島内資源が貧しいゆえ、南方資源を本島へ移すことによって初めて工業化が可能である、という認識があった。そしてその点をふまえて彼は「ここにこそ、台湾工業化の帝国南方政策積極化に対する積極的働きかけが為される所以」だと説くのであった。

こうした議論と関連させつつ西沢は、一九四一年の共著論文の中でも「今日工業化の問題を離れては台湾の南方発展の実態は把握し得なく、また工業化は南方発展を離れては理解され得ない」と結論づけた。ここにおいて総督府の唱えた三大政策の内の二つ、即ち「南進」と「工業化」が合一されるのであるが、重要なことは西沢においては、「南進」とは日本内地に奉仕するためのものではなく、まず何よりも台湾の「経済的自主化」を促進するためのものと了解されている点である。開戦前夜の在台日本人知識層の議論には、随所にこうした見解が色濃くあらわれてくるが、これを内地(中央)の過剰介入に反発する一種の「在台邦人ナショナリズム」と捉えることも可能であろう。

なお一九四一年論文の著者の一人、塩谷巌三は、四三年二月から三カ月余、日本軍占領下のジャワに設置されたジャワ栽培企業管理公団に軍属として勤務する。これも「台湾の経験」を南方占領地行政に生かす措置の一環としてなされた人事であるが、その塩谷の日記からは、戦時下ジャワにあって台湾(総督府)関係者の人間関係がきわめて団結力の強いものであったことがうかがわれる。これも上述した「在台邦人ナショナリズム」の発現と捉えることができよう[25]。

たとえば、一九四三年四月一日の塩谷の記録には、公団理事長であり元総督府高官であった玉手亮一の逝去を「国家的損失」と悼んだ上で、「此の玉手氏によって作られた栽培企業公団を台湾出身の者が護り育んで行き……」との記述がみられる。また、「台湾関係者の会合」に出席し、軍政監部警務部長西村徳一、ジャカルタ省内政部長川添修平ら一八名と懇談した四月二〇日の日記には「台湾組の優勢さを目のあたりに見、大いに飲みかつ食って散会した」と綴られている。

三　戦時下の動員体制

1　労働力の動員

「大東亜戦争」が勃発した一九四一年一二月八日、総督長谷川清は全島民に向け次のような諭告を発した。

本島は敵性国家群への最短圏内の地位にあり必然的に南方作戦の心臓部的宿命を保有す。島民たるもの須く世界に冠絶する皇軍の武威と政府の施策に信倚し協力戮力必勝の信念を把持し愈々生業に励精し従容として艱難を克服し本島の負荷する栄光ある重大責務を貫遂し以て本島使命の

達成に遺憾なきを期すべし……（台湾銀行史編纂室『台湾銀行史』一九六四年より）

こうした「決戦態勢下」において、日中戦争期から段階的に実施されていた台湾人の動員が、一段と加速されてゆくことになった。(26) その具体的なあらわれの一つが、南方作戦およびそれに引き続く占領地行政において必要とされる労働力の大量供出であった。日中戦争下で「農業要員」等の名目で中国大陸への労働力の送出が始まっていたというものの、今次大戦前の台湾は「労務ノ低廉豊富ヲ称ヘラレ何等勤労行政ヲ必要トセザリシ」状況であった。しかし次第に島内諸工事での労働力が大量に必要となっただけでなく、「陸海軍ヨリノ要請ニ基ク南方勤労要員ノ供出」を迫られ、総督府殖産局内に設けられていた（四〇年八月）台湾中央労務協会およびその各州支部が、「労務戦士」募集の名で大量の労働力の調達をはかることになった。(27)

しかしながら、それにもかかわらず、戦争後半期に入ると「本島工業ノ軍需工業化竝軍作業庁ノ拡大」「日本内地ニ於ケル兵器廠要員ノ送出」さらには「十万余名ニ及ブ南方各地域ニ於ケル軍設営隊員軍政要員ノ派遣」等により、「豊富」とうたわれた台湾の労力も次第に逼迫するようになった。そして一九四四年半ば頃からは「島内労務事情ハ漸次不円滑ナル様相ヲ露呈シ勤労動員ニ当リテモ給源把握ニ困難ノ度ヲ加フルニ至レリ」という状況を呈した。これらの総督府側の観察からも、台湾の一般民衆に課せられた圧迫の強さが推測されるが、さらに四四年七月の「国民徴用令ノ全面的発動」は、それに拍車をかけることとなった。こうして動員された台湾人は、敗戦時の時点で「南方各地のみをみても九万二七四八名」の多きに達している。(28)

なお南方各地の占領地、とりわけ資源のみならず「労働力の宝庫」ともみなされたジャワにおいても、軍政当局は労働力不足の深刻化に伴い各州に労務協会を発足させ、実質的な強制措置により労働力を徴発し、彼らに「労働戦士」の美名を与えている。周知のように彼らは「ロームシャ」と呼ばれ、その語は今日なお日本軍政の苛酷さを象徴する語としてインドネシア社会に定着している（後藤乾一『日本占領期インドネシア研究』龍溪書舎、一九八九年他）。先に述べた皇民奉公会とジャワ奉公会の共通性のみならず、このような労働力調達機構という観点からも、開戦前後期の台湾での「実験成果」が、南方占領地でも広く応用されたことが判明しよう。

2　特別志願兵制度と徴兵制度

戦時期台湾では、労働力供出にとどまらず、兵力の提供という役割も「期待」されるようになり、一九四二年七月からは陸軍特別志願兵制度、翌四三年八月からは海軍特別志願兵制度、さらには一九七四年末、インドネシアのモロタイ島で「発見」された中村輝夫（元名史尼育唔《スニオン》）もその一人である「高砂族陸軍特別志願兵」の制度が導入された。

総督府側は、こうした特別志願兵制度は一九三八年二月に朝鮮で実施されて以来「本島人（台湾人——引用者）有識階級ニ於テハ後雁先行ノ感」を高め、彼らの「実施要望俄然熾烈」となる中で、その「深刻ナル関心ト熱意」に応える形で導入したとの立場をとっている。[29]「台湾総督府委嘱作品」として作られた次の「三人の志願兵」と題する詩（菊岡久利作）は、そうした日本側の意図を如実に反映したものであった。

皇民錬成／もろもろの青年訓練所たち。
花と咲きいで香りも床しき／桔梗倶楽部にいたるまで、
ひとりのこらず／ひとりものこらず／皇民奉公会の下に。
かくていまぞ志願兵。／台湾志願兵。／皇民の道、志願兵。(30)

しかしながら、志願の上に「特別」という形容が冠せられていることが示すように、これは言葉の本来の意味における志願ではなく「日軍強迫徴召」すなわち「強制された志願」ともいうべきものであった(林景明『知られざる台湾——台湾独立運動家の叫び——』三省堂、一九七〇年)。こうして戦局悪化が決定的となった一九四四年には、陸海軍あわせ志願者は七六万人の多きに達し、内約二五〇〇人が「帝国軍人」として選ばれ、そのほとんどが東部インドネシア方面を中心に南方各地の最前線へ送られた。

さらに要塞サイパン島の陥落、東条英機内閣の崩壊後の一九四四年九月、太平洋戦域の全防衛線が脅威にさらされる中で(総督府の表現に従えば「大東亜戦争ノ進展ニ伴ヒ」)、長谷川総督は「(台湾が)攻防第一線の戦場となり、ひいては皇国の安危につながる」と危機意識を煽り、四五年度からは徴兵制を導入すると発表した。そして当時の日本の有力報道機関は「台湾は大東亜共栄圏の中心」と位置づけ、この徴兵制についても「台湾全島はあげてその歓喜と感激の渦に巻きこまれた」と一方的に謳い上げていた(『南方の拠点・台湾』朝日新聞社、一九四四年、図2-1参照)。

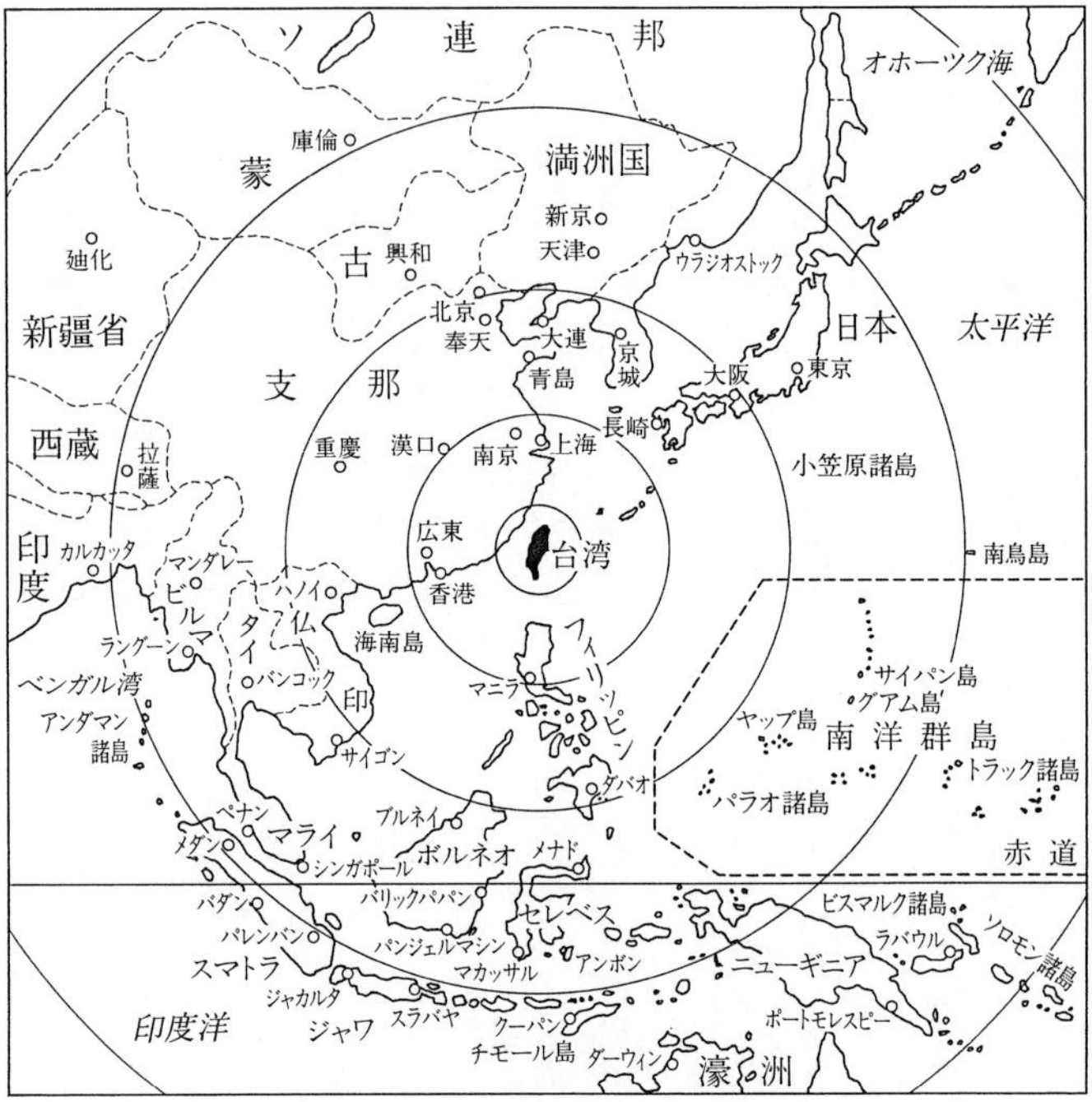

図2-1 「台湾は大東亜共栄圏の中心」
出所：『南方の拠点・台湾』朝日新聞社，1944年．

こうした日本側の一方的な評価は、台湾軍司令官安藤利吉(陸軍大将)の発言にも如実に示されている。「徴兵制実施に当りて」と題する一文において安藤は、「本島青年の悉くが、大君の御楯となつて国土防衛の重任に就き更に進んで米英撃滅の第一線に参加し得ることは誠に神慮ともいふべく一入意義を感ずる次第である」と述べている。同時に、台湾軍の最高責任者として安藤は、戦局が次第に悪化しているとの認識を「戦火は将に台湾に及ばんとしている」との言葉で表現し、それ故に「今や戦力化に貢献するもの以外何事も存在の意義を持たないのである」との焦燥感を示していることも指摘するべきであろう。(31)しかしながら、こうした日本側の高揚した認識とは裏腹に、徴兵令を受け取った台湾青年の心情は「髪と爪残して征くと十八の日記に記せし学徒兵のわれ」(黄得龍)との短歌が象徴するように、きわめて冷静に生死の分岐路をみつめるというものであった。(32)

なお軍との関連で避けてとおることのできない問題の一つに「従軍慰安婦」がある。南方占領地行政が開始された直後から、台湾軍もこの問題に深く関与していたことが次の秘電からもうかがえよう(本書第五章も参照)。

本年三月(中略)認可ニ依ル「ボルネオ」ニ派遣セル特種《ママ》慰安婦五十名ニ関スル現地著後《ママ》ノ実況人員不足シ稼業ニ堪ヘザル者等ヲ生ズル為尚二十名増加ノ要アリトシ左記引率岡部隊発給ノ呼寄認可証ヲ携行帰台セリ事実止ムヲ得ザルモノト認メラルルニ付慰安婦二十名増派諒承相成度……。(33)

3　「台湾籍民」から「皇民」へ

先にも紹介したように「台湾籍民」としてジャワへ渡った柯呆は、開戦と共に蘭印当局によって日本人＝敵性国民として逮捕、ついでオーストラリアに抑留される。彼の十数年の辛苦の結晶の資産はすべて没収された。豪州抑留中、柯呆の長男柯生得は、自らの意志で渡南し自力で道を拓いた父とはまったく異なる形で、日本の支配下におかれた戦時期インドネシアと関わりをもつことになる。

台湾では皇民奉公会の活動の一環として、開戦後まもなく拓南工業戦士訓練所、拓南農業戦士訓練所および海洋訓練隊の三つの訓練所が設立された。その名が示すように、これらの訓練所は日本軍支配下におかれた東南アジア一帯に「南方建設要員」として送り込む台湾青年を訓練する機関であった。柯生得は彰化専修商業学校を卒業後、奉公青年隊で活動中であったが、「高度な実務技術が修得」できるとの期待から一九四三年二月、拓南工業戦士訓練所の第二回生一五〇名(土木科、建築科、機械科各五〇名)の一人として土木科に入学した。

一九二一年生まれの生得は、三〇年代の徹底した「皇民化」教育を受け、日本語を常用し、物心がついたときには大陸ではなく、日本をまだ見ぬ祖国と感じるアイデンティティの持主であった。したがって日中戦争期においても、父祖の地が日本軍に蹂躙されているという意識に悩むこともなく、蔣介石の似顔絵に石をぶつけて遊ぶ青少年時代を送っていた。

そうした「皇民」青年柯生得にとっては、訓練所を卒業し大日本帝国の「軍属」として従軍すれば、志願兵=軍人とは異なっても「〝お国〟のために働くことは変らない」との気持を抱くことは、ある意味ではきわめて当然のことであった。六カ月間の訓練期間中は全寮制で、朝の神拝行事に始まり夜の神拝行事で終わる毎日であり、専門教科、一般教科(南方地理、時局問題、北京語・マレー語・英語)の他、軍人勅諭、戦陣訓、修身からなる徹底した精神教育がなされるなど「皇民化」教育の総仕上げの過程でもあった。

訓練修了直後の一九四三年九月、柯生得は拓南工業戦士訓練所の一、二期生二二〇人と共に、海軍支配下のボルネオ(現カリマンタン)におかれた一〇一海軍燃料廠第一調査隊に軍属として徴用され、その後の死線を彷徨する戦中生活の第一歩をしるすことになる。一行は渡南に先立ち皇居に参拝するが、台湾を発つ直前、訓練所当局から改姓を命じられる。彼らは一瞬の戸惑いはあったが十数年に及ぶ皇民化教育の「成果」のゆえに、さしたる抵抗感もなくその命令を受入れる。柯生得は愛読した菊池寛の小説『心の日月』の主人公の名、そして自分が長男であることにちなみ〝磯村一男〟の名を自らに与えたのだった。こうして一人の南方派遣要員「皇軍軍属」が誕生した[34]。

「台湾籍民」柯呆が「日本人」としての権利をも享受しつつ自らの意志でジャワに向かってから、新たな「皇民」〝磯村一男〟が国家の命令により戦火の東部インドネシア戦線へ投じられるまで、ほぼ一五年の歳月が流れていた。この過程は植民地台湾における「速足の南進」の内実を端的に象徴するものであった。

おわりに

「幸に台湾は吾が領土の中に這入った。これは吾国が経済的に南方へ発展する踏台と心得て宜しいのである」と謳った政論家副島八十六は、その台湾が日本の植民地となった二年後、蘭領東インドを巡遊した。そしてその著『帝国南進策』において、一向に深まらない日本人の南方に対する関心を慨嘆しつつ、「(蘭印には)日本の領事館もなければ商店もない。或る会社の出張員が一二人と、時々台湾の官民が爪哇の製糖事業を視察(傍点引用者)に出掛けて往く位が関の山で、他は何れも醜業社会

（「からゆきさん」――同）の持切りである」と記している。[35] この記述がいみじくも示しているように、初期の台湾総督府は植民地経営にあたり、オランダのジャワ統治に一つのモデルを見出していた。

そして一九四〇年代に入り、「大東亜共栄圏」が叫ばれ、台湾も「決戦態勢」下に組み入れられる中で、台湾人を総動員するためのさまざまな運動体や組織が設立された。本論でも述べた皇民奉公会や労務協会はその一例であるが、こうした諸施策が日本側からみて「成功」をおさめたとみなされる中で、これらは日本軍の占領下におかれた東南アジア各地に〝輸出〟されることになった。いわば戦時期の南方軍政の展開は、「台湾モデル」に依拠する所が少なからずあった。「領台」の初期と末期における「台湾と南洋」の関係のこうした〝逆転〟過程も、今後の近代史研究の重要な検討材料の一つであろう。

ところで一九三〇年代に入り、とりわけ日中戦争を契機に、台湾における日本の植民地政策は、台湾人の精神の領域にまで深く足を踏み込むことになった。本論でも示唆した「国語」常用運動、改姓名の推進あるいは神社参拝の強制といった諸施策は、彼らのアイデンティティの根幹に関わるものへの浸潤であった。

「一視同仁」あるいは「内台一如」といった一見温情的な理念とは裏腹に、日本人と台湾人の間には生活のあらゆる領域において歴然たる差別が存在した。このことは、「あたへらる　職についてすら、その職に　民族をことなる差別、規正を設く」（陳奇雲、一九三七年七月、『昭和万葉集』巻四）という怒りを押えた短歌が示すとおりである。台湾人が自らの心情を三一文字の日本語に託し、見事に歌いあげることが可能であったことに——しかもそれが決して例外的な事例でなかったことに——日本の異民族支配の業の深さをみてとることができよう。

そして「大東亜戦争」の勃発と共に、「皇民」教育を受けた多くの青年が下級兵士として、あるいは「工業戦士」「農業戦士」等々の「軍属」として、「南方共栄圏」各地の戦場や占領地に送られた。その数は厚生省援護局資料(一九九〇年九月現在)によれば、二〇万七一八三名にも達し、内一四・六%にもあたる三万三〇六名が戦病死している。改めていうまでもなく、彼らはすべて「日本人」として徴用され、そして死んだのである(ちなみに朝鮮の場合は、総数二四万二三四人中二万二一八二名が死去)。

しかしながら、敗戦後、日本政府はサンフランシスコ講和条約の発効(一九五二年四月)を機に——実態に則していえばそれを口実に——旧植民地出身者は「日本国籍」を喪失し、「外国人」になったとの法務省見解を宣明した。これによって台湾人、そして朝鮮人は日本国内に居住する者も含め、すべて自らの意志とは無関係に——かつて「日本人」にされたのと同じように——日本国籍を喪失することになった。しかも日華平和条約(一九五二年四月)、日韓基本条約(一九六五年六月)の調印によって、彼ら元「日本人」に対する賠償問題は法的に解決されたと解釈されてきた。

他方、そうした国家関係の論理とは別に、その後一九七七年八月、台湾在住の一三名の台湾人元日本兵または遺族代表が、日本政府に補償を求め東京地裁に提訴し、それ以来、日本社会の広範な層からこうした請求を超党派的に支持する動きが高まってきたことも周知のとおりである。そして一九八八年度になると、台湾人元日本兵に対する弔慰金支給制度が議員立法によってようやく実現し、厳しい資格審査を経てからではあるが戦死者遺族らに一律二〇〇万円が支払われることになった。しかし、法的には彼らの提訴は「同情は禁じ得ないが、根拠となる法の規定がない」(一九八二年東京地裁判決)との法治国家の論理の前に敗訴を重ね、一九九二年四月には、最高裁で「台湾住民の軍人、軍属にいかなる措置をとるかは立法政策に属する問題」との決定が下された(36)。

「大東亜戦争」勃発後半世紀余を経た今日、日本と近隣アジア諸地域の歴史的関係を見直す作業が、民・官さまざまなレベルでようやく本格化しようとしている。世界的な潮流をみても「歴史の清算」をめぐり、既存の法的枠組を越えた、そして基本的人権とも関わりをもった「補償」という概念が大きな注目を浴びるようになってきた。こうした中で、近代日本の最初の植民地となり、日本の東南アジア支配とも深く関わった台湾を起点に近・現代史を再検討することは、きわめて重要な課題であると考えられる(37)。

(1) 『始政四十周年記念台湾博覧会誌』非売品、一九三九年、四五八頁。
(2) 徳富猪一郎『台湾遊記』民友社、一九二九年、一八二一一八三頁。彼の膨張主義論の思想史的考察については、ビン・シン(杉原志啓訳)『評伝徳富蘇峰』岩波書店、一九九四年を参照。
(3) 徳富猪一郎編『公爵桂太郎伝・乾巻』故桂公爵記念事業会、一九一七年、七〇七一七一二頁参照。
(4) 「領台」初期の南方関心については、矢内原忠雄「帝国主義下の台湾」『矢内原忠雄全集・第二巻』岩波書店、一九六三年、第一章を参照。

（5）戴天昭『台湾国際政治史研究』法政大学出版局、一九七一年、二八〇頁。児玉ら当時の総督府首脳は「南洋の経営はこの際理想にして着手すべき秋にあらず」との結論に達していた（同二七七頁）。

（6）この点に関しては、中村孝志「「大正南進期」と台湾」『南方文化・第八輯』一九八一年、を参照。

（7）「南方調査の方法と企画を語る座談会」『新亜細亜』一九四一年一一月、九六頁。

（8）中村孝志「「台湾籍民」をめぐる諸問題」『東南アジア研究』一八巻三号（一九八〇年一二月）六六―八九頁に依拠。また梁華璜「台湾総督府の対岸政策と「台湾籍民」」岩波講座『近代日本と植民地・第5巻』岩波書店、一九九三年も参照。

（9）磯村生得『われに帰る祖国なく・或る台湾人軍属の記録』時事通信社、一九八一年、七頁。

（10）長岡新治郎「熱帯産業調査会と台湾総督府外事部の設置」『東南アジア研究』一八巻三号を参照。同「南方施策と台湾総督府外事部」箭内健次編『鎖国日本と国際交流（下）』吉川弘文館、一九八八年、および台湾拓殖社員であった三日月直文の回想録『台湾拓殖会社とその時代』葦書房、一九九三年も参照。

（11）毎日新聞社『日本植民地史(3)台湾』一九七八年、一一八頁。

（12）前掲「南方調査の方法と企画を語る座談会」九五頁。

（13）この時期区分は黄昭堂の指摘する統治面からみた次の区分ともほぼ対応するといえよう。前期武官総督時代（一八九五―一九一九年）、文官総督時代（一九一九―三六年）、後期武官総督時代（一九三六―四五年）。「植民地と文化摩擦――台湾における同化をめぐる葛藤――」平野健一郎編『近代日本とアジア――文化の交流と摩擦――』東京大学出版会、一九八四年、一七四頁。

（14）こうした日露戦争観は調査課から一九二四年に発行された『英領印度現行統治組織』においても、「南洋土人の民族的自覚に一大衝動を与へ……」としてつとに示されている。

(15) 台北帝大の史学科の雰囲気については、中村孝志「台北帝大のころ」岩波講座『近代日本と植民地・第4巻』(岩波書店、一九九三年)に収められている「月報5」を参照されたい。また台北帝大の学風や雰囲気については元同大学教授宮本延人の回想「私の台湾紀」『松前文庫』No.30(一九八一年)―No.44(一九八六年)に詳しい。

(16) 尾崎秀樹『旧植民地文学の研究』勁草書房、一九七一年、一七〇頁。なお朝鮮においても、一九三六年総督に就任した陸軍大将南次郎は、「総動員政策および皇民化政策」を軸とした植民地政策を掲げた。近年の研究の一つに森山茂徳「現地新聞と総督政治」岩波講座『近代日本と植民地・第7巻』岩波書店、一九九三年、二五頁。

(17) 台湾総督府『台湾統治概要』原書房(復刻)、一九七三年、七九―八〇頁。「内地人」が「本島人」に対し絶対的な優越感をもっていたのと同様に、「本島人」は「高砂族」に対し差別感を抱いていたことが次の短歌からもうかがわれる。「生きて居る認識うすく蕃社《やま》の人股間無造作に裸睾ぶらさぐ」(呉振蘭)孤蓬万里『「台湾万葉集」物語』岩波書店、一九九四年、一〇頁。

(18) 山中恒「「少国民」たちの植民地」岩波講座『近代日本と植民地・第7巻』岩波書店、一九九三年、七六―七七頁。

(19) 小林躋造「事変下の台湾と南支南洋」『南支南洋』一九三九年一月、五頁。

(20) 防衛庁防衛研修(現究)所戦史室(現部)『大本営陸軍部(2)昭和十六年二月まで』朝雲新聞社、一九六八年、一四七頁。また「台湾方面軍作戦記録」(第一復員局、一九四六年)には昭和一六年秋から「台湾ノ地理的環境ハ俄然重大ナル地位」をもつ中で「比島作戦準備ノ為南部台湾各地ニ作戦飛行場ヲ新設スルニ及ビ其ノ軍事的価値ハ飛躍的ニ増大セリ」と述べられている(防衛庁戦史部資料)。

(21) 溝部竜『南方作戦に応ずる陸軍の教育訓練』防衛庁防衛研究所戦史部(所内資料)、一九八五年、三四—三八頁。台湾軍が南方との関わりで重視されてきたことは、同軍司令官本間雅晴が作詞(一九四一年)した「台湾軍の歌」にみられる次の一節からもうかがえる。「太平洋の空遠く　輝く南十字星　黒潮しぶく椰子の島　荒波吼ゆる赤道を　にらみて立てる南の護りは我等台湾軍　ああ厳として台湾軍」名越二荒之助編『大東亜戦争とアジアの歌声』展転社、一九九四年。

(22) 矢野暢『日本の南洋史観』中央公論社、一九七九年、一一〇頁。

(23) 台湾経済年報刊行会『台湾経済年報・昭和十八年度版』国際日本協会、一九四三年、七三頁。

(24) 西沢基一「台湾の南進性」『台湾時報』一九四〇年一月、八頁。

(25) 「塩谷巖三・戦時ジャワ日記(Ⅱ)」(後藤乾一編)『南方文化・第十三輯』一九八六年に所収。

(26) この問題についての最近の研究として、山本有造「日本における植民地統治思想の展開」(1・2)『アジア経済』一九九一年一月号、二月号を参照。

(27) 台湾総督府、前掲書、七六—七七頁。

(28) 近藤正己「異民族に対する軍事動員と皇民化政策」『台湾近現代史研究・第六号』一九八八年、一五九頁。

(29) 台湾総督府、前掲書、七一頁。

(30) 今村冬三『幻影解「大東亜戦争」戦争に向き合わされた詩人たち』葦書房、一九八八年、三三一頁。

(31) 『大東亜戦争と台湾青年』朝日新聞社、一九四四年、八頁。

(32) 孤蓬万里、前掲書、一一五頁。

(33) 台湾軍参謀長発(陸軍大臣)副官宛(台電第九三五号)一九四二年六月一三日(防衛庁戦史部所蔵)。この電報は、同年三月一二日台湾軍司令官発大臣宛(秘電、台電第六〇二号)による要請と関連したものである。これは「「ボルネオ」行キ慰安土人五〇名為シ得ル限リ派遣方南方総軍ヨリ要求セルヲ以テ……」台湾在住の「経営者三名」(内女性一人)の渡航認可を求めたものである。この「土人」が何人を具体的に指すかは明らかではないが、台湾軍がこの問題で重要な役割を演じていることだけは確かである。

(34) 磯村生得、前掲書、一二一―三二一頁。磯村がこの自伝を執筆する契機となったのは、厚生省で自分に関する「戦後の新事態と自己の出身地との関係に関する精神的煩悶の結果遂に逃亡」との文章を発見したためであった(三頁)。

(35) 副島八十六『帝国南進策』民友社、一九一六年、二三頁、二八頁(附録)。

(36) この問題の一端(と近年の一定の前進)については、田中宏『在日外国人――法の壁、心の溝――』岩波書店、一九九一年、一一六―一一七頁を参照。また軍人、軍属を含む台湾住民が日本統治時代に預けた郵便貯金など総額四億五二四〇万円(終戦直前の額面に現在までの利子を加算――日本政府推計)の返還問題で、関係省庁はすべての郵便貯金を高利の定額貯金とみなして実質的な物価スライドとする「沖縄方式」適用の方針を固めたことも注目されよう。『琉球新報』一九九三年一一月一四日。

(37) この点との関連で、日本の内国植民地沖縄が台湾統治において果たした「役割」を沖縄史家として苦衷の思いで究明しようとする又吉盛清の二著作は貴重である。『日本植民地下の台湾と沖縄』沖縄あき書房、一九九〇年、『台湾支配と日本人』同時代社、一九九四年。また近年、台湾政治の急激な変化の中で、戦後世代に属する台湾人研究者の間には、日本の植民地支配を通じ、台湾人の思考や行動様式には大陸の中国人とは異なるパターンが現出したとする〝台湾ナショナリズム〟ともいうべき見方が登場していることは注目される。たとえばChou Wan-yao, "The Kominka Movement in Taiwan and Korea: Comparisons and Interpretations" (A paper presented at the Hoover Institute Conference on "Japanese War-time Empire in Asia", 23 Aug. 1991). 本論を含むこの会議に提出された諸論文は、シンポジウム題名と同じ書名でプリンストン大学出版会から近刊予定である。

第三章　「濠亜地中海」の国際関係

――ポルトガル領ティモールをめぐって――

はじめに

一九三〇年代から「大東亜戦争」期を通じ、「濠亜地中海」という地域概念が日本で広く用いられた。その範囲は現在の呼称でいうならば、インドネシアの東部海域とオーストラリア北部沿岸にはさまれた海域にほぼ相当する。本章は、この「濠亜地中海」のほぼ中央に位置し人口四六万五八八人(一九三六年統計)を有するポルトガル領ティモール(一九七六年、インドネシア共和国に併合)を対象とした日本の南進に対し、同地に直接、間接の利害を有する関係諸国とりわけオーストラリアがどのような対応を示したのか、そしてそうした対応の前提となる同国の日本認識とはいかなるものであったのかを考察するものである。

この「濠亜地中海」地域は、日本から見れば国際連盟の委任統治領となった南洋群島(内南洋)をさらに南下し、東南アジア(外南洋)の周縁に位置する、いわば「奥南洋」ともいうべき南溟の地である。そのためこの地域は、戦前期日本の南進政策・論議の「主流」からみれば対象外の地域であった。またこの地域の国際関係の主なアクターであるポルトガルやオーストラリアは、イギリスやオランダと異なり日本にとっては第二次的な意味しかもたないマイナーな存在であった。このような諸要因により、この地域は一九七〇年代以降日本内外で活発化してきた広義の南進研究の中でも、一、二の例外を除くとほとんど研究の対象とされてこなかった。少なくともポルトガル側の第一次史料をも利用した本格的研究はまだ登場していないのが実情である。

しかし後述するように、この地域はその辺境性にもかかわらず、一九三〇年代から四〇年代前半にかけて関係諸国の利害や思惑が錯綜し、国際関係の一つの焦点ともなった。日本において「濠亜地中海」という地域概念が成立し、広く用いられたのもその端的なあらわれであった。しかし、この地域概念はその地域の政治的・文化的一体性を前提として生まれた「内生的」な概念ではなく、もっぱら日本の戦略的要請から派生したきわめて地政学的色彩の濃い、そしてそれ故に一過性の概念でしかなかった。

一　日本の南進と「濠亜地中海」

1　一九三〇年代以前のティモール島への関心

全島的な規模での統一的な政治権力が存在せず、リウライ階級と呼ばれる支配層によって統治される小王国に分立していたティモール島が、ポルトガルの政治的版図に組み入れられたのは一七〇一年のことであった。だがすでに衰退期に入っていたポルトガルは、本格的な植民地経営に着手したわけではなく、それどころか同島西部に次第に勢力を扶植したオランダとの間の国境紛争に直面することになった。この両国間の紛争は、一八五九年に調印されたリスボン条約によってひとまず解決し、人為的な勢力分界線が引かれた。

しかしながらその境界線は、ティモール島住民の政治的・経済的・文化的生活圏をふまえたものではなく、その結果、端的にいえば「犬牙錯綜シ常ニ彼是住民ノ交通及其統御ニ不便ヲ醸ス」[1]という状態であった。それに起因する不安定な状況を回避すべく、一九〇四年一〇月に至り両国間で改めて国境の直線化を画定するための条約が締結され、四年後の一九〇八年一〇月、ハーグで批准交換がなされた。[2]同じ一九〇八年一〇月、ポルトガル本国は国王・皇太子の暗殺後、王制が倒れ共和制へ移行した。こうしたポルトガルの政治的動揺の中で、オランダの一部には「此機会ヲ利用シ葡領「チモール」ヲ買収シ永年ノ紛争」[3]を一挙に解決しようとする声もあった。

こうした動きはポルトガルの政情が落ち着くにつれ鎮静化したものの、興味深い点は、列強の植民地分割がほぼ一段落していた一九一〇年代初頭、日本政府当局の間に、外南洋方面におけるポルトガル――帝国主義体制のもっとも弱い環ともいうべき――の植民地ティモールに対する関心の萌芽がみられたことである。それは上述した隣国オランダのみならず、「六世紀ニ亘ル同盟関係ノ存在スル」[4]イギリス、南洋群島にアジア進出の拠点をおくドイツ、さらには近隣のオーストラリアにもポルトガル領ティモールへの領土的関心があったことも誘因となっていた。外相加藤高明から駐オランダ、ポルトガル公使に送られた次の公信からは、ようやく南方を視界に入れつつあった第一次世界大戦前夜の日本の対外関心の一端をうかがうことができる。

加藤外相は「本件(英・独・蘭の関心増大――引用者)ハ我邦カ南洋諸島ニ対スル地位ニ鑑ミ詳細ノ

真相ヲ知悉シ置ク必要」があるとの前提に立ちつつ、両公使に対し次のように訓令した。

従来任国政府カ本件ニ関シ取リタル態度及ビ其ノ葡蘭国トノ交渉ハ如何ナル程度迄進捗シツツアリヤ又英独ノ二国政府ハ右ニ関シ葡国政府ト交渉ヲ開始シタルコトアルヤ若シ開始シタリトセハ其ノ交渉ハ那辺迄進行セシモノナルヤ(5)

こうしたポルトガル領ティモールの将来の帰属に対する外務省当局の関心は、その直前に発生したティモール住民の「最後」の反乱の鎮圧で軍事的、経済的に疲弊したポルトガルが、その領土を売却する可能性があるとの臆測に基づくものであった。とりわけこの点に関しては、初代駐バタビア領事染谷成章(一九〇九年一二月着任)からの事態の流動化を報じる一連の公信が、本省側に一定の影響を与えたかに思われる。各国の動きを情報として伝えたその公信の一つで染谷は、「其何レニシテモ葡領チモール島ノ主権ハ早晩英独蘭三国中何レカ其一ニ移ルヘキ運命ヲ有スルモノト思考ス」(6)とまで述べている。しかし翌一九一三年になると、前記反乱の終焉もあり、ポルトガル領ティモール売却説は下火になった。

こうした中で、在オランダ公使館からは、売却説論との関連で蘭語紙の論調紹介がしばしば本省になされた。その中には日本の南方関心の深化に対するオランダ側の次のような不安も看取できる。

又日本政府ハ今ヤ南洋方面ニ注目スルコト少ナカラズ「チモール」島ヲ以テ同国南洋発展ノ策源地トナササシムルコトハ和蘭政府ノ好マザル所ナラムモ日本政府ニ取リテハ同島ハ夫レ丈ケ価値アル訳ナリ。日本政府モ亦吾人ノ要求ヲ満タスコトヲ辞セザルベシ云々ト(7)

上述の論議を整理すると、一方において明治末期から大正初期、即ち一九一〇年代初頭、日本政府の中にポルトガル領ティモールの帰属問題に対する関心の高まりがあったと共に、他方ではその日本が同領を南進の「策源地」化しようとしているとの警戒の念がオランダの世論の中にあったことが判明する。たしかに赤道以南に橋頭堡をもたない日本は、植民地保有国の中では最も弱少なポルトガルの領土へ一定の関心を示していた。しかしながら列強との協調路線を外交の基軸としていたこの時点の日本は、それ以上の具体的かつ積極的な政策を意図することはなかったと思われる。管見の限り日本政府・軍部が作成したポルトガル領ティモールに関する最初の資料である陸軍参謀本部『葡領殖民地要覧』は、同国の植民地一般について「概ネ弾丸黒子ノ小地域ナルカ或ハ開発未タ完カラザル野蛮地域(8)」であるため日本人の関心を引くことが少なかったとしつつ、ティモールについてはこう指摘するにとどまっていた。

「チモール」ノ土人ハ篤ク神ヲ信シ酋長ヲ敬シ且和蘭及葡萄牙カ長年月間此地ヲ争ヒタルノ結果、土人ニ好戦的ナ性格ヲ付与シ延ヒテ其独立心モ養成シ排外的精神ヲ昂ムルニ至レリ……土地肥沃且天然ノ産物ニ富ムルニ拘ハラス今日迄充分ナル開発ヲ見ル能ハサラシメタル所(9)……

日英同盟を根拠に——実情に則していえば口実に——第一次世界大戦に積極的に参戦した日本は、開戦二カ月半後の一九一四年十月には、赤道以北のドイツ領ミクロネシアを軍事占領下においた。そしてその既成事実をふまえ、日本はパリ講和会議によって旧ドイツ領のミクロネシア全域を委任統治の名の下に支配することを認められた。日本近代史家ピーター・ドウスが的確にも指摘したように、この委任統治制度は「植民地なき帝国主義[10]」を具現化したものであり、その実体は植民地統治そのものであった。そして南洋群島と呼ばれたこの西太平洋地域への勢力拡張をもっとも強く主張したのは、周知のように海軍であった。

日本の急速かつ積極的なミクロネシア軍事占領は、日本人のさらなる南進の一歩として列強の対日不安を誘発した[11]。事実海軍は、この地域の戦略的重要性を「我国ト東印度諸島、比律賓、ニューギニア、ポリネシア諸島トノ連鎖トシテ最必要ナル位置ニアル。仮ニ直接ノ利益カナイトシテモ南方ノ宝庫金蔵ニ通フ飛石トシテ大切ニ保護セネハナラヌモノテアルマイカ[12]」と認識していた。まさにこうした戦略的、地政学的な観点の故に、海軍はミクロネシアにおける民政移行(一九二二年四月南洋庁設立)に向けての準備段階において、その防備隊に対し「南洋群島ノ価値ハ産業ノ開発其ノ他ニ存ルト同時ニ其ノ太平洋上ニ於ケル地理的関係ノ為海軍軍事上大ニ重視スヘキモノナリ[13]」とあえて注意を喚起したのであった。

このように、外南洋方面への海軍の関心は、潜在的には少なからざるものであった。とはいうものの、第一次世界大戦後の海軍とくにその中枢は、ワシントン海軍軍縮条約調印(一九二二年二月六日)あるいはそれに先立つ英米仏三国との「太平洋に関する四国条約」(一九二一年十二月十三日)に象徴されるように、基本的には欧米列強との協調路線を逸脱する意図はなかった。オランダそしてポルトガルに対しても、ほぼ時を同じく(一九二二年二月五日)「太平洋方面に於ける和蘭国(葡萄牙国)の島嶼たる属地に関する同国の権利を尊重することを固く決意[14]」する旨の公文を送附したのも同じ文脈においてであった。いうまでもなく蘭領東インド(蘭印、現インドネシア)、ティモール島東部における両国の植民地支配の正当性を認め、それに対する領土的野心のないことを表明したものであった。

このような第一次大戦後の列強間の関係の相対的安定化(その中でのドイツの弱体化)、日本とくに海軍内の対英米協調派=「条約派」の優位性などの内外諸要因により、一九二〇年代を通じポルトガルの「島嶼たる属地」に対する関心が日本において表明されることはほとんどなかった。さらにティモール島の国境紛争が終結し、そこでのポルトガル、オランダ関係が「盗まれた家畜もしくは逃走した住民を交換するため……国境に駐屯する双方の司令長官の間で交渉が行われた位[15]」と形容されたように安定化したこと、また一九一二年の蜂起鎮圧後ポルトガル支配が強化されたことも、日本を含む列強のティモール関心を凍結させた一原因であろう。いわば「ティモール問題」は、第一次世界大戦後の国際秩序ヴェルサイユ=ワシントン体制の中で「封印」された形となった。

他方、第一次世界大戦を契機に、日本と東南アジア諸地域とりわけ蘭印との経済関係は、日本の急速な経済進出という形をとりつつ急激に深まったが、そうした中でも地理的には外南洋の一角に位置しながらポルトガル領ティモールが日本の経済的関心を引くことはなかった。一九二〇年代末に外務省通商局が作成した『葡萄牙領植民地事情』は、同省がまとめたポルトガルの植民地に関する最初の報告書であるが、ここでは全六七頁中ティモールについてはわずか四頁の記述があるのみである。

ただ一点この報告書の中で注目されるべきことは、本格的な「石油時代」を目前にした一九二〇年代末の時点で、ティモールの石油の将来性に関し「吾人ノ注目セザルベカラザル処ナルベシ」と指摘し、「葡萄牙植民地ノ未開ナルヲ云ヒテ其価値ヲ疑フ者アルモ知レザレ共未開ナレバ未開ナル程開拓ノ余地アリト云フベク将来吾人活動ノ世界トシテ一応研究ノ必要アルベシ[16]」と述べていることである。こうした認識は、以下で述べる一九三〇年代中葉以降のポルトガル領ティモールへの関心を先取りしたものであった。

2　国際連盟脱退後の「ティモール問題」

「ティモール問題」に対する日本の姿勢に変化が生じるのは、国際連盟からの脱退通告(一九三三年三月)以後のことであった。ヴェルサイユ＝ワシントン体制から離脱することにより、いわば南進への拘束性から解放された日本は、従来白紙同然であったポルトガル領ティモールに対しても徐々に関心を向けることとなった。おりしもポルトガルでは前年一九三二年、蔵相として財政再建で評価を高めたサラザールが政権を担当し、日本との間に直接的な外交関係を樹立(従来はフランス経由)すると共に自国の植民地開発に対しこれまでにない積極的姿勢を示すようになった[17]。

それではこうしたポルトガル本国政府を対手に、当時オランダ、イギリスとの間で深刻な経済摩擦を経験しつつあった日本は、どのような対ティモール政策をとろうとしたのであろうか。

国連脱退後まもなく外務省が在リスボン公使館に送付した公信からも、ポルトガル領ティモールに対する経済的関心の深化を看取することができる。この通商局第二課長発の公信は、従来朝野でほとんど黙殺されてきたポルトガル領ティモールへの関心が国民の一般的な南方発展熱と相俟ち高まっていること、そうした日本の南方への商権拡大に対しイギリスはじめ列強が不安を感じていることなどを説明した後、日本の資本、技術、移民を利用し、「経済的共存ノ主義」からティモールの資源開発を行なうことは、日本、ポルトガル双方にとって利益となると強調している。同時に公信は、現在のところ、日本国内にはティモールについての信頼できる資料がないので適当な文献の送付方を求めると共に、「邦人企業家ノティモール島進出ハ葡国政府ノ歓迎スル所ナルヤ右企業ノ進出ト共ニ移民ノ渡航ハ差支無キヤ又日葡合弁ニ依ル同島ニ於ケル諸種ノ開発事業ニ興味ヲ有セサルヤ(18)」等についてのポルトガル政府の感触を打診するよう訓令している。

本省からのこうした要請を受けて、駐リスボン公使笠間杲雄はポルトガル当局と精力的な接触を繰り返し、とりわけ新ティモール総督から「日本ノ資本投下ハ大イニ歓迎スル所ナリ(19)」との発言を引き出している。日本側にとっては、従来白紙同様であった狭少なポルトガル領ティモールであるが、ようやくその「石油、鉄、漁業、煙草、珈琲、綿花」を中心に同領に対する経済的関心が次第に高まっていた間の事情を示すものであった。だが同時に、大恐慌後の日本の東南アジアへの急激な経済進出が列強との間に経済摩擦を引き起こしていたこと、また彼らが国連脱退後の日本の対外的拡張に大きな不安を抱いていたこともあり、笠間公使は同じ公信の中で、「尤モ英国、和蘭等ノ利害緊切ナル機微ノ関係ハ若干考慮ニ加フヘキハ勿論ト存ス」と注意を喚起していた。

上述したように一九三三年段階の日本の対ポルトガル領ティモールへの関心は、第一義的には経済的分野に限定されていた。しかしながら、国連からの脱退を通告した以上、その委任統治領であった南洋群島を返却すべきとの列強の圧力、あるいは海軍軍縮条約から離脱し軍備増強のフリーハンドを得た海軍の積極的南進論等を背景に、ティモール島のもつ戦略的重要性が次第に顕在化するようになった。翌一九三四年後半に入ると、リスボンからも「「ティモール」嶋ハ亜細亜ト濠州トノ間ニ介在シテ軍事上、交通上特ニ重要ナル地位ヲ占ム」(20)といった地政学的なティモール認識が政府当局者の間で表明されることになる。

このような地政学的観点からポルトガル領ティモールに対し本格的な関心を示したのは、いうまでもなく海軍であった。海軍はたんにティモールに対し関心を寄せたのみではなく、一九三〇年代後半以降の日本の南進政策の立案、推進においても最も重要な役割を果たすことになるのは周知の通りである。そうした海軍の南方関心を深化させた諸要因として、ここでは以下のような点に留意しておきたい。

(一) 国際連盟脱退以降の日本海軍は、列強からの南洋群島返還要求を真向から否認するだけでなく、そこを起点に「濠亜地中海」方面へのさらなる進出の機会をうかがっていた。こうした発想は一九三〇年代になって初めて登場したものではなく、第一次世界大戦当時から海軍が、南洋群島を外南洋進出の拠点視していたことは前述のとおりである。

(二) ワシントン、ロンドン両海軍軍縮条約からの離脱に伴い、海軍は西太平洋方面での米艦隊との拮抗に備え、南洋群島以南オーストラリアに通じるライン上の諸地域を戦略的にますます重視するようになった。さらに一九二〇年代を通じ「国際主義」の下で対外的な勢力拡張を抑圧されてきたとの意識をもった海軍内部の強硬派(艦隊派)は、「満州」において陸軍が巨大な権益を獲得したのに対抗すべく、伝統的に伏在していた南進論を浮上させることになった。連盟脱退後の政治的潮流の中で、海軍内部においても従来の英米協調路線への批判派が勢力を拡大していたことも、南進論高揚を可能にした要因の一つであった。一九三五年七月に、海軍内の積極的南進論者を中心に「対南洋方策研究委員会」(委員長は軍令部次長、省・部の主要当局者がメンバー)という組織が発足したのはその端的な表われであった(21)。

㈢ さらにもう一点付加するならば、石油が海軍のみならず日本経済そのものに死活的な重要性を有するとの認識が定着する中で、海軍当局は毎年約六〇%にも達する対米石油依存体制からの脱却を重要課題とし、第二の石油輸入国蘭領東インドを中心とする外南洋諸地域の石油に対する関心を高めたのであった。

以上にみたような海軍の南方関心の高揚の中で、ポルトガル領ティモールもその射程に入ってくることになる。それでは何故海軍は、その南進の対象として「奥南洋」の孤島ともいうべきこの地への関心を高めたのであろうか。

第一の理由は、いうまでもなくティモールのもつ地政学的重要性であった。同島は、日本の南進の最重要対象地であった蘭領東インドの東部の中心部分に位置するだけでなく、オーストラリアにも近接し、かつそのことで東南アジアにおけるイギリスの植民地と自治領オーストラリアを分断する効果を有した。したがってオーストラリアからみれば、一衣帯水のこの地に、日本が進出してくることは、きわめて現実的な脅威と理解されたのだった。第二は、ポルトガルが植民地保有国の中では最も弱小でありかつ中立国でもあったために、日本にとっては政治的、軍事的圧力をかけやすい国であったことである。事実、後年、日本はアジアにおけるポルトガルのもう一つの、そしてより重要な植民地マカオへの武力行使を〝切り札〟として利用しつつ、ティモールでの各種の譲歩をポルトガル側に迫ることになる。そして第三は、蘭印の産出量とは比すべくもないが、ティモール島内および周辺海域に豊富に埋蔵されているとみなされた石油資源への関心である。

このような軍事的、経済的な理由からポルトガル領ティモールへの関心を深めた海軍であったが、自らが主体となって直接進出するという方策はとらなかった。たとえ経済的な進出にせよ、軍事力を背景としてそれを行なったとみられることは列強との間に無用な摩擦、緊張を誘発すると判断したためと考えられる。海軍がここで用いたのは、南洋群島で実施したのと同じ一種の内面指導という方式であった。そして南洋群島の場合と同じくここでも当初海軍の内面指導下に、その意向に沿った形での進出を担ったのは「南の満鉄」と形容された国策会社南洋興発株式会社(一九二一年一一月設立、社長松江春次)であった。

海軍と南洋興発の密接な関係は、前述した「対南洋方策研究委員会」が一九三六年七月二〇日付で作成したポルトガル領ティモールへの進出に関する基本方針からもうかがえる。「葡領「チモール」ニ対スル進出方針ノ件覚」と題したこの極秘文書は、「現下機微ナル内外ノ情勢ニ鑑ミ同地ニ対スル我方進出ニ当リテハ慎重事ニ当リ其ノ第一歩ヲ謬ラザルゴトク指導スルコト肝要」なりとし、次の四点からなる基本方針を定めていた(22)。

一　具体的進出ノ実効ヲ有スル南洋興発株式会社ヲシテ第二号ノ要領ニ依リ自由手腕ヲ振ハシメ「チモール」ニ足場ヲ固メシム

競争的ニ進出セントスル他ノ企業者ハ当分ノ間主務省ニ於テ之ヲ阻止ス(但シ油田ニ進出スル場合ハ協和鉱業ヲシテ当ラシムルコト)

二　現地ニ於ケル事業ハ「チモール」官憲ノ要望スルモノヨリ着手シ該官民ヲシテ漸次親日的傾向ニ導キ先ズ我地歩ヲ占メタル後第二段ノ策ヲ講ズ

三　詳細ナル調査ハ第一歩ヲ確保シタル後漸ヲ追ツテ之ヲ行フコトトシ調査ノ為屢々人ヲ派遣スルガ如キハ之ヲ避クルコトトス

四　進出ハ不言実行ヲ旨トシ買収等ニ関スル我方ノ意向ハコノ際絶対ニ秘匿シ極力南洋興発株式会社ヲ内面的ニ支援シ我方実勢力ノ速カナル扶植ヲ図ル。

二　オーストラリアの日本認識

本節では、前節で述べた日本のポルトガル領ティモールへの関心の深化を論じるに先立ち、日本のティモール進出を最も強く警戒したオーストラリアの対日認識の推移を考察しておきたい。

一九〇一年に連邦国家を成立させたオーストラリアは、その後次第に政治主体としての凝集性を高めつつ、一九三一年の「ウェストミンスター法」により他の自治領ともども英本国と対等の地位を獲得する。これにより、本国とは英国王に対する共通の忠誠により結合されるものの、現実の政治経済そして段階的ではあるが対外関係においても、オーストラリア連邦は次第に独自性を模索しつつ、第二次世界大戦を迎える。この約四〇年間のオーストラリアの対外関係において、自国の安全保障にとって最も重要な脅威の源泉として認識されたのが日本であった。一方、日本人にとってオーストラリアは、志賀重昂の『南洋時事』(一八八六年)に代表される明治中期の南進論において一定の関心を引いたものの、一九四〇年代に入るまで政治的、軍事的にことさら特別な意味をもつ地として認識されることはほとんどなかった。

この意味において、二〇世紀前半期の日豪両国の相互認識には大きな落差があったといえよう。レヴィはこの認識ギャップを「オーストラリア人の多くにとって日本のなすことのすべては敵対的かつ侵略の準備とみられがちであった。彼らは日本人の思考の中で、オーストラリアの重要性がいかに小さなものであるかを想像できなかった」と表現した[23]。このような見方が従来の日豪関係史研究において広く共有されたものであることは、「オーストラリアの外交政策史において日本が占める中心性と、日本の外交政策史においてオーストラリアが占める周辺性とが著しい対照をなしている。研究史においても、この事実の反映が見られる[24]」との渡辺昭夫の指摘からもうかがえる。

オーストラリアが具体的にいつ頃から日本を脅威視したかは説が分かれるが、一般的には日露戦争後といわれる。だがそれより十年早く日清戦争以降とする見方も有力である[25]。いずれにせよ世紀転換期における日本の「富国強兵」化の時期とほぼ軌を一にすることはたしかである。しかしながら皮肉なことに、本国イギリスはこの「軍事大国」日本の軍事力、経済力を利用しながら、極東におけるロシアの南下、太平洋方面におけるドイツの植民地拡大に対抗すべく、一九〇二年に日英同盟を締結する。この日英同盟に対し、白豪主義を掲げ日本人移民の制限政策をとっていたオーストラリアは矛盾した複雑な反応を示すことになる。[26]

日英同盟がオーストラリアの安全保障に寄与すること大であると見る一方、それによりアジア・太平洋地域での英太平洋艦隊が縮小され、それだけ日本が行動の自由を得ることになると警戒する見方も根強く存在した。さらに安全保障面での不安のみならず、英本国がオーストラリアに対し、日本人を主対象に制定されたばかりの移民制限法(一九〇一年)を再検討するよう求めたことは、新生国家に一種の不快感を引き起こした。

こうした本国に対する屈折した感情は、日英同盟は明らかにオーストラリアの安全に影響を与えるにもかかわらず事前に何らの相談を受けなかったという不満とも関連し、イギリスは自分たちのことをよく理解していないという感情をうむことになる。[27] 後述するようにこうしたアンビバレントな対英感情は、一九三〇年代後半に入りアジア・太平洋地域の国際関係の緊張が高まるにつれ、豪の対外政策の基調に重要な影響を与えることになる。

自らを「有色人種の海にかこまれた白人の島」[28]とみなし、また「アジアについて何も知らないとしてもその過剰人口については知っている」[29]と形容されるオーストラリアにとって、日露戦争における日本の勝利は、日本脅威論をいやが上にも高めることになった。当時の日本観に言及したカミレリの表現によれば、それは「いまオーストラリアの頭上に強い手が影を落としている。冷酷な武装した手、黄色の手が太平洋に伸びている」[30]という認識であった。

このような対日認識が第一次世界大戦後のヴェルサイユ講和会議において、国際連盟規約に「人種差別撤廃条項」の挿入を要求する日本に対し、豪代表が強硬に反対しその実現を阻止した大きな一因であった。それと同時に、ともに第一次世界大戦の勝者の一員となった日豪両国は、戦後西太平洋における旧ドイツ領諸島を赤道を境に南北に分割し、連盟の委任統治領として領有することになる。これにより両国はいわば隣国同士となったことになり、そのことが逆にオーストラリアの対日脅威認識をより現実的なものにした。

しかしながら、こうしたオーストラリアの対日脅威論にもかかわらず、第一次世界大戦後の日本はヴェルサイユ＝ワシントン体制の枠内で「国際主義」を軸とした対外政策をとり、オーストラリアが警戒した南進に関しても、平和的手段による経済的進出を基調とするものであった。したがって第一次世界大戦後のいわゆる戦間期の日豪関係は、豪側の潜在的な対日脅威認識は根強かったものの、実質的には相対的な安定期にあった。しかも両国貿易関係特に羊毛、小麦を中心とする豪の対日輸出は一九二〇年代後半期に拡大し、総輸出額の八％を占めるに至った[31]。

両国関係がこのような相対的安定下にあった一九三一年九月、満州事変が勃発する。従来の国際主義への訣別の第一歩となったこの日本の軍事行動に対し、米英両国はじめ列強は厳しい日本批判を展開した。しかしながら、オーストラリアの反応は英本国とは異なるものであった。大恐慌後の国内経済の不況下、一九三一—三二年の総輸出中対日輸出が一一・〇八％を占める中で、豪政府特に満州事変直後に発足したライオンズ内閣(統一党)は日本を刺激することを望まず、また日本の膨張が南進ではなく北進という形をとったことで安堵すらを覚えた(32)。それどころか同内閣は、レイサム外相を団長とする親善使節団を日本に送り、日本は満州において「白紙委任状《カルテ・ブランシュ》」をもっているとの保証さえ与えたともいわれる(33)。こうした当時の日豪関係をめぐるオーストラリア側の雰囲気について、著名な外交史家A・C・V・メルボルンの次の指摘は極めて示唆的である。

オーストラリアの究極的な対日関係は、満州国における日本の実験が成功するか失敗するかにかかっている。もし成功すれば日本は大陸拡張政策を無制限に追求することになるだろう。……もし満州国で失敗することになれば、日本は依然として過剰人口のハケ口、原材料や食糧の供給地そして工業製品の販路を必要とすることになろう。そしてこの大陸政策の挫折の結果、日本はフィリピン、オランダ、インド(蘭領東インドのことと思われる——引用者)そして西太平洋諸島さらにはオーストラリア北部を占領することを企図するようになるだろう(34)。

このような日本の南進という脅威に直面するオーストラリアにとって最上の対外政策は、安全保障面での対英依存を続ける一方、日本との宥和をはかり、かつできるかぎり日本の膨張の動きを北にとどめておくことであった。先に触れた一九三四年のレイサム訪日親善使節団、そして翌年の河相達夫を団長とする日本の返礼使節団に対する盛大な歓迎はその一環であった。また一九三五年一〇月三日豪外相ピアースと会談した駐シドニー米総領事J・モファットは、外相の不安気な談話を次のように日記にしるしたが、それも豪側の心理を興味深く描写したものである。

(太平洋方面における)英海軍力は安全地点以下のレベルに低下した上、アメリカの援助も期待することができない。豪に開かれている政策は日本と友好関係を結ぶ以外にない……また日本が満州や華北にさらに奥深く進むたびに喜ぶ以外にはない(そのことのもつ道徳的側面は別問題として)、日本のエネルギーが一世代の間北に吸収されることを希望している。(35)

他方、日豪貿易関係は表3-1が示すように、一九三〇年代前半はオーストラリアの総輸出の一〇%以上を日本が占め、また輸入においても第一次世界大戦時につぐ高比率を占めるなどきわめて緊密であった。このような経済関係も対日宥和政策を必要とする一因であった。しかしながら豪政府は、一九三三年のオタワ協定(特恵関税制)の延長線上で一九三六年に至り貿易転換政策を導入し、これによって国内産業の保護と英連邦内の通商関係の結集をはかることになる。この政策の具体的な狙いは一つは米工業製品の輸入規制であり、もう一つが英製品と烈しい競合関係にあった日本の繊維製品(主に綿布および人絹布)への輸入制限であった。(36)

経済のブロック化にともなうこのような対日経済関係の冷却化と共に、一九三七年七月の日本の対中全面戦争、ヨーロッパにおけるドイツ、イタリーの攻勢といった国際情勢はオーストラリアの安全感をいちじるしく損なうことになった。とりわけイギリスがヨーロッパ問題を第一義視する姿勢を明確化するにつれ、豪国内では英本国から自立した独立外交、さらには英帝国全体の防衛よりも一国防

表 3-1　オーストラリアの対日輸出の推移

	対日輸出($m)	総輸出	日本の占める比率
1897-1901	0.3	88.9	0.31
1902-1906	1.2	110.5	1.05
1907	1.4	145.6	0.97
1908	2.5	128.6	1.97
1909	3.8	130.6	2.88
1910	1.3	149.0	0.88
1911	1.7	159.0	1.05
1912	2.3	158.2	1.48
1913	2.9	157.1	1.82
1914-15	3.9	121.2	3.25
1915-16	6.9	149.6	4.59
1916-17	7.5	195.9	3.80
1917-18	6.7	162.9	4.10
1918-19	7.7	227.9	3.38
1919-20	14.5	299.6	4.83
1920-21	6.2	264.3	2.36
1921-22	15.9	255.7	6.22
1922-23	18.6	235.7	7.90
1923-24	23.1	239.0	9.67
1924-25	23.3	324.1	7.19
1925-26	22.1	297.5	7.43
1926-27	20.7	267.5	7.75
1927-28	25.1	276.8	9.08
1928-29	23.0	277.3	8.31
1929-30	13.1	196.5	6.67
1930-31	19.0	180.9	10.50
1931-32	23.3	193.0	12.08
1932-33	22.9	196.8	11.66
1933-34	26.2	227.7	12.21
1934-35	24.2	207.4	11.66
1935-36	35.2	248.9	14.19
1936-37	19.4	297.0	6.54
1937-38	11.8	283.3	4.16
1938-39	9.7	245.1	3.97
1939-40	10.9	299.3	3.65

出典：注(31)を参照.

衛を志向する動きがこれまでになく強まる。レヴィはこうした「英国離れ」の動きを促進した要因として、ウェストミンスター法による自治領の独立性の増大、太平洋方面におけるイギリスの勢力低下、豪経済の拡大化の中で英が貿易面での十分なパートナーとはみなされなくなったこと、そしてヨーロッパ情勢の緊張の四点を指摘している[37]。

このような状況下、一九三九年四月メンジース首相は自国の安全保障との関連できわめて重要な問題を提起した。

太平洋においてわれわれは主要な責任とリスクをもっている。ヨーロッパ問題に関してはイギリスと密接な協議を行なうが太平洋問題は異なる。イギリスが極東と呼ぶ地域は、われわれにとっては近北なのである。[38]

この言明は、オーストラリアが太平洋国家としてのアイデンティティを意識した里程標の一つとしてきわめて重要な意味をもっている。それは端的にいえば、日本の脅威の現実性に対し、いかなる国防政策を準備すべきかという問題である。そしてそれはいうまでもなく、英本国との政治的、心理的距離を将来どのように設定するかという問題とも連動していた。

しかしながら、メンジース発言によってオーストラリアは、明確な形で太平洋国家としての自己定義を行ない、さらにそれをふまえ翌年にはワシントンと東京に公使館を設置するなどの具体的措置をとったものの、イギリス本国との伝統的で特別な絆を一挙に断ち切ろうというものではなかった。極東における戦争に際しては英国と共に起つことを確認する一方、豪日関係の維持・修復、そして米国接近をはかるという選択肢の多様化を意図した現実主義的な方策とも理解できよう。[39] そこにはアジア・太平洋地域におけるイギリスの軍事力低下を知悉しつつも、モンロー主義を堅持するアメリカがこの地域の紛争に積極的に介入しようとしないことへのもどかしさといったものもあった。後者との関連で一例をあげるならば、ヨーロッパでの開戦後、日本が極東の英領、蘭領を攻撃したとしてもアメリカは戦うことはないと判断した駐米豪公使ケーシー(元蔵相)は、「日本にとり魅力的な線で日本との折り合いをつけるべき」と本国政府に進言していた[40]。具体的にはビルマの援蒋ルートの閉鎖、上海からの英駐屯部隊の撤退、中国と香港の境界封鎖という日本の要求をイギリス側がのむよう働きかけることを求めたのであった。

日本との関係維持に腐心する一方、その時間を利用しつつ国防力の整備に努めることを基本方針としてきたオーストラリアであったが、日本が「大東亜共栄圏」の旗印の下三国同盟を締結（四〇年九月）し、さらには南部仏印進駐（四一年七月）を行なうなど「既成秩序」打破に向けて強硬な姿勢を打ち出すにつれ、次第に日本を仮想敵国視し、とくに南部仏印進駐後には日豪通商関係の失効通告を行なうにいたった。この点は日豪関係を分析した当時の日本の外務省報告書においても的確に認識されている。たとえば三国同盟で豪側の「空気一変」したと判断した日本側は、南部仏印進駐後のオーストラリアは日本が彼らにとっての生命線であるシンガポールを攻撃するときは事情の如何を問わず必ず起って抵抗する決意を固めている、と観察していた[41]。

一九四一年一二月八日未明、マレー半島コタバル上陸につづく日本の真珠湾攻撃の報は、満州事変と同じくオーストラリアに大きな不安と共に安堵感をもたらした。いうまでもなくアメリカの対日戦参加を促す契機とみられたためであった。ちなみにこうした対米依存感情の発露は、〝パール・ハーバー〟をきいて次のようにメモアールに記した英外相イーデンの感慨と同質のものであろう。「私は安堵感を隠すことができず、また隠す必要もなかった。これから何か起きるとしても、それは単に時間の問題であるように思えた[42]。」

一九四〇年代に入って以降、急速に深化していたオーストラリアの対日脅威感は、「大東亜戦争」の勃発によって決定的なものになる。その直後の一二月二七日、カーティン首相は『メルボルン・ヘラルド』紙上に寄せた「年頭の辞」において、一九三九年のメンジース発言をさらに推し進め、ヨーロッパ第一主義に固執する英本国との絆よりも対米関係を重視するとの次のような提案を行ない、豪英両国で大反響を引き起こしていた。

濠洲ハ英濠間ノ伝統的連携乃至血縁関係ニ関シ何ノ苦痛ヲ感ズルコトナク米国ニ依存ス……我々ハ英本国ガ常ニ侵略ニ曝サレ居ルコトヲ知リ又力ヲ分散スルナドノ危険ヲ承知シ居レリ。然シ我々ハ同時ニ濠洲ガ壊滅シテ英本国ガ存在スルコトモ知ル、サレバ我々ハ濠洲ヲ死守スベシ(43)

三 「ポルトガル領ティモール問題」と日豪(英)関係

一九三〇年代後半に入り特に日本の中国侵略の本格化と共に、東南アジアに植民地を領有する欧米諸国は、日本が日中戦争解決の一環として武力南進を企図するのではないかとの対日警戒を深めた。前述したように、その中で日本の南進を直接的に自らの生存に関わる脅威とみたのは――その客観的な当否はともかく――オーストラリアであった。一九四〇年代に入ってもワシントンと東京以外に在外公館をもたなかったオーストラリアは、日本の南進に関する現地情報を主として英本国の外交・軍当局に仰がざるを得なかった。

本節ではオーストラリア国立公文書館が所蔵する諸文書(その多くはイギリス外務省関係の公電・公信等)を利用しながら、「濠亜地中海」問題、とりわけポルトガル領ティモールに向けての日本の南進に対しオーストラリアを含む英連邦がどのような認識の下に、いかに対応したかを跡付けてみたい。具体的には二つの国策会社、即ち南洋興発株式会社のティモール「開発」事業および大日本航空株式会社のパラオ―ディリ間航空路問題に焦点をあてるが、それに先立ち日本の南進に対する駐バタビア(現ジャカルタ)英総領事H・フィッツモーリスの対日認識について言及しておきたい。彼の蘭印で得た情報とその分析が、この問題に対する英連邦の態度決定に大きな影響力をもっていたことは確実であると思われる。

日中戦争勃発直後の一九三七年夏から翌年初めにかけ、フィッツモーリス総領事はポルトガル領ティモールでの日本の動きに深甚な関心を示し、数多くの公信(その多くは豪に回電)を本国宛てに送付している。たとえば一九三七年八月三〇日付公信は、バタビアに立寄ったポルトガル領ティモール新総督M・A・N・ダ・フォントゥラとの会談内容を詳しく記している。そこでは新任のポルトガル総督が元鉄道技師で大変陽気な人柄であるだけでなく、伝統的なイギリス・ポルトガル同盟関係の全面的な信奉者であることを賞讃すると共に、植民地保有国としての両国の緊密な関係の重要性を十分認識している人物であると評価する。換言すれば同総督の統治下で、すでに具体化していた日本のティモール進出に歯止めをかけることが可能であるかもしれないとの期待を寄せたのであった。こうした親近感情を確認しつつ両者は、主に次の三点をめぐって意見交換を行なった。第二の鉱業(主に石油)

問題は本章では詳しくは論じないが、このいずれもが開戦までの日本のティモール進出をめぐる焦点となったことは重要である。(44)

その第一は航空路問題である。これは最初に総督が首都ディリへの外国航空機の寄港を希望した際、同席した駐バタビア・ポルトガル領事ファン・スターフェレン(オランダ人)はKNILM(蘭印航空会社)を推したが、総督はオランダ企業よりもインペリアル・エアウェイ等の英系会社との提携を希望した。これに対しフィッツモーリス総領事は、この件については自分からカンタス航空支配人H・フィッシュに伝えると約束し、同時にティモールを巡る国際関係が重要な折柄、カンタス側も関心を示すだろうと示唆している。なおこの問題と関連し、総督はポルトガル領ティモールは英軍用機の立寄りについても常に門戸を開放しているとの意向をも伝えている。このことは、航空路問題がたんなる経済(運輸)問題を越え、国際関係において政治的・軍事的な意味合いを帯びてきたことを如実に示すものであった。

第二のテーマは、鉱業問題である。総領事によれば、総督はティモールで鉱業プロジェクトを進めているベルギー人ウィトゥック(連合鉱業会社)が、農業開発にも関心を示しかつそのために必要だとの理由で上空からの土地の測量調査を提案していることに不快感を示し、彼の背後には「ある外国の強い利益(即ち日本)」があることを疑っていた。さらに総督が日本との関係が深いといわれるそのベルギー人鉱山主に代え、オーストラリア人スタウトンへ鉱区使用権を与えたがっていることを知った総領事は、そうしたポルトガル側の意向をスタウトンに印象づけるよう豪政府に働きかけてみると返答している。

そして第三は、南洋興発株式会社に対し、SAPT社(祖国勤労農事会社)が土地を委譲した件である。これについて新総督は、㈠前総督の縁戚にあたるSAPT社支配人ルイスが日本人に土地を譲渡する契約を結んだことはリスボンで聞いていたが、ポルトガル本国政府はそれに強く反対している、㈡しかし本件は自分がディリに着任し、ルイスと南洋興発の間でいかなる取り引きがなされたかにつき調査するまで明言はできない、と述べた。

以上のように日本のティモール進出に対する新総督の警戒的な姿勢を好意的に評価したフィッツモーリス総領事は、さらに「新総督が南洋興発のご機嫌取りに屈しないことを望んでいる。これまで同社のプレゼント攻勢は、ポルトガル領ティモールの高官達に大変な人気があった」と本国に報告していることも興味深い。

この公信から明らかなように、英総領事は前年来の日本のティモール進出を危惧する一方、それへの対抗措置としてはイギリス自らが積極的な対策を講じるよう具申するというのではなく、ポルトガル側の対日規制の強化を期待したり、あるいは「濠亜地中海」に位置するオーストラリアのティモール進出を促すことに主眼をおいていた(45)。このようなイギリスの態度は、駐リスボン英大使がポルトガル植民大臣に対し「日本がSAPT社との合弁事業を通じティモールで精力的な活動をしている。英政府は極東に権益を有するすべての植民地保有国にとって危険を引き起こす可能性のある地域で日本が地盤を固めることを欲しない(46)」と語ったことにも反映されている。

「濠亜地中海」方面に向けての日本の進出に対する駐バタビア英総領事の疑心は、一九三八年に入り一段と強まる。彼はイーデン外相宛て一月十五日付公信の中で、日本の主たる目的は蘭印やティモールにとどまらず、より広範な地域に向けられており、不確実な将来――それが近いか否かは情勢次第だが――その構想は現実化されようと指摘している。さらにこの長文の公信において総領事は、国際連盟脱退後の日本政治に言及しつつ、末次信正大将に代表される海軍艦隊派の影響力が高まり、それが「蘭印その他の南太平洋における日本の軍事的侵略」の危険性を高めたと指摘すると共に、日本の政治指導層の中で欧米列強との協調を志向する国際派が復権することに期待を表明している。(47)

この指摘からも明らかなように、英国側は日本の南進の主たる担い手を海軍艦隊派であるとみなし、かつ南洋興発株式会社こそがその「可愛い養子」だと規定するのであった。そしてポルトガル領ティモールにおける南洋興発の真の関心は、明らかに南方への膨張という大試合におけるチェスの一齣にすぎず、時期が到来すればより侵略的な動きに転じ、オーストラリアが最終目標となるであろうと警告を発する。このような理解に立つフィッツモーリスにとっては、したがって「もしポルトガル領ティモールにおける日本の活動が通商的動機によって促されるものでないならば、ましてや同領自体がそのもつ価値によって収奪の対象になるなどということはあり得ないことであろう」し、まさにそれ故に「ポルトガル領ティモールでの事態の展開は、ポルトガル自身にとってよりも、オーストラリアにとって一層重要」であると認識されるのは当然であった。(48)

1　南洋興発株式会社の活動

「濠亜地中海」に戦略的、経済的利害関係をもつイギリス、オーストラリア、オランダ等にとって、ポルトガル領ティモールへの日本の進出の第一歩として認識されたのが、南洋興発株式会社による合弁会社の設立であった。この合弁会社の事業は、同社作成の資料が次のように記しているように政府軍部当局の支援を受けつつ、一九三〇年代後半に入るや直ちに着手されたものである。

昭和十一年初メ拓務省御後援ノ下ニ第一回調査ヲ行ヒタル結果、同島ガ土地開発、貿易等ノ経営ニ付各種好条件ヲ具備セルコトヲ知ルト共ニ同年二月外務、海軍、拓務三省御申合セヲ以テ同島ヘノ進出ハ専ラ当社ノ担当スル所トシ(49)……

こうしてポルトガル領ティモールへの足掛かりをつけた南洋興発は、続いて同年八月および一二月と計三回にわたる調査を行ない、この間八月一五日には同領の最有力企業SAPT社の支配人ルイスの協力をとりつけ合弁会社設立の合意に達した。この結果、ポルトガル側五五万盾、日本側五〇万盾の出資で合弁会社が設立されることになり、一九三七年九月八日、リスボンにおいて登記が完了した。この新会社(本店ディリ、支店東京、リスボン、代理店パラオ)は一万五八〇〇ヘクタールのコーヒー、ゴム、ココア等農園の経営のほか、貿易、海運業の分野でもきわめて大きな影響力をもつにいたった。たとえば一九三七年中の同領の輸出、輸入の内、新合弁会社の取引高はそれぞれ二五%、三七%という高率を占めた(50)。

このような唐突かつ急激な経済進出が周辺の関係諸国の警戒心を高めただけでなく、前述したようにポルトガル植民地政府の新総督の対英接近を誘発することにもなった。以下ではこの問題に対する各国の反応をみた後、再び南洋興発側の資料に基づきその後の経過を跡付けておきたい。

南洋興発の動きを最初に察知したのは、バタビア滞在中の同社社員から直接話を聞き出した蘭印政庁東亜局のローフィンクであったと思われる。そのローフィンクから情報を得たフィッツモーリス英総領事は、一九三七年七月直ちに本国に宛て、詳細を報告している。これは日本・ポルトガル合弁会社の登記前のことであるが、ローフィンクは日本側がSAPT社との合弁により一万五〇〇〇ヘクタールの土地を獲得したこと、日本＝マカオ＝ディリ間の貿易、およびティモール周辺海域における漁業基地としてディリを使用することが認められたなどの情報をイギリス側に通知した(51)。

このような情報に接した英総領事は、「日本人漁民の活動がこれまでもオーストラリア連邦政府にもたらしたトラブルに鑑みると、ディリの漁業基地化という計画は、私がかねて示唆してきた考え――豪政府がポルトガル領ティモールで足場を確保すべきだとの――にさらに強い根拠を与えるものである」と述べ、日本のティモール進出は何よりもオーストラリアにとって脅威であるとの見方を改めて強調した。

さらに総領事は、同じ駐バタビアのポルトガル領事ファン・スターフェレンとの会見記録も伝えている。そこではスターフェレンは南洋興発の進出についてよく事実関係を理解していないようであり、ポルトガル植民地では外国企業が土地コンセッションを得ることはできないはずだとし、事実を否認していたと報告している。その一方ポルトガル領事は半年ほど前ディリに出張し総督代理と会った際、自らの蘭印体験を語る中で、日本が領内でひとたび足場を認められると今後必ずや禍根を招くであろうと総督代理に警告した件についても言及している。

その後も合弁会社の活動についてイギリス、オーストラリアは大きな関心を示すが、多くの場合蘭印政庁のローフィンクからの情報が重要なソースになっていることが注目される。そしてそのローフィンクは、南洋興発のティモール進出について「新たな開発事業にとっての豊富な資本の存在は、経済的目的以上のものへの公的支持があることを示すものである」[52]と判断していた。ちなみに、このローフィンクも作成に深く関与した蘭印政庁の戦時中の一報告書は、南洋興発を「海軍の勢力拡張のため最もアグレッシブな経済活動」をした企業と捉え、そのポルトガル領ティモールへの関心も軍事的な性格をもつものだと見なしていた[53]。

またもう一つのフィッツモーリス英総領事の公信は、「合弁会社はポルトガル領ティモールの最大商品であるコーヒーの買占めを目的としている。その背後にある明白な意図は、同領政府に影響力を及ぼすことのできる地位を獲得することであろう」とのローフィンクの見方を紹介している[54]。即ちポルトガル植民地政府の主要財源はコーヒーの輸出税であるが、そのコーヒー生産の大部分はSAPT社の支配下にある、そのため日本はSAPT社をダミーとして利用しつつ植民地政府内への影響力の浸透をはかるのは困難ではない、というのが「日本問題」専門家ローフィンクの観察であった。

なおこの報告書には、一一月二四日付蘭語紙『バタビアアッセ・ニウスブラッド』紙の「平和的浸透」と題した記事の英訳が添付されている。蘭印のオランダ人社会が自国領と国境を接するティモール島東部への日本人進出をどのように理解していたかを知る上で興味深いものである。その要旨は次のとおりである。

日本が大陸への膨張政策をとっているからといって、彼らが南方の〝生命線〟開発への関心を減じているなどという幻想をいだくことはできない、ということが最近きわめて明白になっている。日本政府の現在の指導者は大亜細亜協会の中で指導的な役割を演じている。……蘭印当局は各種の規制措置により状況を完全に掌握しており、日本人の無制限的な浸透はいまや不可能である。しかしいかなる地域においても同じ状況にあるとはいえない。日本の南方における最後の関心対象はポルトガル領ティモールである。日本の浸透は、当初は決して顕著なものではない。初めは徐々に始まるが、それはより大規模な企図の第一歩であり、そのやり方のほうが有効なのである。最近まで日本の企業は同領には存在しなかった。しかし状況は変化した。いつものとおり、日本商店が最初に進出する。それは〝親善の印〟でありまったく無垢なものとして、かつ重要な意味をもつものではないとみなされる。

しかし今年半ばカードが卓上に現れた。彼らは雑貨を売ることだけに満足していないことが明らかになった。つい最近日本の経済誌は、五百万円の資本を有する農事会社の設立を報じた（『東洋経済』一〇月号）。ポルトガル領ティモールのコーヒーは、かつてオランダ商人が扱ったが今や彼らは入手できなくなっている。今は日本企業が豊富な資金力にものをいわせ買付けを行なっている。ポルトガル植民地政府は、そうした日本の大企業に対抗できず、力関係の変化はきわめて急激に進行している。これが目下われわれの戸口で生じている事態である。ポルトガル領ティモールは第二のダバオになるのか。そのミンダナオ島南部は名目的にはフィリピン・コモンウェルスの主権下にあるが、実際は日本企業の支配下にある。世界各地で平和的浸透は政治的支配につながった。蘭領東インドにとって、その領域の中央部に出現した日本の飛地はいかなる意味をもっているのであろうか。(55)

以上の蘭語紙の論調は、日中戦争という日本の武力侵略、近隣フィリピンにおける「ダバオ国」問題を憂慮し、そして日本人雑貨商《トコ・ジュパン》を「トロイの馬」とみるようになっていた蘭印のオランダ人社会の対日猜疑心をきわめて赤裸々に綴ったものといえる。このような対日認識が欧米諸国に共有されつつあった一九三七年一〇月、ポルトガル本国政府は大統領令により、植民地における不動産上の権利を外国人に移転する場合は、あらかじめ植民相の認可を必要とする旨の新方針を打ち出した。(56)

この大統領令はいうまでもなくティモールにおける南洋興発の動きに釘をさすものであり、着任直後のフォントゥラ新総督らの進言、あるいはポルトガル経済界やイギリス、オランダ等からの強い働きかけもあったことが前後の事情から汲み取ることができる。いち早くこの新政策を東京に伝えたリスボンの日本公使館は、一方の当事者たるSAPT支配人ルイスとの面談をふまえ、次のような状況把握を行なっていた。

「ルイス」ノ極秘トシテ内話セル所ニ依レバ植民大臣ハ南洋興発トノ取極ヲ以テ非愛国的行為

ナリトシ、当局ガ日本人ノ植民地進出ヲ歓バザルヲ知リ乍ラ「ルイス」ガ事前ニ其ノ内意ヲ確メザリシヲ難詰セル趣ナルガ前記大統領令モ南洋興発ノ為セルガ如キ日本人ノ企業契約ノ締結ヲ将来全ク阻止センコトヲ目的トスルモノニシテ当局ニ於テハ植民地ニ於ケル日本人ノ企業的勢力ノ浸透ハ軈テ帝国ノ政治進出乃至干渉ヲ誘発スル惧アリトナシ極度ニ警戒シ居ル模様ナリト言フ、尤モ南洋興発ノ既得権益ニハ何等ノ影響ナキ由(57)

この「既得権益ニハ何等ノ影響ナキ由」という点に関しては約四〇日後になっても未だ明確とはなっていないことが、この問題に重大な関心をもつオーストラリア外務省宛てのフィッツモーリス英総領事報告からもうかがわれる。その報告は、大統領令第五条には、同令が効力を有するのは公布日以後のことであること、また公布日以前に実際の取引があっても登記がその後なされたものについてはその日に遡って有効である、との文言があることを紹介した後、九月にリスボンで調印されたSAPT社と南洋興発との協定はその第五条との関連で有効であるとの見方がある一方、「その協定がティモール総督の最終的承認なしに有効とみなされるか否かは若干の疑問があるやにみえる」との説もあることを付言している(58)。

この点の詳細については、再び南洋興発側の資料に依りつつ跡付けをしておく。一九三九年一月六日付の社長松江春次の書簡は、SAPT社との合弁契約が大統領令により否認された件につき、まず「当社ノチモール進出ハ吾国ノ経済的南方発展並外交政策上重大ナル意義ヲ有スルモノナル処其丈ケニ葡国ノ殖民地確保政策並英蘭両国ノ安全感ニモ重大ナル衝撃ヲ与ヘタルモノノ如ク」と国際的反響の大きさを〝正確〟に捉えた後、次のように述べている。「当合弁ガ当時ノ現行法ニ基キ適法且有効ニ成立セルニ拘ラズソノ後ニ至リ新法ヲ発布シテソノ登記ニハ預メ殖民大臣ノ許可ヲ要ストシ之レヲチモールニノミ適用シテ右定款ノ発行ヲ妨ゲントセリ、本件ハ要スルニ葡国政府ノ不当ナル措置ニヨリ当社ノ享有スベキ権益ヲ圧迫セルモノニシテ之ニ関スル一切ノ責任ハ同国政府ノ負フベキ所ナリトス(59)」

さらに松江は、こうしたポルトガル側の政令は「吾国政治的進出ノ誘因タル経済的進出ヲ阻止セントスル」政策の反映であり、また背後からポルトガルを操る「英蘭両国ノ策動」、さらにはSAPT社のライバル「国立海外銀行ノ暗躍」に起因するものだと非難する。このような状況下、在リスボンの柳沢代理公使からは「殖民地農企業ニハ一切外国資本ヲ認メ得ズ従ツテ本件モ亦葡国側ヨリ当社出費ヲ返還スルコトニヨリテ解決シ度シ(60)」との意向が南洋興発にも通知される。

このように合弁会社問題は、日本ポルトガル両国間の外交問題にも進展し、蘭印セレベス(現スラウェシ)のメナド駐在野々村領事が、一九三八年七月九日から八月五日迄ディリに赴き総督との接衝にあたった。しかし総督は、日本政府が不当な内政干渉をしていると不快感を露にしつつ、ポルトガルとしては、㈠伝統的に「植民地土地企業ニ関スル合弁ヲ許可シ得ズ」との方針であり、貿易分野ならば認可する、㈡「英仏蘭ハチモールニ対シ特ニ大ナル関心ヲ有ス」とし、暗にこれら諸国からの圧力ないし要請があったことを示唆した。そして次の三点を骨子とする合弁会社改組案を日本側に提起した。㈠合弁会社の目的を変更し貿易のみに限定する。その代償として日本側の優位を認める、㈡現合弁会社が所有する農園をポルトガル人の管理下に移す、㈢日本側の希望を汲み、ベアソ地区の綿作適作地をポルトガル側に租借させ、これを日本側に又貸しする。(61)

このポルトガル側の提案に対し、南洋興発は外務省と協議を重ねた末「一蹴スルコトニ決シ」、本件をリスボンにおける正式外交交渉で扱うよう強硬な方針で応じた。この点は、海軍をバックにもつ国策会社＝南洋興発の基本的性格がきわめて色濃く現れている所であり、その「一蹴」の主たる論拠を次に記しておきたい。

その第一は、南洋興発が外務、拓務、海軍三省の支援により「多大ノ特徴的投資ヲ敢行」しポルトガル領ティモールにおいて土地権利を確保したのは、何よりも「南方発展ノ拠点ヲ獲得スル」ことにあったということである。第二は、ポルトガル側が主張するように合弁会社を「圧迫ヲ蒙リ易キ貿易」会社に改組し、「権利ノ維持不確実ナル借地」をすることは、第一の点との関連で「当社チモール事業ノ根本義ヲ失ハシムル」結果になるということである。そして第三の最大の理由は、「今日ノ譲歩ハ永久ノ返却」を意味し、かつこのような妥協をすることは、「事変下吾国発展力ノ頓挫」とみなされることになり、そうなれば「ソノ悪影響ハ広ク南洋全般ノ邦人権益ニ及ブ」ことになるという点であった。このような理解の根底には、ポルトガル領ティモールは「英蘭植民地ノ安全保障ニモ重大ナル関係」があるため、「吾国南進政策等（ママ）ヲ放棄ヲ見ザル限リ日葡両国ノ利害一致ハ望無」いとの認識があった。(62)

リスボンに於ける外交交渉、更にはポルトガル側株主の反対もあり、結局上記の改組案は撤回されることになった。その上で南洋興発は「日支事変後南洋ニ於ケル吾国勢力ガ画期的伸長」を画するために、ポルトガル側に対し「日葡共存共栄ノ主義」に立ち、㈠同領ティモール島の面積の一割(一九万町歩)の租借並棉作事業の経営、㈡石油その他鉱物権益の獲得、㈢ティモール島沿岸航路、パラオ連絡航路、ならびに台湾、マカオ、ティモール航路の経営とこれを利用した貿易、の三点を要求する基本方針をたてた。南洋興発側にいわせるならば、これこそが「我国南進国策ノ本義」にかなうものであり、かつその重要性の故に将来は同社自身(合弁会社ではなく)が開発に乗り出すというのが松江の構想であった。

実践的な南進論者松江春次からみれば、かつての頓挫した「ニューギニア買収論」(63)で展開した「理想郷」を今度はティモール島に求めたともいえよう。この点は以下の文言から明瞭に汲み取ることができる。

当社ノ意図トシテハ右綿作地ニ邦人農家一万戸ヲ移住セシムル計画ニシテ右完成ノ暁ニハ関係土人労働者家族ヲ合シテ三〇万乃至四〇万ニ達ス可ク鉱山業並各種附帯事業ヲ考慮セバ啻ニ土人ノ利福葡領政府財政ノ改善ニ資スルノミナラズチモール各産業部内ニ於テ牢固タル勢力ヲ扶植スルト共ニ我国当面ノ東亜再建設国策遂行上重大且緊急ナル意義ヲ有スルモノト確信スル次第ナリ。(64)

ポルトガル政府は前述の改組案撤回後、一九三八年末、柳沢公使に対し、新たな妥協案として、持株比率をポルトガル側七〇、日本側三〇とすること、国立海外銀行を新株主として参加させること、役員数の比率を日本側一、ポルトガル側二ないし三にしたいこと、の三点を申し入れた。このうち日本側はとりわけ持株比率を重視し、日本四割を強く主張した(十二月十六日、駐リスボン公使宛訓令)。これに対しポルトガル側は、翌一九三九年一月三日の回答で日本三四、ポルトガル六六の数字を再提示したのであった。

この数字を外務省から知らされた南洋興発は、「当方満足シ得ザル処ノミナラズ当方ガ重視スル将来ノ自由活動ニ対スル保証ヲ欠ク」との理由で外務省に再交渉を要請すると共に、同社自ら柳沢公使に対し「強硬御交渉」を申入れるという異例の措置をとった。こうした強硬姿勢は、南洋興発とりわけ社長松江春次の軍部・政府上層との強い結びつきがあって初めて可能となったものであるが、そのことは柳沢宛ての要請文中の次のような表現からもうかがうことが可能である。

日葡持株ノ比率ニ就テハ従来ハ日四七・六、葡五二・四ナリシモノヲチモール全島ノ石油其他重要資源開発ヲ本合弁ニテ一手ニ遂行スルコトヲ交換条件トシテ特ニ日四〇・葡六〇トセルモノ故之以上絶対ニ譲歩ノ余地ナク……チモール把握ノ絶対的必要性ニ鑑ミ飽迄右ノ主張ヲ貫徹シ度キ……(65)。

このように外務省の仲介の下になされた交渉ではあったが、最終的には日本側四〇、ポルトガル側六〇(内国立海外銀行が七・六、SAPT社が五二・四)で結着がつくことになった。松江書簡が送付された一九三九年一月以降の交渉の詳細は判明しないが、第二次世界大戦が勃発する中で、中立国ポルトガルに強腰で臨むことで、同国が連合国側に接近することを警戒するという政治的判断も作用したものと思料される。そう考える根拠の一例として、たとえば一九四一年四月の南洋興発ディリ事務所の一報告書には、日ソ中立条約調印(四月一三日)によってティモールでの事業に対するポルトガル当局の方針が緩和されることを期待するも、「現今ハ悪化ノ一路」という表現がある。ここではさらに、開戦後ティモール当局の「英・米・蘭印・豪間ノ結束」がますます強まっていること、あるいは会社の電報は発受信とも厳しい検閲を求められているという状況を報じている。(66)

ちなみにポルトガルと連合国側との親密性の具体例として、この報告書は、(一)蘭印駐在の一英領事がディリを訪問、ついで蘭領ティモールのクーパン(蘭領ティモール)に飛び同地理事官と会見したこと、(二)豪カンタス航空会社のディリ駐在員が総督はじめ各界指導層と「目ニ余ル」往来を重ねていること、(三)総督府経営といわれたディリ=クーパン間往復航空路が最近KNILMに移管されたことなどをあげている。後述するパラオ=ディリ間の航空路開設を要求する日本側の強硬政策に対抗すべく、「親英的」といわれたポルトガル総督が国際情勢の悪化を背景にオーストラリア、オランダ等と懸命な接触を試みていた間の状況が汲みとれよう。

また日本側とりわけ外務省がポルトガル本国の動向に深い関心をよせていたことは、「大東亜戦争」勃発の約二カ月後、中立国の植民地ティモールに日本軍が進駐した直後の外相訓令からも明瞭である。ここではティモールにおける南洋興発の事業は「或ル意味ニ於テハ既ニ目的ヲ果タシタ」との見方に立つ一方、「目下ノ情勢ハ葡本国ヲシテ英米側ニ投セシメサルヲ第一義トシ皇軍進駐ニ引続キ此ノ際更ニ新タナル要求ヲ提出スルハ対葡関係上頗ル機微ナルモノアルニ付此ノ際暫ラクハ現状ヲ維持スルニ止メ将来機会ヲ見テ処置スルコトト致度」と結んでいる。また補足としてその公電には「陸海軍ト

打合済南洋興発本社承知」と記されている。(67)

2 パラオ＝ディリ航空路問題

上述したように南洋興発株式会社は、海軍の威光を背景にポルトガル側に対し航路問題を含む強硬な諸要求を提出した。しかしながら、その案件の中に航空路問題は含まれていなかった。このことは、一九三〇年代末以前においては日本の航空産業が十分な発達を遂げていなかったこと、さらには軍部・政府がまだ航空路問題を戦略的にそれほど重視していなかったことのあらわれであった。しかし第二次世界大戦勃発前後の「航空輸送の高速交通機関としての軍事的経済的価値がますます高く評価」(68)されてくる時代状況の中で、日本の航空産業は急速に整備される。一九三九年八月に民間の大日本航空株式会社が特殊法人大日本航空株式会社に改組(出資金、政府三七二五万円、民間六二七五万円)されたのはそれを象徴するものであった。

同社は陸軍に協力し「満州」、中国各地に航空路を拡充すると共に、海軍への協力を通じ南方空路の開設に重要な役割を果たすことになった。第二次世界大戦勃発直後の一九三九年一一月に最初の国際航空協定である日タイ航空協定が調印され、翌一九四〇年三月にはサイパン経由の横浜＝パラオ線等も開通した。(69)このような状況下、一九四〇年四月、日本は外交ルートを通じポルトガル政府に対し、パラオ＝ディリ間の航空路開設を正式に申し入れた。日本側は、「日本機ヲシテ就航セシムルコト及「チモール」島内ニ航空路ヲ開設シ日本「ポルトガル」合弁会社ヲ設立」することの二点を要求した

のだった。(70)

しかしながら、ポルトガル側は日本側の威圧的ともいえる要求に対しきわめて消極的な対応を示した。そのことは日本側資料にみられる「第二点ニ関シテハ不同意ナル旨」の文言、あるいは航空路開設要求についての「徒ラニ時日ヲ遷延シテ回答ヲ齎サザリシ為交渉促進ノ意味モ兼ネ試験飛行ノ実施ヲ申シ入レ」したという記述からも明らかである。(71)

ヨーロッパにおける戦争がドイツの優勢下に展開し、またアジアにおいては日本が積極的な南進を企図していた一九四〇年半ばの段階において、日本が南洋群島の中心地パラオと「濠亜地中海」の心臓部ティモールを直結する航空路開設を構想したことは、周辺の関係諸国にどのような影響を与えたのであろうか。

この問題に触れるに先立ち、注目されるべき点は、ポルトガルをはじめイギリス、オーストラリア、オランダ等「濠亜地中海」地域の航空ネットワークに関係ある諸国は、日本の参入に先立つ三年前からティモールへの航空路に関心を示していたことである。前節で述べたティモール新総督フォントゥラが赴任途次バタビアに立ち寄った際、同地のイギリス総領事に英系航空会社のディリ寄港を熱心に求めたこともその一例である。その際新総督は「英軍用機にも門戸を開いている」と述べたことを総領事が注意深くメモに残していることも、日中戦争突入直後の時点で航空路問題が日本の脅威と関連した安全保障問題として認識されていたことを示すものであった。

この新総督との会談から五日後、駐バタビア英総領事フィッツモーリスは本省宛て公信の中で「私は最近、豪政府は主として戦略的理由からポルトガル領ティモールと密接な関係を築くべきだと主張してきた。新総督が希望しているような航空路は両者関係の強化に役立つであろう。この路線はカンタス航空にただちに巨大な利益をもたらすことはないかもしれないが、連邦政府の国益に合致するだろう」と積極的な進言を行なっている。[72] またこの提言との関連で英外務省から豪外相への公信は、「ティモール海を横断するのに必要な気象情報の正確性がポルトガル側には期待できない」との理由で英航空当局がシンガポール＝ダーウィン路線の中継地としてディリよりも蘭領ティモールのクーパンを重視していることを伝えた後、次のような指摘を行なっている。「クーパンに代えてあるいは同地と共にディリに寄港することの技術的な不利益を政治的利益が上回るか否かの問題は、豪政府がティモールにおいて日本人を締め出そうとするための確固たる経済的基盤を得ようとする行動と密接に関連していると思われる[73]」

イギリス本国のこうした示唆を受けてオーストラリア連邦政府は、一九三九年八月ダーウィン＝ティモール航空路の開設を正式に提案する。しかしながらポルトガル側は、この提案は豪側のディリ寄港のみがうたわれポルトガル機のダーウィン寄港が明記されていないなど双務性に著しく欠けるなどを理由に公式回答を延引した。[74] このような紆余曲折を経た後、豪ポルトガル両政府間に航空協定が調印をみたのは、三国同盟を結んだ日本のティモールへの試験飛行がすでに開始されていた一九四〇年末のことであった。それはまさに「ポルトガル領ティモールにおいて英連邦の利益を確立し、日本の浸透に反対行動をとるとの政治的利益の観点[75]」からなされたものであった。後にも触れるがポルトガル本国が――ティモール総督の対英接近方針にもかかわらず――オーストラリアとの航空協定調印を一年以上にわたりためらったのは、協定草案の文言内容という問題以上に、本国に対するドイツの、そしてマカオに対する日本の軍事的圧力への警戒があったためとも考えられる。

一九四一年一〇月、日本・ポルトガル航空協定が調印されるまでの約一年半の両国間のこの問題をめぐる外交交渉については、当時の日本側公式記録が「焼失」しているため(外務省外交史料館のカード説明)――またポルトガル側資料を未見のため――その詳細を具体的に跡付けることは困難である。したがってここでは、当時の関係者の記録や回顧録に依りながら若干の考察をしてみたい。

「空の国策会社」として発足した大日本航空株式会社の中で、最初にポルトガル領ティモールを訪問したのは浅香良一である。浅香の回想によれば、新南群島の基地調査から帰国した一九四〇年五月初、社の上層部でポルトガル領ティモールへの試験飛行が議されていたという。社命を受けた彼は、基地設立の準備のため同年七月末神戸を出港、九月初めディリに到着する。そして総督に面会し試験飛行への便宜供与を依頼するも、リスボン政府からの飛行許可の訓令が来るまでは旅行者として滞在することを義務づけられた。

その間当局との連絡役となった政庁港務部長から、ディリ港の測量図や気象観測資料を入手した浅香は、その写しを南洋興発のパラオ=ディリ間の連絡船「ぬし丸」に託し、パラオ経由東京に送付したという。こうした行動は、後述するように列強側の公式文書の中でも注意が喚起されており、このことが彼らの対日警戒を深める一因となっていた。翌一〇月に入り、東京から試験飛行実施の交渉が成立したとの電報が入り、それに続き本社から駐在員主席となる川淵龍彦ら五名がディリに到着する。一行は、一〇月二二日パラオからの飛行艇綾波号がディリ入りするのを出迎え、二五日に同機がパラオへ復航するまで行を共にした[76]。

以上が浅香良一の記録である。しかし同じ「社史」に載った駐在員首席川淵龍彦の記録は、重要な点で浅香の回想と食い違いが見られる。即ち川淵自身も「綾波」の一員として松永寿雄同社海洋部長(海軍少将)らとパラオから乗り込み、「赤道通過の際は、ささやかな赤道祭りで祝盃を上げ、約一〇時間後、ギラギラ光る太陽の下、南海の孤島チモール島の湾外へ無事着水した[77]」となっているのである。この川淵回想では、彼の先任である浅香の名には一切言及がなく、事務所、宿舎等の手配をしてくれたのは、南洋興発の社員であったと記している。さらに浅香、川淵の記録のもう一つの差異として、前者は「綾波」のディリ入りの夜「総督以下のポルトガルの要人全部を招いて、クラブのホールで盛大なパーティを開いて成功を祝った[78]」となっているの対し、後者では「その夜は、使用人の心からの歓迎で盛大な晩餐会が開催され、シャンペーンで祝盃を挙げながら、お互いに労をねぎらいあった[79]」となっている。公式記録が存在しない今日、同じ大日本航空株式会社の社員のどちらの記述が日本・ポルトガル航空協定調印の前史をみる上で〝真実〟なのかは定かではない。

ところで川淵の記録には、パラオからティモールへの飛行航路中、「蘭印の協力を一切受けられないため、事前に無線機を搭載した約一五〇トンぐらいの漁船を二隻配置して、気象その他のインフォーメーションをキャッチして飛行する計画であった」[80]と記されている。これが実行に移されたか否かは明確ではないが、軍事的要請とも無縁であり得なかった国策会社の事業遂行にこうした漁船の関与があった(らしい)ことは、先にも触れたように列強側も看取していた。さらにこの点に関連し、大日本航空の第三の証言者、橋本治忠の回想も興味深いものがある。前二者が管理職的地位にあったのに対し、一九四〇年春東京外国語学校(現大学)ポルトガル語専科を卒業したばかりの新入社員であった橋本は、入社間もない同年八月、浅香南洋課長によりディリ駐在を命じられる。川淵首席の下で第一回試験飛行から航空協定調印までの一年二カ月を「現場」で過ごすことになる橋本は、次のような記述を残している。

航空協定の極秘電文は、深夜、小型ボートを用いて、沖の警戒船(日本漁船)に運ばれ、そこから内地へ打電されていた。……親善飛行がチモール島上空へ葡政府高官を案内していた。その水艇の後尾の窓に精密な地上撮影カメラが回されていた。……軍部が主動する日本の国益、その激流に流される日航と、捨て石の私たち自身を、そのときは深く実感できた。[81]

以上、大日本航空の社員としてディリに駐在した三名の回想の一端を紹介したが、ニュアンスの差こそあれ、いずれも会社が――軍の要請に基づくとは明言していないが――なんらかの形でポルトガル領ティモールの情報蒐集活動に従事していたことを示唆していることは興味深い事実である。

第二次近衛内閣の発足(一九四〇年七月)と共に松岡外相らによって唱えられた「大東亜共栄圏」構

想、同年九月の日独伊三国同盟の締結、そして日本軍の北部仏印進駐に見られる「南進への急転回」等と軌を一に、あるいはその象徴として登場したのが、ポルトガル領ティモールへの航空路開設要求であった。それだけにこの問題は、日本の武力南進の可能性に脅威感をいだく関係諸国の強い関心事になっていく。

日本側は当初、ポルトガル政府に対するディリへの試験飛行の要請を極秘裡に進め、その方針が奏効したと判断していた。しかし実際には、きわめて早い段階で英豪側は日本の動きを把握していた。もっとも、ディリと日本のどこをつなぐ航空路かに関しては、それがパラオと判明するのは、最初の試験飛行がなされた直後のことであったと思われる。

日本の動きについての第一報は、一九四〇年七月五日に日本の外務省が駐リスボン公使に宛てた公電を「内密だがきわめて信頼しうるソース」から入手したとする七月一二日付豪文書から明らかである[82]。日本側公電は断片的かつ曖昧で「島内のいわゆる空路」といったぼかした表現が用いられていたが、豪側は「それをオーストラリアなどにも拡張する可能性を考慮中」との文言から、おそらくティモールに関わることであると判断している。ただこの時点では、その空路がパラオとの間のものということは明らかになっていない。同時に、日本外務省は、一〇月初めに開始される試験飛行は実際のフライトがなされるまで内密にしておきたいこと、そのことをポルトガル政府にも諒解させるよう公使に指示している。このような情報をふまえた上で駐英オーストラリア高等弁務官は、四月以降動きが停止中のダーウィン＝ディリ間の航空協定の早期締結を進言するのであった。

そして大日本航空のパラオ発の飛行艇綾波号がディリについた一〇月二三日の直後、豪政府は次のような駐英高等弁務官からの公信を受け取っている。しかしこの段階でもパラオの名はまだ特定されていない。

最新の情報によれば、日本の飛行機がディリへの飛行を行ない、またポルトガル政府の許可を得た若干の機械類がディリに着いた。十月末には部品や装置類がディリに着くだろう。さらに日本側はリスボン政府に対し、ディリの航空施設を提供するよう引続き圧力をかけるであろう。極東における最近の情勢に鑑み、ティモールにおける日本の活動の底流にある動機は、蘭印に対する軍事的計画に関連しているとの結論を避けることは困難である。それ故、ティモールにおけるこれ以上の対日譲歩を許可しないよう、少なくとも遅らせるようポルトガル政府を説得すべく全力をつくしてほしい(83)。

当初豪・英側文書にみられなかったパラオの名が登場するのは一一月末になってからである。それはティモールへの日本機の参入を報告する駐バタビア英総領事の本省宛て公信である。一〇月末大型の飛行艇がディリ港内に着陸したことをまず報じた後、詳細は不明としながらもこの公信はディリ在住の一イギリス人の目撃談話を伝えている。それによれば、一〇月二三日午後三時半、一人の軍人(前記の松永寿雄海軍少将のことと思われる——引用者)を含む八名の乗員を乗せた飛行艇がディリに着き、一〇月二六日朝六時パラオへ帰ったとされている。さらに同機到着後、盛大な歓迎パーティが開かれたこと、ディリには一カ月前から四名の社員がパラオから到着し準備にあたっていたこと、彼らは水上飛行艇係船装置、航空用石油ドラム缶一〇〇個を搬入したことも伝えられた(84)。

なお、第一回試験飛行がなされる直前の日本側のパラオをめぐる動きについて、バタビアの英総領事は深甚なる関心を寄せていた。それは折から始まった日蘭会商の日本側代表団に協力している数社の日系企業が、蘭印政庁経済局に年間一万八〇〇〇トンの米をパラオに供給するよう二年契約を結びたい、と申請した事実に関してである。

ウォルシュ英総領事はこの情報を蘭印当局から入手したものと思われるが、蘭印側はなぜ人口一万人ほどのパラオに二〇万人分をまかなえるほどの米が必要なのかを不審がり、それを却下したことを伝え、さらに次のような推測を行なっている。

　この緊急要請から明らかなことは、自ら米不足に陥りあるいは貯米をしたがっている日本は、必要量の米をパラオに供給できないということである。現在のパラオの人口はわずかと考えられるので、日本は同地に駐屯することになる主力艦隊のためにストックを準備しているということがうかがわれる。また要請されている米の量から同地の日本海軍の兵力数が示唆されるだろう(85)。

日本政府当局(逓信省航空局)が、初めてパラオ＝ディリ間の試験飛行の一件を公表したのは一九四一年一月二一日、第三回試験飛行が二日後になされると報じたときであった。綾波号に比べはるかに高性能を誇る小波号(四エンジン水上飛行艇、一七人乗り)ということもあり、各紙とも鳴物入りで報道する様を、在日豪公使館は詳細に記録している(86)。航空路問題をめぐる日本側のこうした積極的姿勢に対し、豪英側はポルトガルの軟弱姿勢に遺憾の意を表明している。たとえば駐リスボン英大使は、

「ポルトガルは日本の圧力に直面する勇気に欠けている。彼らに揺さぶりをかけることが必要[87]」だと論じていた。

国策会社大日本航空の最後（第七回）の試験飛行は一九四一年六月末になされるが、それと並行しながら在ディリの同社首席駐在員は航空路の定期化をめざし「総督を通じてポルトガル政府に、促進方を電頼するとともに、本社に対しては、たびたび意見具申して、日本政府からポルトガル本国に強硬な航空協定締結の申入れを願った[88]」。このような推移を経、開戦約二カ月前の一九四一年一〇月一三日、「日本・ポルトガル航空協定」がリスボンで調印されるに至った。

当然のことながら、恐れていた不安が現実化することになった関係諸国は、この協定に厳しい拒否反応を示すことになる。豪外務省の一報告は、この日本の南進積極化にはドイツの影響があったことを指摘しつつ、国際連盟脱退以降の日本の拡張政策を骨子次のように総括する。「日本は南洋群島の信託委任統治権を失うことになったにもかかわらずそのことを認めるのを拒否し、今日パラオを将来の攻撃的な動きに利用しようとしている。これは明らかにオーストラリアの国益に反することである。日本は、英連邦、オランダそして中国にとって重要な戦略的重要性をもつ南洋群島の中心パラオに侵入する権利はない」。こう論じた後、報告者は事態をこれ以上放置することは危険だとし、首相に早急なる対処を要望している[89]。

また興味深い点だがこの同じ外務官僚は、それ以前にも、次のような強硬な対日政策を進言している。

日本はついに長年構想してきた拡張政策を実行に移そうとしている。彼らの野望は、蘭印に向けられていることは明白である。我々は現在死闘の真最中である。今こそ攻撃に転じるべきであり、防衛は勝利をもたらすことはない。物理的行動こそ、日本人が理解できる唯一の言語である。日本のような敵と話し合うのは馬鹿気たことである。そのような態度は、彼らのメンタリティと無縁なばかりか、逆に我々が弱味を見せたと受け取られよう(90)。

ティモール島においてポルトガルと国境を接するオランダ(蘭印政庁)も、日本・ポルトガル航空協定の調印直後、ポ領ティモールへのガソリン輸出を禁止したが、ここではそれに関連し有力紙『ジャワ・ボーデ』の論調を紹介しておきたい。「日本とティモール」と題したこの論文は、ティモールでの国境画定についての過去のオランダとポルトガルとの領土条約を持ち出し、そこではいずれの国も第三国に対し石炭基地や海軍基地を提供してはならないと規定されていると指摘する。

この条項が、ポルトガル領ティモールに事実上日本の飛行艇基地を設置することを認めることになる日本・ポルトガル航空協定とどのように両立するかは興味深い問題である。……現在のところティモールにおける日本の〝基地〟についての話はなく、問題となっているのは〝民間〟機の航空路である。しかし、ティモールはパラオ同様、交通網への包摂を検討するほど価値がある場所ではない。パラオは日本海軍にとっては最南端の航空基地ではあるが、非軍事的見地からは何らの重要性ももたない。ポルトガル領ティモールの場合も同様である。……土民人口四五万人、白人数百人のこの小島に日本が寄せる関心は経済的なものではない。本当の理由は何であるかは

容易に推察されよう。(91)

次にこの問題に対するイギリス政府の対応を概観しておきたい。一九四一年一〇月一七日付自治領担当相の一公信は、従来の経緯を次のように要約している。(92)

(一) 駐リスボン大使からの報告によれば、ポルトガル政府は、日本との航空協定の調印を可能な限り延引しようとしたが、それも最終的には不可能となった。

(二) ティモールにおける日本の権益の非重要性に鑑み、ポルトガル当局は日本の航空路開設に向けての決意は純粋に戦略的見地からなされたものと判断している。

(三) 駐リスボン大使が極秘ソースから得た情報によれば、同地の日本公使は一〇月初めポルトガル外務省に覚書を送り、航空協定調印のため一三名の代表が空路ディリ入りしたいとの要望を提出したこと、しかしポルトガル側はリスボンでの調印を主張した。

(四) また外務省は駐リスボン大使に対し、日本の領事および七名の官吏が近くディリ入りすること、また数カ月前から将軍一名を含む数名の日本人がディリに滞在していること、おそらく彼らは領事一行の先発隊であろう、といったことを確認した。

(五) それ故に(日本側の動機に対応し――引用者)、英国領事館を可及的速やかにディリに開設することがきわめて緊要である。しかし適当な人材がいないという困難に直面している。こうした現況下、一つの解決策として、オーストラリア連邦政府がカンタス航空駐在員ロスに対し暫定的に領事の地位を認めることが必要だと思われる。

(六) この提案は、ディリに人を派遣するという当面の困難を克服する以外にも次のような利益をもつものである。

(1)ディリには専従の領事職を必要とするほどの仕事量がない。

(2)同地の気候その他の条件から見て、長期にわたり駐在することは望ましくない。

(3)同地での任務の大部分は航空に関するもので、その点からも領事専門職よりロスの方が明らかに有利である。

(4)ポルトガル領ティモール総督は、オーストラリア国民に対しとりわけ親近感をもっているといわれており、ロス自身も好人物である。

(5)もしロスが任命されるならば、領事館開設に必要な諸施設・備品などは彼が現に使用しているものをそのまま継続して使用できる。

(七) 以上のような観点から、我々はオーストラリア連邦政府が、ロスを少なくとも一時的に領事に認定するのに同意してくれることを強く希望する。(93)

最後に「濠亜地中海」地域の国際関係の焦点となった日本・ポルトガル航空協定に対し、ポルトガル側はいかなる対応を示したのだろうか。この問題は今後ポルトガル側一次史料をふまえての実証的研究が待たれるが、ここではオランダ人記者と会見したティモール総督の次のような発言を紹介しておきたい。

なぜパラオ＝ディリ間の航空路を認可したことが、国際的にこれほど大きく新聞報道されるのか私には不可解である。従来からポルトガル本国および他の植民地がやってきたことと同じことをしただけである。わが国は、この協定が友好諸国に脅威を与えるかもしれないあらゆる可能性を十分に考慮したといえる。一九四〇年七月十五日に日本側と最初の会談をもって以来、協定調印までに十五カ月間を要したという事実は、何よりもポルトガル政府が国際的な諸条件をいかに考慮したかを示すものである。(94)

イギリス、オーストラリア、オランダなどから対日融和政策を批判された中立国ポルトガルは、この発言にみられるようにそうした批判をかわすと共に、日本、あるいはドイツから英米豪蘭諸国への接近により中立違反をしたとの揚足をとられぬための外交に意を用いたものといえよう。しかしながら、連合国、枢軸国側の間で揺れるポルトガルに対し、先述したように日本は、ポルトガルが日本の要求をいたずらに延引し、かつ豪英蘭などとの接触を密にするのは中立違反であると非難し――必ずしも外交レベルではなかったにせよ(95)――またそれを口実にして開戦後のポルトガル領ティモール占領を構想してゆくのであった。

おわりに

以上、本章は従来の日本の南進研究の中で欠落していた「濠亜地中海」とりわけポルトガル領ティモールをめぐる開戦前の国際関係を、主に日本、オーストラリア(イギリス)側の一次資料に依りながら考察したものである。

一九三〇年代以前の日本がほとんど黙殺してきたポルトガル領ティモールであるが、国際連盟脱退→南進国策の提唱という時代背景の中で、この地域はその物理的規模(一万九〇〇〇平方キロメートル、一九三六年人口約四六万)に不釣合いなほどの関心を日本の軍部、政府、経済界から集めるようになる。その理由は端的にいうならば、同領のもつ経済的価値(コーヒー、石油等)のみならず、㈠南洋群島(内南洋)と東南アジア(外南洋)をつなぐ中継地として、㈡日本の南進の最大標的であった蘭印への進出拠点として、㈢英連邦、オランダ勢力圏へ対抗する基地として、㈣アメリカ海軍の西太平洋戦略に対する準備地として、重要視されたためであった。さらにいえば、本国ポルトガルが中立国であり、ヨーロッパ情勢に関する情報蒐集拠点であり、かつ日本がその帰趨を注目していたブラジルへ大きな影響力をもっていたためでもあった。

日本のティモール関心の焦点が、当初の農園経営、貿易から航空路問題へと推移したことは、そしてつねに海軍の「内面指導」があったことは、まさに上述したようなこの地の戦略的重要性に起因するものであった。またそれ故に関係諸国からこの地域への日本の進出は、「濠亜地中海」における既存の国際秩序を否定するものと認識されたのであった。とくに日本がこの「奥南洋」ともいうべき地に参入したことに対し、オーストラリア連邦では世紀転換期以降の日本脅威感が現実化したものと受け止められ、自国の安全保障のあり方、さらにはアイデンティティをめぐり活発な論議が繰り返されることになった。

日本、オーストラリア、そしてイギリス、オランダ等の開戦前の「濠亜地中海」問題への関わりは、本章で用いた諸文献、資・史料によってある程度の位置づけは可能であったが、その一方ポルトガル側の公的資料や研究については、筆者の言語能力からほとんど具体的に取り上げることができなかった。この点は日本の南進と「濠亜地中海」の関係についての今後の研究で、もっとも重要視されるべき課題である。

(1) 在バタビア領事染谷成章発外相小村寿太郎宛「チモール島葡蘭両国国境ニ於ケル紛争」一九一一年六月二八日(DRO所蔵)。
(2) 在蘭特命全権公使佐藤愛麿発外相小村寿太郎宛「蘭葡間竝ニ蘭伯間国境画定条約本文送附ノ件」一九〇九年二月四日(DRO所蔵)。また次の資料も参照。外務省条約局編『東インド諸島関係条約集』一九四二年。
(3) 外務省条約局編、同前。
(4) 在葡特命全権公使笠間杲雄発外相内田康哉宛「葡国現下ノ政局ニ関スル件」一九三三年八月二五日(DRO所蔵)。
(5) 加藤高明外相発在蘭信夫淳平臨時代理公使・在葡荒川公使宛「「チモール」島問題ニ関シ取調方訓令ノ件」一九一二年二月六日(DRO所蔵)。
(6) 在バタビア領事染谷成章発外相内田康哉宛「葡領チモール島土民反乱ノ件報告」一九一二年二月二〇日(DRO所蔵)。なお染谷は同年三月二〇日付の外相宛公信の中で、ティモール住民の反乱規模に言及し、

「平時僅々四五百ノ守備兵ヲ要スル眇タル領土ニ約千四百名ノ増兵ヲ為ス一事ヲ以テ其反乱ノ比較的大ナルヘキコトヲ知ルニ足ルベシ」と述べている。

(7)　在蘭臨時代理公使信夫淳平発外相牧野伸顕宛「「チモール島」問題ニ関シ報告ノ件」一九一三年三月一〇日(DRO所蔵)。

(8)　参謀本部『葡領殖民地要覧』一九一二年、序。

(9)　同右、二七―二八頁。

(10)　ピーター・ドウス(藤原帰一訳)「植民地なき帝国主義」『思想』第八一四号、一九九二年四月、参照。

(11)　第一次世界大戦後の列強の対日警戒については次の論文を参照。Peter Hastings, "The Timor Problem, Some Australian Attitudes, 1903-1941", *Australian Outlook*, vol. 29, no. 2, 1975.

(12)　我部政明「日本のミクロネシア占領と「南進」(一)」『法学研究』一九八二年七月、八四頁より引用。またこの点については今泉裕美子「ミクロネシア」『歴史評論』一九九二年八月号所収の論文も参照。

(13)　我部政明、同上論文(二)、一九八二年八月、八三頁より引用。

(14)　外務省外交史料館編『日本外交史辞典』一九七九年、三四頁に依拠。

(15)　東亜研究所『葡萄牙領チモール概観』一九四二年、一一五頁。本書はドゥアルテ I. Duarte 総督の著書 *Timor, Aute Camara de Informo!!*, 1930. を紹介したものであるが、編訳者西村朝日太郎による前言には「(本書は)自画自賛に傾く譏り」があるものの、「葡領チモールに関する文献は極めて乏しい今日、資料的価値のある著作」と記されている。

(16)　外務省通商局『葡萄牙植民地事情』一九二九年、二一―三頁。なお日本との往来がある程度あった蘭領ティモールにおける日本人の商活動については次の記録を参照されたい。塩谷巖三(後藤乾一編)『わが青春のバタヴィア――若き調査マンの戦前期インドネシア留学日記――』龍溪書舎、一九八七年、三二三―三二八頁。

(17) 当時の日本のサラザール評価については、外務省調査部『一九三六年世界経済年報・第三四輯ポルトガル』一九三八年、一頁。

(18) 坂本通商局第二課長発在葡国隈部書記官宛「葡領ティモール島ニ関シ調査及依頼ノ件」一九三三年七月五日(DRO所蔵)。

(19) 在葡笠間杲雄公使発内田外相宛「「ティモール」資源開発ニ関シ新総督ト会見ノ件」一九三三年八月一日(DRO所蔵)。なお笠間には『砂漠の国』岩波書店、一九三五年、という回想録があり、約二〇頁をあててポルトガル勤務時代に言及している。

(20) 在葡特命全権公使笠間杲雄発広田外相宛「「ポルトガル」国一般情勢送付」一九三四年六月三〇日(DRO所蔵)。なお一九三六年に至り、外務省内の対ポルトガル領ティモールに対する関心がさらに深まっていたことは、省内の研究グループが作成した報告書「南洋経略論」(タイプ印刷)からもうかがわれる。それによれば、「同島ハ経済的見地ヨリモ戦略的見地乃至英帝国交通線確保ノ見地ニ於テ英国ノ重視スル所ナルコト」と指摘するように、イギリスの意向を無視することは困難との認識を表明した上で、「故ニ現状ニ於テハ単ニ同領ニ於ケル経済的進出ヲ企図スルニ止ムヘキカ如シ」とし、さらに同領は外国企業への規制が比較的ゆるやかであるので「邦人ノ経済的進出ハ……困難ノ度少キモノト思考セラル」と結んでいる。後述する海軍の強い支援を得てなされた南洋興発株式会社のポルトガル領ティモール進出に対する外務省の側面的援助は、こうした認識をふまえてのことだといえよう。

(21) 波多野澄雄「日本海軍と南進政策の展開」杉山伸也、イアン・ブラウン編著『戦間期東南アジアの経済摩擦』同文舘、一九九〇年、一四九―一五一頁を参照。また一九三六年四月頃、海軍中央部が作成した「国策要綱」には海軍の南方関心がこう記されている。「南方諸邦は帝国の国防強化、人口問題解決、経済発展上最重要視すべき方面……」『現代史資料8　日中戦争1』みすず書房、一九九一年（第7刷）、三五五頁。

(22)　土井章監修『昭和社会経済史料集成第二巻』巖南堂書店、一九七八年、二六一―二六二頁。

(23)　Werner Levi, *Australia's Outlook on Asia* (Michigan State Univ., 1958), p. 46.

(24)　渡辺昭夫「日豪関係史の諸問題」日本国際政治学会編『日豪関係の史的展開』有斐閣、一九八一年、二頁。

(25)　日清戦争以降とするものに、Levi 前掲書、J・カミレリ（小林宏訳）『オーストラリアの外交政策』勁草書房、一九八七年、日露戦争後とするものに、Alan Powell, *The Shadow's Edge Australian Northern War* (Melbourne Univ. Press, 1988), T. B. Millar, *Australia in Peace and War* (Australian National Univ. Press, 1978). 等がある。

(26)　P・B・マーフィー「太平洋協定とオーストラリアの安全保障（一九二一―三七年）」日本国際政治学会編、前掲書、四五頁。

(27)　T. B. Millar, *op. cit.*, p. 48.

(28)　J・カミレリ、前掲書、一六頁。

(29)　Werner Levi, *op. cit.*, p. 28.

(30)　J・カミレリ、前掲書、一八頁。

(31)　Nevil Meaney, Trevor Matthews, *Japanese Connection* (Melbourne : Longman Cheshire, 1988). 付表より算出。

(32)　T. B. Millar, *op. cit.*, p. 55.

(33) この点については次の論文も参照。塩崎弘明「太平洋英帝国圏の対日戦争への道」細谷千博他編『太平洋戦争』東京大学出版会、一九九三年。
(34) T. B. Millar, *op. cit.*, p. 56. より引用。
(35) Henry P. Frei, *Japan's Southward Advance and Australia from the Sixteenth Century to World War II* (Melbourne Univ. Press, 1991), p. 126.
(36) 川口浩・渡辺昭夫『太平洋国家オーストラリア』東京大学出版会、一九八八年、五頁。
(37) Werner Levi, *op. cit.*, p. 51.
(38) *Ibid.*, p. 53. カミレリはこの声明を、独立外交へ向けての戸惑いがちの第一歩を踏み出したものの、外交政策の伝統的なアプローチとは完全に隔絶するには至っていないと評価する(六六頁)。
(39) 外務省政務局第五課『戦時下の濠洲』一九四三年、一三九頁。なお、メンジース演説の直後、駐シドニー秋山総領事は有田外相宛公信「日豪友好関係促進方ノ件」(三九年六月九日)の中で、豪外相と会談した際、排日世論が具体的な「サンクション」「ボイコット」に転じないよう要請すると共に、アメリカへの公使派遣決定が先になったことに遺憾の意を表明したことを伝えている(DRO所蔵)。
(40) 渡辺昭夫、前掲論文、一七―一八頁。
(41) 外務省調査一課『濠洲内政外政ノ最近ニ於ケル発展』一九四三年、七四頁。シンガポール戦略については、次を参照。Alan Powell, *op. cit.*, p. 4.
(42) アントニー・ベスト「イギリスの対日政策とヨーロッパ戦争(一九三九―四一年)」細谷千博他編、前掲書、二七四頁。
(43) 外務省政務局、前掲書、一六三―一六六頁。

(44) From H. Fitzmaurice (Consul-General, Batavia) to His Majesty's Principal Secretary of State for Foreign Affairs, no. 125 confidential, Aug. 30, 1937.
(45) H. Fitzmaurice (Consul-General, Batavia) 発 N. B. Ronald (Far Eastern Department) 宛書簡(一九三八年一月一〇日)で、総領事はポルトガルは事態の深刻さを認識しておらず甘いと批判している。
(46) Alfred Stirling to the Secretary, Memorandum to Department of External Affairs (Canberra), Oct. 27, 1937.
(47) Consul-General Fitzmaurice to Mr. Eden, no. 17 Secret, Jan. 15, 1938.
(48) *Idid.*
(49) 南洋興発社長松江春次発外務省欧亜局長井上庚二郎宛「弊社外南洋事業ニ関スル件」一九三九年一月六日(DRO所蔵)
(50) 同上。
(51) Consulate-General Fitzmaurice to Principal Secretary of State for Foreign Affairs (London), no. 98E, Secret, July 14, 1937.
(52) Alfred Stirling, Memorandum to the Secretary, Dept. of External Affairs (Canberra), Timor, Nov. 27, 1937.
(53) The Netherlands East Indies Government, *Ten Years of Japanese Burrowing in the Netherlands Indies* (NY, 1942), p. 42.
(54) Consul-General Fitzmaurice to Principal Secretary of State for Foreign Affairs, no. 196E, Confidential, Nov. 25, 1937.
(55) *Bataviaasch Nieuwsblad*, Nov. 24, 1937. (註54の資料に添付)
(56) この大統領令の英訳全文は、Consul-General Fitzmaurice to Principal Secretary of State for Foreign

Affairs, Foreign Office, no. 208E Secret, Dec. 7, 1937. に収録。
(57) 大森代理公使発広田外相宛、第七二号、一九三七年一〇月二五日(DRO所蔵)
(58) Consul-General Fitzmaurice to The Minister for External Affairs, Canberra, Portuguese Timor: Decree regarding sale of properties, Dec. 7, 1937.
(59) 南洋興発社長松江春次発、前掲資料。
(60) 同前。
(61) 同前。
(62) 同前。
(63) 松江春次の「ニューギニア買収論」については、高木茂樹「近代日本における南進論の一類型——松江春次の思想と行動——」『東海近代史研究』第一四号、一九九二年、一一—六三頁。
(64) 南洋興発社長松江春次発、前掲資料。
(65) 同前。
(66) 南洋興発チモール事務所発同社社長宛「最近ノ情勢ニ付キ」一九四一年四月一六日(DRO所蔵)。
(67) 東郷外相発葡領チモール「デリー」黒木領事宛「南洋興発ニ関スル件」一九四二年三月一八日(DRO所蔵)。
(68) 大日本航空社史刊行会『航空輸送の歩み』日本航空協会、一九七五年、巻頭の言葉。
(69) 同前、三—四頁。
(70) 「枢密院会議筆記」一九四一年一〇月一日(国立公文書館所蔵)。
(71) 同前。

(72) Consul-General H. Fitzmaurice to Principal Secretary of State for Foreign Affairs, Foreign Office, No. 130 Cofidential, Sept. 2, 1937.
(73) Alfred Stirling, Memorandum to The Secretary, Dept. of External Affairs (Canberra), Oct. 30, 1937.
(74) "Darwin-Dilli Air Service" Sept. 27, 1940.
(75) ヘンリー・フライ(波多野澄雄訳)「オーストラリアから見た日本の地政学的脅威」三輪公忠編『日本の一九三〇年代』彩光社、一九八〇年、一二八頁。
(76) 浅香良一「チモール島基地調査行」大日本航空社史刊行会、前掲書、五二八―五三〇頁。
(77) 川淵龍彦「チモール島開拓飛行の思い出」大日本航空社史刊行会、前掲書、五九五頁。
(78) 浅香良一、前掲論文、五二九頁。
(79) 川淵龍彦、前掲論文、五九五頁。
(80) 同前。
(81) 橋本治忠「わが青春の基地」大日本航空社史刊行会、前掲書、五八六頁。
(82) Dept. of External Affairs, "Decypher of Telegram Received from the High Commissioner, London", Jul. 12, 1940 (Most Secret).
(83) *ibid.*, Oct. 25, 1940.
(84) Consulate-General H. C. Walsh to Principal Secretary of State for Foreign Affairs, No. 176 (Confidential) Nov. 30, 1940.
(85) Consul-General H. C. Walsh to Principal Secretary of State for Foreign Affairs, Foreign Office, Oct. 9, 1940.
(86) Australian Legation, Tokyo, "Memorandum to The Secretary, Dept. of External Affairs", Jan. 23, 1941.

(87) Dept. of External Affairs, "Decypher from External Affairs Officer, London", Feb. 14, 1941.
(88) 川淵龍彦、前掲論文、五九五頁。
(89) H. B. Marks to The Prime Minister, "Japanese Intrusion", Oct. 16, 1941.
(90) H. B. Marks to The Prime Minister, "War in The East", Aug. 1, 1941.
(91) *Java Bode*, Oct. 16, 1941.
(92) Prime Minister's Department, "Decypher from the Secretary of State for Dominion Affairs, London", Oct. 17, 1941. また斉藤裕蔵「葡領チモールを繞る外交戦・上」『新亜細亜』(一九四二年一月号所収)は、当時の英紙『デイリー・テレグラフ』の論説記事を紹介している。その要点を記せば「日本の葡領チモールへの航空路開設が通商にあるのではなくてチモールの地理的地位にあることは明白である。……日本は此の地を唯一の前進基地として陰謀その他あらゆるスパイ行為を恣にするであろう。英帝国としては此の航空路の開設により恰もチモールが第二の仏印と化するが如き暗示を受けるものであり、斯かる状態は到底看過し難い状態である」。
(93) 以上の経過とも深く関連するが、ロスの附帯任務はポルトガル領ティモールの一般情報とくに日本人の行動について報告することであり、その「仕事を容易にするため」の領事職であった。ヘンリー・フライ、前掲論文、一二八頁。
(94) Consulate-General H. C. Walsh to Principal Secretary of State for Foreign Affairs, Foreign Office, no. 149 (Secret), Nov. 7, 1941. に添付された *Java Bode*, Nov. 5, 1941. より。
(95) この問題についての詳細は、後藤乾一『日本占領期インドネシア研究』龍溪書舎、一九八九年、補章を参照。

第四章　「大東亜戦争」と東南アジア

はじめに

筆者はかつて開戦前夜の日本(人)の東南アジア観、そして東南アジアとの関わりの論理を概念的に次のように整理したことがある。即ち東南アジアは、経済的には「未開発の厖大な資源が放置」され、政治的には「西欧支配下で隷従」を強いられ、文化的には「きわめて低い段階」にある地域として了解された。それ故、こうした東南アジアの状況は、「資源を必要」とし、「アジア新秩序」を掲げ、「世界で最優秀な民族」であり、かつ「同じアジア人」である日本人の手で打破されねばならない、との論理が構築され、それが戦時期東南アジアに提示されたのであった(1)。

本章は、こうした問題関心を継承しつつ、東南アジアに対し提示された「大東亜戦争」の「理念」が、インドネシアという一現場においていかに具現化されたのか(あるいはされなかったのか)という主題を独立問題との関連で考察するものである。またそれに関連し、戦争呼称をめぐる戦後の論議についてまず概観しておきたい。

一　戦争呼称をめぐって

「大東亜戦争と称するは、大東亜新秩序を目的とする戦争なることを意味するものにして、戦争地域を大東亜のみに限定する意味にあらず」(傍点引用者)との情報局発表(一九四一年一二月一二日、正式決定は同月一〇日の大本営政府連絡会議)により、大東亜戦争という呼称及びその戦争「理念」が戦時期日本で公認された。

しかしながら、敗戦直後の連合国軍総司令部(ＧＨＱ)指令(一二月一五日のいわゆる「神道指令」)により、「大東亜戦争」の呼称と理念は共に否定され、それに代わり「太平洋戦争」がＧＨＱ占領下の公式名称となり、それが主権回復後の日本でも一般的に用いられるようになった。また日本の歴史学者の間でも、「戦後民主主義」の立場から「大東亜戦争」のもつ負価値を強調した「太平洋戦争」が広く用いられ、さらにより明確にアジア諸民族に対する加害性を見据える立場から「十五年戦争」、そして近年では「アジア・太平洋戦争」という呼称も提唱されるようになった[2]。

他方、「大東亜戦争」の名称は、とくにそれを括弧なしで用いることは「大東亜新秩序を目的」とした前大戦を肯定する「反動的」なものとみなされがちであった。しかし戦後のこうした思潮に対し、「大東亜戦争」名の復権を唱える動き——その理由は必ずしも一様ではないが——がなかったわけではない。その嚆矢はサンフランシスコ会議一二年後に刊行された元陸軍大佐服部卓四郎著『大東亜戦争史』(全四巻)であり、さらに一九六〇年代に入ると「大東亜戦争は百年戦争の終曲」と捉える林房雄『大東亜戦争肯定論』が登場した。そして一九八〇年代中葉になると「東京裁判史観」を拒否するという形で提起された中曾根康弘首相(当時)らによる「戦後総決算」が唱えられる中で、「大東亜戦争」見直し論が再登場した。

このように戦後日本においては、戦争呼称それ自体が問題化するという事実が端的に示すように、前大戦の性格規定、価値評価をめぐり「分極」状態が続いてきたのが現実である。もちろんこうした二者択一論を排する論議も、さまざまな形で提起されてきたことも事実である。たとえば一九六〇年代初め上山春平は、「全面肯定をとる「大東亜戦争」史観にも、全面否定の立場をとる「太平洋戦争」史観や「帝国戦争」史観にもイデオロギー的虚偽性をみとめる」と喝破した上で、「大東亜戦争」という当初の呼称に立ち返って論議すべきことの必要性を提起している。しかしいうまでもなく上山は、前大戦を解放戦争視する立場に組するものではないと同時に、「あちら側から裁く立場に自らを置」いてきた戦後日本の虚妄性をも批判するのであった。(3)

戦争呼称をめぐる問題はその後平行線をたどる形であったが、一九八三年になり老リベラリスト信夫清三郎が、「太平洋戦争」史観が定着した戦後日本の心理的風土に理解を示しつつも、「「大東亜戦争」の時代を必死に生き抜き、あるいは「大東亜戦争」のために生命を投げだした幾百万・幾千万の情感はどこへさまよったらいいのか?」(『世界』八月号)と原初的な問題を改めて投げ掛けた。(4)この心情に立った信夫は、その後『「太平洋戦争」と「もう一つの太平洋戦争」』(勁草書房、一九八八年)、および遺著となった『聖断の歴史学』(勁草書房、一九九二年)を上梓し、「大東亜戦争」が東南アジアのナショナリズムに与えた積極的な意味合いにまで筆を進めたのであった。

また「大東亜戦争」のもつ両義性を再評価することの必要性を説く三輪公忠の論議にも、信夫に共通する視点を見出すことができる。三輪は「大東亜戦争」を「侵略戦争として切り捨て」たことにより、「理念の領域における崇高さまで、一緒に廃棄処分」した戦後日本に異を唱え、大東亜共同宣言を念頭におきつつ「敗戦を予期した日本」が、「かえって戦後の世界秩序の形成に理想主義的にかかわる道を発見」したのではなかったか、と問うのであった。(5) こうした問題関心は、接近の視角こそ異なるが、つとにアジアとの主体的な関わりから前大戦を見つめた竹内好の次の言葉とも無縁とはいえないだろう。

大東亜戦争の侵略的側面はどんなに強弁しても否定できぬと思う。ただ、侵略を憎むあまり、侵略という形を通じてあらわされているアジア連帯感までを否定するのは、湯といっしょに赤ん坊まで流してしまわないかをおそれる。(6)

以上、戦争呼称に関わる戦後の主な論点を概観してみたが、筆者自身は、前大戦は東南アジアに対し「タテマエとしての崇高な理念」を提示はしたが、現実としては欧米列強に代わる新たな支配者として君臨した侵略的色彩の濃い戦争であった、との基本的理解をもっている。またその「理念」は、それ自体が「崇高」な目的であったというよりも、一定の別の目的、即ち戦争遂行のための重要資源を獲得するための手段に過ぎなかったのではないか、と考える。

しかしながら、それと同時に、全体的にみればごく一部でしかなかったが、「大東亜戦争」の理念に自己のアイデンティティを求め、その上で理念と現実の乖離に煩悶し、国家が放棄した理念を個人のレベルで追求しようとした日本人が東南アジア各地、とくにインドネシアに少なからず存在したことまでも否定すべきではないと考える。また戦争の呼称に関しては、この無謀の戦争から歴史的教訓を学び取る上でも——加害者として、そして被害者として——あるいは今なお東南アジアの年輩の人々の間で「ダイトウアセンソウ」の語が語り継がれている事実からも、当時の「大東亜戦争」に〝こだわる〟ことが必要ではないかと考える。しかしいわゆる「肯定論」とは明確な一線を画すためにも、本書全体を通じ括弧つき「大東亜戦争」を原則として用いることにしたい。

二 「大東亜戦争」とインドネシア

1 「新秩序」論の本質

まず最初に「大東亜戦争」期の日本が、いかなる秩序意識をもって東南アジア(さらにはアジア全体)を位置づけたのか、という問題を整理しておきたい。この点を考察するにあたっては、昭和十七(一九四二)年九月一日付で、海軍省調査課(課長・高木惣吉大佐)がとりまとめた「大東亜共栄圏論」が重要な手掛かりを与えてくれる。(7) この報告書は、後述する「大東亜政略指導大綱」等にも強い影響を与えていることが、その内容の類似性からうかがえるものである。

ここでは「大東亜共栄圏」が、⑴指導国、⑵独立国、⑶独立保護国、⑷直轄領、および⑸圏外国の主権下の植民地(仏印、ポルトガル領ティモール)の「五要素」に分けられ、指導国＝日本を頂点とするヒエラルキーが形成される。中華民国(南京政府)、「満州国」、タイ国は「独立国」の範疇に含まれるが、その独立とは「絶対主権の原理」を意味するものではなく日本の「指導媒介」に服するものとされる。その下位にくる、ビルマ、フィリピン、ジャワからなる「独立保護国」については、宣伝上「独立国」と称することは許されるが、実際には指導国の宗主権に服する不完全独立国と位置づけられる。また「直轄領」は、「指導国が直接にその領土として統治」するとされ、「大東亜防衛の重要戦略拠点及びその後背地」とされる。ビルマ、フィリピンにはそれぞれ一九四三年八月、一〇月に名目的な「独立」が付与されたこと、マラヤの他スマトラ、カリマンタン、スラウェシ等さらにはジャワまで——即ちインドネシア全域——が「帝国領土」と決定された(「大東亜政略指導大綱」、四三年五月三一日御前会議決定)ことが示すように、結果的にみると、その後の東南アジアに対する基本的施策がこの報告書に沿った形で進められたことがうかがわれる。

次に「大東亜共栄圏」内部の相互関係をみてみると(図4-1参照)、基本的には指導国=日本との「多辺的個別関係」のみが許され、「独立国」間でも直接関係はもてないとされている。それは各国間の直接関係が「帝国の関知せぬまま」進展することは、「帝国の指導的地位を危殆にする」からであると判断されたからにほかならない。他方「大東亜共栄圏」を構成する各要素が、日本を中核とした「一体的自覚」を共有すべく、「適宜の時機に各邦代表による共同の会議体」を発足させることがうたわれ、海軍内でも大東亜会議的なものが早くから構想されていたことが判明する。

日本による「指導媒介」と共にこの報告書の中で強調されていることは、西欧的原理に対するアジア的原理の優位性である。その点が典型的に示されているのが、西欧的な概念での独立は「諸民族の

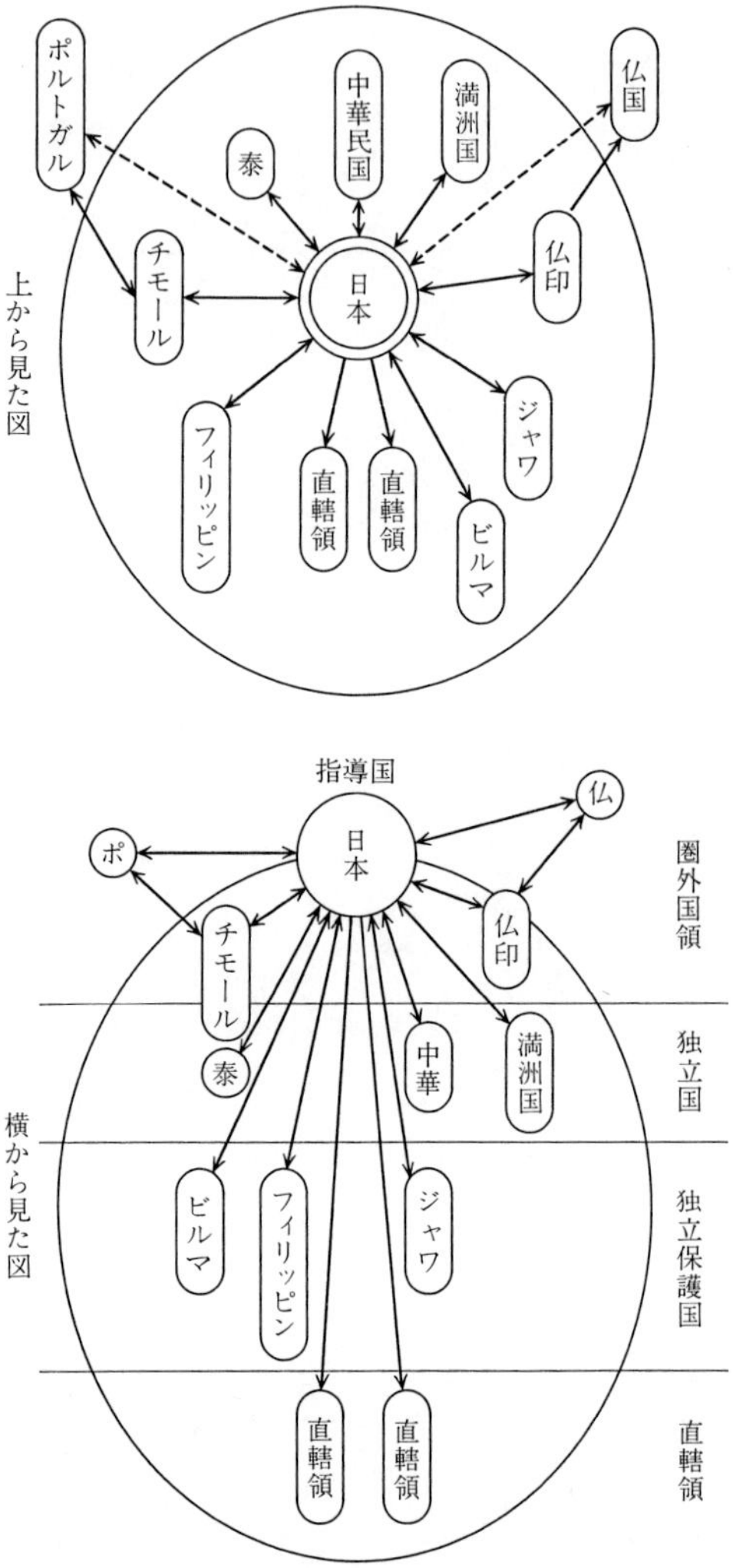

図 4-1　海軍省調査課「大東亜共栄圏論」1942 年 9 月

遠心的分裂」をもたらすだけてあり、「大東亜共栄圏」においてはアジア的な「求心的統合」こそが真の解放であるとの発想である。さらにそこでは、「欧米的観念における様な機械的な悪平等や原子的な自由は認めない」とされ、それに代って「帝国の指導下」に各構成要素が「それぞれの能力、価値、尺度にふさわしい地位を与えられつつ、しかも全体として有機的な統一」を保持することが、あるべき大東亜新秩序の姿であることが強調されているのである。

2 占領構想と資源問題

「大東亜共栄圏」下の日本と東南アジア諸民族との関係の実相が前節で述べたようなものであったにもかかわらず、戦後日本では「大東亜戦争」肯定論者のみでなく、日本軍政が東南アジア諸国の独立に寄与したとの見方が、旧軍関係者を中心に根強く付着しているといえよう(8)。また前大戦の両義性という立論自体の中にも、日本の「理念」が東南アジアのナショナリズムそして独立達成に対し一定の積極的な衝撃を与えた、との了解が暗黙裡に前提とされているようにも考えられる。

それでは当時の日本は、東南アジアにおいてこの理念の具現化をいかに誠実に遂行しようとしたのだろうか。この問題をとりわけインドネシア「独立」問題との関係で検討してみたい。なお、旧蘭領東インド(蘭印)を三分割して支配した日本は、軍政の最後まで民族主義指導者が要望した「インドネシア」という言葉の使用を注意深く避け、それに代わりジャワ、スマトラといった個別地域名称、また全体として呼ぶ場合には東印度という呼称を用いたことは留意すべき重要な点である。

タテマエとしての戦争理念とは別に、日本の占領政策のホンネを述べた「南方占領地行政実施要領」(四一年一一月二〇日、大本営政府連絡会議決定)は、治安確保、重要資源の獲得、現地自活のいわゆる軍政三原則をうたい、さらに「原住土民ニ対シテハ皇軍ニ対スル信倚観念ヲ助長セシムル如ク指導シ其ノ独立運動ハ過早ニ誘発セシムルコトヲ避クルモノトス」と定めていた。そしてこうした占領構想の中で、最大の関心は「南方の生命線」と位置づけられたインドネシアに向けられた。「蘭印は日本に於て最も不足して居る物、これがある為に日本は常に米国に対して頭を下げなければならぬものを持って居る(石油——引用者)」との大川周明の開戦前夜の言葉は、その意味でもきわめて象徴的な意味合いをもつものである。[9]

こうした認識が示すように、「南方諸民族の解放」等の理念とは裏腹に、日本政府・軍部の上層部ではつとに「インドネシア領有」論が支配的であった。前述の御前会議決定「大東亜政略指導大綱」は、従前からのインドネシアに対する統治方針を明確に再確認したものであるが、そこでは「重要資源ノ供給源」たるインドネシア全域はマラヤと共に「帝国領土ト決定」され、しかもそのことは対外政策上「当分発表セス」と定められたのであった。

「独立」ないしそれを示唆する表現がインドネシアに対し用いられなかった根本理由は、同地が「人的・物的資源の宝庫」とみなされたことであるが、それを隠蔽するために現地住民は「民度」が低いという論理が準備されたのだった。「(インドネシア人は)民度も低く、経済も困難なので、独立をさせてもうまくやっていけそうにもない。独立の資格のないものに独立を与えると、結局日本が絶えず内政干渉しなければならなくなる」(10)という一中枢幕僚の言葉が、当時の雰囲気をよく伝えていよう。しかしこのような愚民観は、序章でも触れた近代日本のアジア蔑視意識とも関連し、占領以前から日本の官・民に抱懐されていたものである。たとえば初期のジャワ軍政の中枢に座すことになる陸軍大佐中山寧人は、開戦前夜の一論文で「(インドネシアの)土民は酔生夢死の境地」にあり、「政治的、文化的に実に低いレベル」(11)にあると断じていた。

それでは「崇高な理念」を提示した日本は、「民度の低い」とみなしたインドネシアにおいて、その理念をどのような方策によって実現しようとしたのであろうか。それはいうまでもなく、日本の「指導」を通じてのことであった。代表的な一例をあげよう。外務官僚大鷹正次郎編になる一啓蒙書は、日本と他のアジア諸民族との関係を「宇宙の秩序」にたとえ、太陽である日本が「秩序の中心的統率者」として各民族の自転(ここでは一般論としての自治・独立)を認め、これらを統御しつつ「自ら光とエネルギーを供給」し、各民族を繁栄せしむるのだと説いている。そしてアジア諸民族は日本からの「光と熱を受けつつ自転」をし、それと同時に「太陽たる日本に支えられてその周囲を公転する」(12)ものと説明される。「大東亜戦争」期にはこれと同工異曲の議論があまた登場するが、いずれも日本の盟主性、指導性を正当化するものに他ならなかった。

右の一論もそうであるが、こうした日本の「指導性」論との関連で興味深いのは、「大東亜建設における日本の指導性がいかに必然的、倫理的であるかは、大東亜においてヨーロッパに匹敵できるのは日本人のみ」(13)という考え方がしばしば登場することである。欧米的価値を超克した上で提起されたはずの日本の優位性の根拠が「西欧近代」に求められたわけで、いわば意識下の西欧コンプレックスを反映したものでもあった。竹内好流の表現に従うならば、「大東亜共栄圏」思想なるものは、まさに「脱亜が興亜を形骸化して利用した究極点」に他ならなかった。

3　大東亜共同宣言と東南アジア

「大東亜戦争」のもつ両義性が論じられる際、開戦の「詔勅」と共にしばしば引き合いに出されるのが第六章でも取り上げる大東亜共同宣言である。一九四三年一一月五—六日、「大東亜」各地の六「独立」国家の首脳ならびにオブザーバーとして自由インド仮政府首班チャンドラ・ボースが参加して東京で開かれた大東亜会議で採択されたこの共同宣言は、日本の盟主性を想起させる「大東亜共栄圏」という語の使用を避けつつ、「共存共栄の秩序の建設、自主独立の相互尊重、人種的差別の撤廃」を戦争目的(理念)として謳い上げた。

従来この大東亜会議については、「足りない員数をあわてでかき集めるように「大東亜共栄圏」の見せかけだけの具体化が次々と進められてきた。大東亜会議はそのいわば集約的な表現[14]」、あるいは「民族自決権にもとづく完全独立をねがう多くのアジア諸民族の目には、日本帝国主義に屈した裏切り者の茶番劇とうつった[15]」というような否定的な評価が主流を占めていた。しかし一九八〇年代半ば、当時の外相で会議を実質的に「演出」した重光葵の手記が刊行されるのと相前後して、共同宣言を日本の敗戦を予期しつつも、後世に残る戦争理念及び戦後の世界秩序の理想像を提示したものだとする

「見直し」論も盛んである。[16]

たとえば前述の著作の中で三輪公忠は、この大東亜共同宣言を植民地秩序の放棄を明記できなかった米英共同宣言＝大西洋憲章（一九四一年八月一二日）の欠陥と比較しつつ、「今日の世界が追求している国際社会における理想主義的な原理さえ認められる」とその先駆性を評価している（一六三頁）。また当時の陸軍側関係者の一人佐藤賢了も、その回想録の中で「この理想は永遠に世界の歴史とくに東亜の興隆に輝かしいページを残したものと思う」と述べ、とりわけ人種差別の撤廃をうたったことが、戦後「大東亜各地に親日感が残っている」[17]ことの大きな理由だと旧軍的な理解を示している。

それでは自主独立を核とし、きわめて普遍的な諸価値を掲げたこの大東亜共同宣言は、日本が「南の生命線」と位置づけたインドネシアの「民族的願望」とどのように交錯するのであろうか。何よりも指摘すべき点は、大東亜会議は日本の植民地朝鮮、台湾はもちろん、東南アジアの総人口の六割余を占めるインドネシア、マラヤ、仏印を除外するという基本的欠陥をもつものであり、その意味で東南アジア諸民族の主権問題を棚上げした大西洋憲章と本質的な差異はなかった。その結果、それまで「対日協力」を通じての独立獲得を基本戦略としてきたスカルノ、ハッタらインドネシア側指導者は、「協力」そのものを拒否することはなかったものの対日不信を増幅させることになった。

他方、大東亜会議に参加した東南アジアの「独立」国指導者は、この会議及び共同宣言をどのようにみているのだろうか。その一人ビルマ首相バ・モオは、戦後の回想において日本軍政の非を告発する一方、会議は「アジアにわき起こっている新しい精神を初めて体現」したものだと評価し、一二年後のバンドン会議の淵源をなすものだと巨視的な位置づけを行なった(18)。バ・モオにはある種の「アジア主義」的な心情が流れているように思えるが、それと同時に自らが代表として参加した会議を全否定することは歴史における自己否定に他ならず、むしろ会議が宣言した戦争目的の普遍性に会議参加の正統性の根拠を求めたい、との判断も働いたのではなかろうか。

ところでフィリピン大統領ホセ・P・ラウレルは、戦後の回想録の中で「この宣言に盛り込まれた崇高な目的が日本の軍事的、経済的拡張主義……などによって具現できるとは、私自身とても信じられなかった(19)」と述べているが、大東亜会議においては各国代表の内で唯一人、会議に招請されなかったインドネシアとの連帯の必要性を次のように提起していたことは注目されよう(ただし「マラヤ」については言及せず)。

更ニ「ビルマ」国、満州国、「タイ国」、中華民国並ニ他ノ大東亜諸国ト利害ヲ異ニスルコトナキ「ジャバ」「ボルネオ」及ビ「スマトラ」ノ諸民族ト協力シ且日本国ニ結ビツキ総テガ結集シ鞏固ナル組織体トシテ一致団結スルニ於テハ……(20)。

この大東亜会議におけるラウレル演説は、当時南方特別留学生(一期生)として日本にいた一一六名の各地留学生からも多大の関心を寄せられていた(21)。この点についてフィリピン留学生デアシスは、大東亜会議を「東亜十億の民衆の志気を高めるために演出された歴史的会議」だと評すると共に、ラウレルが「ジャワ、スマトラ、マラヤの民衆がまだ抑圧されている悲しむべき現状」にあると指摘し、それが「安南人」留学生に高く評価されたことを誇らし気な筆致で書き留めている(22)。

しかし、いずれにせよ、インドネシアの独立問題は大東亜会議でそれ以上議題となることはむろんなく、ラウレルの連帯表明は現状を変更するほどの影響力をもつというものではなかった。ただそれから約一年半後の一九四五年四月、戦局悪化のため開催不能となった第二次大東亜会議に代わる大東亜大使会議[23]が東京で開かれた際、フィリピン大使バルガスより「東印度独立完整支援ノ提議」が出されこれが可決されたことは、東南アジア諸民族間の連帯の萌芽が、この戦時期に胚胎していた一例とみることもできよう。だが、いうまでもなく大東亜大使会議の真の目的は、敗戦の危機に直面する中で、日本が改めて「大東亜」諸国の協力を強く要請することであった。

大東亜会議を頂点とする一九四三年の日本の東南アジアへの関与は、基本的にはきわめて独善的なものであったが、反面この年は、日本が歪んだ形ではあるが「アジアの一員」であることを強く意識し、他のアジア諸民族へ積極的に働きかけた年であることも留意すべきであろう。日本の歴代首相の中では東条英機が東南アジアを訪問した最初であるが、この時期の彼の足跡は、以下に概観するようにきわめて精力的であった。三月一三日—南京に汪精衛主席を訪問、三月二三日—来日中のビルマ、バ・モオ長官と会見、独立の方針を伝達、四月一日—満州国訪問、五月五日—マニラ訪問、独立供与の方針を伝達、七月三日—七日—バンコクでピブーン首相と会談し「失地回復」の約束、シンガポールでチャンドラ・ボースと会談、さらに同地にバ・モオを招き独立問題の最終協議、ジャカルタでスカルノ、ハッタらと会談[24]。

4　スカルノらの訪日と「同床異夢」性

こうした日本の対東南アジア「外交」の延長上に、同年一一月後半のインドネシアからのスカルノ、ハッタ、キ・バグス・ハディクスモ三指導者の訪日があった。一行の訪日目的について、日本では「永き和蘭の圧政の桎梏から解放されたジャワ(ここでもインドネシアの語は使われていない──引用者)は大東亜結集態勢の一環として原住民参与の栄誉を許可されたが、この栄光を感謝し併せて戦時下帝国の国情を視察のため[25]」と報じられた。

換言すれば日本側当局者は、戦時下日本の「銃後の戦い」を実見させることにより、インドネシア側が日本への「信倚」の念を強め、より一層の対日協力を表明することを期待したのであった。そしてスカルノは、日本側の「期待」に応えるかのように、かつ日本側の指示に沿った形で、天皇との会見後「帰還の上は粉骨砕身、ジャワ四千万民衆指導の任に当り以て今次戦争完遂の協力に邁進し、聖恩の万分の一に応へ奉る覚悟[26]」を表明したのであった。

しかしいうまでもなく、スカルノらの真意は「対日協力」を強化することにあったのではない。ビルマ、フィリピンの「独立」を知り、しかも「独立」国首脳を結集した大東亜会議の余韻が残る中に訪日したスカルノらが、「この機会にそれぞれ異なった(日本側の意図とは──引用者)希望と期待をかけていた」のは当然であろう。ところが「独立」に関し、「希望的な示唆でも与えられるよう哀訴嘆願」したスカルノに対し、日本側は「戦勝完遂後適当の時期に必ず諸君の要望にかなうようにするから」[27]是非協力してほしいとの抽象的な言葉を返すのみであった。しかしそれでも日本側は、インドネシア側の熱意に屈した形で、軍政施行の直後に禁止した民族歌「インドネシア・ラヤ」と紅白の民族旗の使用だけは許可せざるを得なかった。

ところがジャカルタに帰還後、ジャワ軍政当局に挨拶に出向いたスカルノ一行は、国分新七郎軍政監より民族歌と民族旗の使用は許可しがたいと申し渡された。その場での軍政監の言葉を、訪日前後期を通じ公式通訳官(オランダ語)として同行した外務省出身の三好俊吉郎はこう描写している。

諸君は日本で非常な歓待を受けて大いに甘えたねだりごとをしたようであるが、例えていえば日本の中央政府は祖父で現地軍は父親のようなものである。[28]祖父は孫に対し盲目的に甘やかすが父親は子供の将来のために厳格な教育を行うものである。

ここにも「自主独立の相互尊重」をうたった大東亜共同宣言とはまったく異質の論理が見出されるのであった。

訪日を機に「独立」への感触を得られると期待したインドネシア側の失意は大きく、当時の外務省関係者の所見にも「馬来半島ト共ニ直轄領トスルナキヤノ疑念ヲ増加」させたと記されたほどであった。この文書は外交官出身でジャワ軍政顧問となる林久治郎の手になるものであるが、そこでは日本への協力を求めるならば「彼等ニ前途ニ輝ケル希望ヲ持タシムルコト極メテ必要ニシテ、其ノ為将来準備成レル日ニハ独立ヲ許与スル」ことが肝要であり、かつ「ソノ期日ハ早キヲ可トシ、遅キニ過グルノ憾ナカラシムベキナリ」[29]と提言されている。インドネシア側の独立要求の強さがうかがわれると共に、この提議は「独立運動ハ過早ニ誘発セシムルコトヲ避クルモノトス」とした従来の路線の修正を示唆したものであり、かつ一九四四年九月七日の「小磯(首相)声明」に向けての一伏線をなすものとなった。

5 「小磯声明」と「対日協力」の論理

「近い将来の東印度独立」を約束した「小磯声明」は、インドネシアの領土化を意図した「大東亜政略指導大綱」の方針を大きく変更したものであるが、こうした急激な政策変化の背景については、インドネシア独立問題が最終段階にあった一九四五年七月一七日付の外務省の一文書に明瞭にうかがえる。

そこでは、㈠「東印度」には戦前から「熾烈ナル独立運動」があり、日本の「東印度戡定成ルヤ」独立を期待し、「我方ニ全面的協力」をしてきたこと、㈡「大東亜(共同)宣言ノ発出」、ビルマ、フィリピン両国の独立等でインドネシアの独立願望が一挙に高まったこと等が指摘され、かくして「帝国トシテモ大東亜宣言ノ趣旨ヲ貫徹シ、又東印度住民ノ我方ニ対スル協力ト期待ニ報ユル為ニモ、東印度独立問題ニ関シ何等ノ意志表示ヲ為スコト適当」(30)と具申された。ここには、「大東亜共同宣言」をはじめこれまで提示してきた戦争理念に、日本側は自ら束縛され、その履行をインドネシア側に迫られたという一面があったことがうかがえる。

右の問題との関連で、インドネシア側の最高指導者の一人ハッタの発言を検討しておきたい。ハッタは開戦直後、流刑地のバンダネイラ島で執筆した論文の中で、「日本帝国主義と対決」するため「西欧民主主義の陣営に加わって闘」うことを宣言し、「生き恥をさらして生きるよりも理想に殉じて死んだ方がましである」[31]と書いた。しかし日本軍政期のハッタは、終始「対日協力」を通じ「理想」を追求する現実主義をとることになり、日本側の方針や意向を民衆に伝える役割を担うことも余儀なくされた。

とはいうものの、こうした折のハッタの演説を検討すると、外面的には「上意」を「下達」するかの観を呈するが、実際には許容の範囲内ではあるが一定の異議申し立て、あるいは民族主義的な自己主張を行なっていることが判明する[32]。たとえば開戦一周年を期して(毎年一二月八日は「興亜日」と称された)開かれた大衆集会の中で、ハッタは「インドネシアは日本によってオランダ帝国主義から解放された。われわれは二度と外国に支配されることを欲しない。老いも若きもそのことを鋭く感じている。インドネシア青年にとっては、再び外国の植民地支配を受けるよりも海の藻屑となった方がましである」(傍点引用者)と説き、また軍政施行一周年(一九四三年三月九日)に際しては、「日本の軍政当局は、日本がインドネシアに上陸したのは搾取のためではなく、オランダ帝国主義の軛からの解放を支援するため、そして大東亜における共栄を実現するための秩序を樹立することだと繰り返し述べてきた」と力説した。

さらに一九四三年六月、軍政当局が「政治参与」の許可に対する東京への「感謝の会」を開催した時のハッタ演説も興味深い。彼は「(日本政府の決定をきいても)われわれは少しも驚かない。こうした決定はいつの日かきけるものと信じてきた。シンガポール陥落以来、そして日本軍がインドネシア群島に上陸して以来、われわれは「英米蘭の植民地政策を踏襲することはしない、彼らの支配からアジアを解放し、大東亜共栄圏を樹立するのが目的」だという日本の言明を信用してきた」と述べ、さらにその「大東亜共栄圏」の中では、「各民族が自分自身の政府をもつことによって、はじめてその所を得るのだ」とたたみ込むのであった。かくしてハッタは日本への「感謝」の場を借りつつ、インドネシアは「政治参与」などといった曖昧な措置では満足しないことを示唆し、「われわれがビルマやフィリピンと異なるものを受け取ることになるだろう、というようなことを懸念する必要はない」と日本に対し、厳しい牽制球を投じるのであった。

こうした理解に立つハッタからみれば、大東亜会議はインドネシアに対しても独立を確証した場に過ぎず、また小磯声明は日本側が当然果たすべき責務の第一歩を意味するものでしかない、と内心では受け止められたのではなかろうか。いずれにせよハッタの諸演説には、独立は外国から与えられるものではなく、「われわれ自身の犠牲と献身によって、はじめて強力で立派な祖国が完成する」との言葉に示されるように、民族自決への強い信念が貫かれているのが特色である。

日本側の「独立」約束に対し外面的に「感謝」の意を表す一方、自己犠牲、自助努力を同胞に訴えるという手法は、たとえばスカルノの次のような発言にも明らかである。

「十回、百回、或は千回独立を約束されようとも、若し我々が自ら闘はず、而して自ら独立するだけの実力を有することなくしては、我々は決して独立を具現し得ないであらう。」大日本は我々のために、理想の大道への扉を開いてくれたのだ。之に対して我々は無限の感謝を表明する。併しこの開かれた扉より出でて自ら大道を進まない限り、折角開かれた扉も遂に何等の意義を有さない。而して一民族、否、一個の人間と雖も、自ら進まんとする意欲なくては、絶対に進むことは不可能である……ある民族が独立に対して火の如き精神と意欲を有する場合、千人の天界の仙人と雖も、その民族の独立を阻止するを得ない(33)。

以上紹介したハッタやスカルノらの発言は、同胞に対し支配者日本の立場から訓示をたれたものでも、日本への帰順の意を表明したものでもない。オランダ時代には流刑され不可能であった民衆への直接的な語りかけという与えられた場を利用し、彼らは民族自決への決意を巧みに鼓舞、誘導しようとしたのであった。同時にそれは、インドネシア民族は日本が誠実に約束を遂行するか否かを見守り、かつ迫っていくのだという意志を日本に対し表示したものでもあった。少なくとも「民族語」であるインドネシア語を主要な武器として語られるその内容と語調を通じ、聴き手は、スカルノ、ハッタらの真意が奈辺にあったかを了解できたはずである。またそのことが、彼ら指導者が日本と深い関係をもったにもかかわらず、機会主義的な対日協力者とみなされることが基本的にはなかったことの最大の理由であろう。

6　「民度」論と独立問題

危機的様相を呈した戦局を背景にさらなる協力をインドネシア側に求めるべく、初めて「独立」というカードを提示した日本は、それでは従来の愚民観を克服し、彼らの「民度」の熟成を認め、無条件に「独立」を推進しようとしたのであろうか。

この点に関連し、ジャワ軍政監部企画課においてエリート官僚として枢要な役割を果たした斎藤鎮男(戦後、駐インドネシア大使等を歴任)の当時の見解に触れておきたい。斎藤は、子の親に対する、また国民の天皇に対する「随順帰依」の関係こそ一切の秩序の根本であるとの立場から、「大東亜に於ては中心たるべきものは日本帝国にして、他の国々は各々其の所に於て中心を囲繞し、全体として一つの一体性をな」すべきものだと述べる。こうしたパトロン＝クライエント的な関係を明示した斎藤は、インドネシアの「住民の民度亦相当低度」であるにもかかわらず、「猶此の地に独立が許容されたことは、「世界史上将に驚嘆に値す」るものであり、「帝国肇国の国是が如何に道義的にして、大東亜戦争の目的が如何に神聖」であるかの証しであると論じる。さらに独立問題につき斎藤鎮男は、㈠大東亜建設あって初めて独立が実らされる、即ち「独立を超克することが独立を完う」する所以であること、㈡「民度の低い」インドネシア民族が独立をするには錬成が必要であり、「其の成否は一に懸って指導者日本人の努力如何」によるものであり、日本人が「大愛を以て此の民族を導く以外にはあり得ない」(34)と結ぶのであった。

このような考え方はもちろん斎藤一個人のものでなく、「原住民タル「インドネシア人」ハ……スクニハ役ニ立チマセンカ漸次教化シテ行キ度イ……」(35)との日本陸軍最上層部の天皇に対する「上奏」文の一節に潜む意識、ひいては「当時」の日本人の東南アジア観を象徴するものでもあった。

また興味深いことに、インドネシア民族の「民度」を測定するための「科学的」な「偏差値」調査も当時実施された。この調査は「万国共通のアラビヤ数字と図形」のみによる「B式知能検査法」を用い、軍政監部総務部調査室が実施したものである。西部ジャワのボゴール、スカブミ、バンドン三都市の国民学校児童二五四七名、中学校生徒一〇二七名、合計三五七四名のスンダ人男女を対象にした調査であったが、その結果「世界で最優秀な民族」=日本人と比較すると「一般に信じ難いと思はれる程の高い智能」を示したと報告された。そしてそのことは、「約束されたる将来の独立国を背負ふべき指導層子弟に与へられた光明」であり、その彼らの「匿されたる可能性」を「指導者たる日本人としてこれを認め、これを育成」することが必要であると結論づけられた[36]。先にも繰り返し指摘した「指導者日本人」の「責任」を「科学的」に裏打ちする形ともなったわけである。

おわりに

以上に論じたように、「大東亜戦争」期における日本とインドネシア(東南アジア)の現実の関係は、日本が提示した「共存共栄の秩序、自主独立の尊重、人種的差別の撤廃」という普遍的価値をもつ戦争目的とは、基本的に相容れがたいものであった。当時の諸理念が事後的にもつ意味を完全に否定したり抹消したりすることはできないにせよ、「対象現場」の視点からみれば、支配国の理念が壮麗であればあるほど、それは独善性、虚構性にみちたものと映じるのは当然であろう。

しかもその普遍的理念を提起した日本人の意識の底には、日本民族の優秀性、指導性論――相手の「低民度」論と表裏一体化した――が牢固として存在し、かつそれを「科学的」調査によって裏付けしようとした事実があったのである。「大東亜戦争」の意味を東南アジアとの関連で理解しようとする時、以上の諸点は「過去との対話」における不可避の主題であろう。

（1）後藤乾一『昭和期日本とインドネシア――一九三〇年代「南進」の論理・「日本観」の系譜――』勁草書房、一九八六年、五四三頁。

（2）「十五年戦争」については鶴見俊輔『戦時期日本の精神史』岩波書店、一九八二年。「アジア・太平洋戦争」については木坂順一郎「アジア・太平洋戦争論」川端正久編『一九四〇年代の世界政治』ミネルヴァ書房、一九八八年等を参照。なおこの問題と関連するが、戦争呼称を整理する中で山口定は、「大東亜戦争」の呼称が今なお生き残っているのは、「西欧帝国主義からのアジア諸民族の解放」という理念が、第二次大戦後「壮大な『歴史の逆説』」として相当程度実現したためではないか、と指摘している。「二つの現代史――歴史の新たな転換点に立って――」粟屋憲太郎他著『戦争責任・戦後責任』朝日新聞社、一九九四年、二四三―二四四頁。

（3）上山春平が当時『中央公論』に発表した一連の論考は『大東亜戦争の遺産』中央公論社、一九七二年に収録。

（4）この前後の時期の戦争論議については、石関敬三「『大東亜戦争』観の変遷」『社会科学討究』三〇巻二号、一九八四年一二月、に詳しい。

(5) 三輪公忠『日本・一九四五年の視点』東京大学出版会、一九八六年、一六四―一六六頁。
(6) 『日本とアジア・竹内好評論集・第三巻』筑摩書房、一九六六年、八四頁。
(7) 土井章監修『昭和社会経済史料集成第一七巻』巖南堂書店、一九九二年、八―二五頁参照。
(8) たとえば初代及び最後のジャワ軍政監であった岡崎清三郎、山本茂一郎のそれぞれの回想録『天国から地獄へ』共栄書房、一九七七年、『私のインドネシア』日本インドネシア協会、一九七九年の各序言を参照。また、奥野誠亮「アジア解放戦としての大東亜戦争」『民族と政治』一九八九年三月号、一五頁、中村粲『大東亜戦争への道』展転社、一九九〇年、等を参照。
(9) 大川周明「南方問題」善隣協会編『世界の動向と東亜問題』生活社、一九四一年、三八五頁。
(10) 佐藤賢了『大東亜戦争回顧録』徳間書店、一九六六年、三一七頁。
(11) 中山寧人「蘭印の現況とその動向」『現代』一九四一年九月、一一三―一一八頁。
(12) 大鷹正次郎編『大東亜の歴史と建設』誠光堂書房、一九四三年、七〇八頁。
(13) 同上、六九九頁。
(14) 尾崎秀樹『旧植民地文学の研究』勁草書房、一九七一年、六三頁。
(15) 木坂順一郎『昭和の歴史(7)・太平洋戦争』小学館、一九八二年、二〇五頁。
(16) 重光葵については伊藤隆・渡辺行男編『重光葵手記』中央公論社、一九八六年。また大東亜会議の「見直し」論については、信夫清三郎『「太平洋戦争」と「もう一つの太平洋戦争」』勁草書房、一九八六年。深田祐介『黎明の世紀――大東亜会議とその主役たち――』文藝春秋、一九九一年、等を参照。
(17) 佐藤賢了、前掲書、三二九頁。
(18) バー・モウ(横堀洋一訳)『ビルマの夜明け』太陽出版社、一九七三年、三五一頁。

(19) ホセ・P・ラウレル(山崎重武訳)『ホセ・P・ラウレル博士戦争回顧録』日本教育新聞社、一九八七年、一五四頁。
(20) 「大東亜戦争関係一件・大東亜会議関係」DRO所蔵。
(21) 南方特別留学生と民族主義運動の関わりについては、後藤乾一『日本占領期インドネシア研究』龍溪書舎、一九八九年、第四章を参照。
(22) レオカディオ・デアシス(高橋彰訳)『南方特別留学生トウキョウ日記』秀英書房、一九八二年、一一五―一一八頁。またラウレル演説については、鈴木静夫・横山真佳編『神聖国家日本とアジア』勁草書房、一九八四年、三〇七頁も参照。
(23) 「大東亜戦争関係一件・大東亜大使会議関係」DRO所蔵。信夫清三郎『聖断の歴史学』勁草書房、一九九二年、二六六―二六八頁。
(24) 以下の諸文献に依拠した。信夫清三郎『「太平洋戦争」と「もう一つの太平洋戦争」』勁草書房、一九八六年、二八二頁。伊藤隆『日本の歴史(30)・十五年戦争』小学館、一九七六年、三四〇頁。中谷武世『戦時議会史』民族と政治社、一九七三年、二一〇頁。なお伊藤隆・廣橋眞光・片島紀男編『東條内閣総理大臣機密記録』東京大学出版会、一九九〇年も貴重な文献である。
(25) 『朝日新聞』一九四三年一一月四日。
(26) 同上、一九四三年一一月一六日。
(27) 三好俊吉郎「ジャワ占領軍政回顧録(10)」『国際問題』一九六六年四月、六七―六九頁。
(28) 同上、七一頁。
(29) 林久治郎「爪哇統治ニ関スル一考察」一九四四年三月二〇日(DRO所蔵)。

(30) 「東印度独立措置ニ関スル件」外務大臣説明資料、一九四五年七月一七日(DRO所蔵)。

(31) M. Hatta, *Kumpulan Karangan* (Jakarta: Balai Buku Indonesia, 1953), h. 145. 詳細は後藤乾一『昭和期日本とインドネシア』第八章を参照。

(32) 以下のハッタ演説はすべて、M. Hatta, *Kumpulan Pidato 1942-49* (Jakarta: Yayasan Idayu, 1981). に依拠。

(33) スカルノ「感銘と誓ひ」『新ジャワ』一巻二号(一九四四年一一月)三二頁。

(34) 斎藤鎮男「東印度独立指導の一指標」『新ジャワ』同上、二一―二三頁。

(35) 「南方占領地域ノ現状ト兵力運用ニ就テノ参謀総長上奏案」一九四二年五月二九日(防衛庁戦史部所蔵)。

(36) 品川不二郎「インドネシア人の智能」『新ジャワ』一巻二号(一九四四年一一月)三七―四五頁に調査結果が報告されている。

第五章　インドネシアにおける「従軍慰安婦」問題の政治社会学

はじめに

「満州事変」(一九三一年九月)以降、とりわけ一九三七年七月に本格化する日中戦争から「大東亜戦争」敗北までの約八年間は、文字どおり帝国的規模での「人流の膨張」がみられた時期であった。日本の軍人、官吏、民間人が数百万人規模で「内地」から東アジア、東南アジア、南洋群島等の植民地、占領地に渡っただけではない。

そうした表の人の流れと並行し、またそれを補完するかのように植民地台湾や朝鮮からは、数十万規模での労働者、あるいは「特別志願兵」そして徴兵青年が、自己の意志に反する形で——ときには強制的な方法で——「大東亜共栄圏」各地に送り込まれた。そればかりではない、南方占領地、たとえば南方軍第十六軍の支配下に置かれ「人的資源の宝庫」と位置づけられたジャワからは、おびただしい数の「ロームシャ」(労務者)が島外、そして国外に連れ出された。それに加え数多くの連合国捕虜が泰緬鉄道等の難工事に動員された。

このようなさまざまな形の非自発的、強制的な「人流」の一つに、いわゆる従軍慰安婦と総称される女性の動員と〝移動〟があった。

同じ「従軍」の名を冠するものの、従軍慰安婦は、従軍医、従軍看護婦、従軍記者、従軍作家あるいは従軍僧等と異なり、彼ら自らがその体験を語り、綴ったりすることは、近年まできわめて例外的であった(なお彼女たちに対する当時の用語をみると「従軍」の語は一般的には用いられていない)。とはいうものの、従軍慰安婦の存在は戦後日本では「公然たる秘密」というよりも「公然たる事実」であったことも、戦時期を対象とした文学作品、あるいは軍関係者等の各種記録から明らかである。また日本語に訳出された東南アジアの民族主義者の回想録等においても、その存在はつとに指摘されていることも留意すべきである(1)。

しかしながら戦後の日本政府は、その「公然たる事実」を一九九二年七月以前は、公的には認めてこなかった。国会で「従軍慰安婦」問題についての質疑がかわされたのは、戦後四五年を経た一九九〇年五月三〇日の参議院予算委員会が最初であった。翌月六月六日には政府委員(労働省清水博雄氏)が社会党本岡昭次議員の質問に対し、「民間の業者がそうした方々を軍とともに連れ歩いている」事実に言及しながらも、政府として「調査して結果を出すことは率直に申しましてできかねると思っております」と返答しているのは、その象徴的な一例である(2)。

戦後約半世紀を経た時点でのこの発言が予期せざる端緒となり、「従軍慰安婦」問題はその後日本国内のみならず、近隣アジア諸国とりわけ韓国でも重要な問題として取り上げられ、ついには一九九二年初頭の宮沢喜一首相(当時)の訪韓時に、公的に謝罪表明と真相究明の約束がなされた経緯については、マスメディア等を通じ広く報道されているとおりである。

この首相訪韓時の約束に基づき、日本政府による「従軍慰安婦」関係の公式文書や記録等の検索作業が開始された。警察庁や労働省関係の史料が欠落していたり、その後も断片的ながら相次いで重要資料が「発掘」されたりするなど、不備な点も多々あったものの、一九九二年七月、合計一二七点(防衛庁七〇点、外務省五二点、厚生省四点、文部省一点)の関係資料が内外に公表された(以下公表資料とも呼ぶ)。

そしてこれらの史料をふまえ、琴秉洞編『戦場日誌にみる従軍慰安婦極秘資料集』(緑陰書房、一九九二年)、吉見義明編『従軍慰安婦資料集』(大月書店、一九九二年)等の貴重な資料集が公刊され、さらには相前後して研究者、ジャーナリスト等による著作、あるいは「従軍慰安婦」問題についての民間のシンポジウム等の記録が相次いで刊行されるようになった。

本章はこのような現実的、学問的状況をふまえつつ、日本軍政期インドネシアにおける「従軍慰安婦」問題を近年の同国における対日認識とも関連づけながら考察した試論である。

一　「従軍慰安婦」問題とインドネシア

この「従軍慰安婦」問題に対し、近隣アジア諸国のうち終始一貫、最も鋭い関心を示したのが韓国の政府および世論であったことが象徴するように、総計十万人近いともいわれる慰安婦と呼ばれた女性の圧倒的多くは植民地朝鮮の出身者であった(3)。換言するならば、植民地民衆の中でも最も苛酷な民族的、性的差別を体験したのが彼女たち朝鮮人女性であった。だが一九九二年の公表資料でも明らかにされたごとく、韓国・朝鮮の他にも中国、台湾、そしてフィリピン、インドネシア、さらには、連合国捕虜として収容されたオランダ人女性も「従軍慰安婦」として動員対象となったのであった。

一九九二年調査では表面には出なかったものの、シンガポール、マレーシア、ビルマ等他の南方占領地でも同様の事態がみられたものと思われる。これら東南アジア諸国のうちフィリピンのかつて「慰安婦」とされた老婦人八八名が、一九九三年四月二日、すでに日本政府に提訴していた韓国の元「従軍慰安婦」の行動に触発されたかのように、実名で名乗りをあげ、二名の原告代表が来日し日本政府に提訴した。彼女たちは金銭的補償もさることながら、「一番してほしいことは、時を戻すこと。私は少女時代に戻りたい」と訴え、あわせて日本人が加害者として事実を認識することを強く求めたのであった。[4]

他方、東南アジアのもう一つの「当事国」となったインドネシアでは、元「慰安婦」が実名で過去を語ったり、グループを結成したりすることは例外的であり、いわんや日本政府に対し謝罪や具体的補償を求め、提訴する可能性は現時点(一九九四年冬)ではきわめて少ないのが現状である。

こうした中で、一九九三年四月、日本弁護士連合会人権委員会のメンバー五人がインドネシア法律扶助協会(LBH)等の協力で、かつて慰安婦であったと認定された八名の女性と面談を行なった。しかしこの調査に対して、インドネシア政府当局は、日本側は無許可で調査をなしたと不快の念を表明しただけでなく、四月二一日の『スアラ・プンバルアン』紙は在郷軍人会本部女性部長の発言を「日本軍の犠牲となった女性をこれ以上傷つけないで」との見出しと共に紹介したほどであった。[5] その一方、最近の報道によれば、LBHは戦時中、インドネシアで慰安婦として働かされた女性一〇六人が

同協会に名乗り出たと発表している。(6)

従来、インドネシアにおける日本軍政の研究は国際的にみても一定の蓄積がみられ、その中で先述した「ロームシャ」、あるいは兵補として徴用、動員された人々についても近年ようやく本格的な研究や論述の対象となりつつあるが、従軍慰安婦についてはこの問題がもつ特異性さらには史料的な制約にも起因し、体系的に言及されることはほとんどなかった。

「ロームシャ」は日本軍政期の暗黒面の象徴として歴史教育やマスメディアを通じ、今なおその言葉のままで使用され、総数約二万五〇〇〇人といわれる兵補も、一九八九年に「元兵補連絡中央協議会」を発足させ、今日では日本の民間支援組織の協力を得つつ「未払い給与」の支払い請求を求め活発な活動をつづけている。(7)それに対し、当時を知る年長のインドネシア人の間で、「黄色い館《ルマ・クニン》」「竹の家《ルマ・バンブー》」として知られた日本軍慰安所、そこで働かされた女性については断片的な情報と一定の関心はあるものの、それ以上、立ち入った言及や考察の対象となることは稀であった。

そうした中で「慰安婦」についての数少ない正面からの言及の一つが、一九八二年に出版されたパンディル・クラナ著『カダルワティ――五つの名をもった女――』と題する小説である。これは、医学の勉強をさせてあげるとの甘言につられ、昭南島と改称されたシンガポールに渡ったものの、「慰安婦」としてその運命を弄ばれた美貌の乙女が、日本敗戦後、娼婦たちを助けながら独立戦争に貢献し、それによって自らも立ち直っていく過程を「中間小説」風に描いた作品である。著者パンディル・クラナ(本名スラメット・ダヌスディルジョ、退役陸軍少将)は名の知られた作家ではあったが、この作品は初版公刊後とりたてて注目を集めることはなかった。しかし一九九二年夏、日本政府がインドネシア人従軍慰安婦の存在を公表し、それがインドネシア国内で大きな反響をよんだことにより、この小説は急に関心を寄せられ、ペーパーバック版での新装版が出、ベスト・セラーの一つにもなった(8)。

これに関連し付言するならば、一九六〇年代初頭に公刊され、インドネシア人による日本軍政期研究の先駆的著作として知られる『日本ファシズムに抵抗するインドネシア青年』の中で、著者シホンビンは「ロームシャは何処へ」と題した詩を紹介しており、そのなかで、「慰安婦」の存在を次のように示唆していることも指摘しておきたい。

ロームシャは何処《いずこ》へ行ってしまったのだろう
多くの若者たちが狩り立てられていった、網にかかった魚のように
兵補になったものも、ロームシャになったものも、〝看護婦〟になったものも
すべては皆同じ、何処かへ消えてしまった、甘い言葉に騙されて
多くの人が永遠の地に行ってしまった
もう問うのはよそう、彼らは何処へ行ってしまったのか、と(9)

二　問題の背景

この問題がインドネシア社会で、どのように受け止められたかを考察(四節参照)する際の基本的前

景として二つの点を整理しておきたい。その第一は、「従軍慰安婦」という制度が、何故、いかなる経緯のなかで日本の植民地あるいは占領地で確立されたのかという点、第二は今回の史料公開がなされた時点における、日本・インドネシア関係の一般的状況に関してである。

1 「従軍慰安婦」制度略史

「慰安婦」が制度として発足するのは、一九三二年初、上海事変に際し中国人女性に対する強姦事件が多発し、その対応に追われた当時の上海派遣軍参謀副長、岡村寧次中将の発案によるものだといわれている[10]。この点に関連し、一九九二年一二月に明らかにされた史料(混成第十四旅団司令部「衛生業務旬報・昭和七年九月—八年十二月」)は、満州では朝鮮人慰安婦の組織的な管理が一九三三(昭和八)年から開始されたことに言及している[11]。

またさらに時代をさかのぼったもう一つの伏線として、一九一八年—二二年のシベリア出兵に際し、七万二〇〇〇人の将兵中、戦死者一三八七人、戦傷者二〇六六人に加え、性病患者が重症のみでも二〇一二人に達し、このことが「戦力」の大きな低下をもたらしたという「教訓」があった、との指摘もなされている[12]。

だがいうまでもなく、「従軍慰安婦」が日本軍にとって〝焦眉の課題〟となるのは、日中全面戦争開始後、とりわけ南京侵略時の強姦事件の多発を契機にしてであった。一九九二年夏の公開資料でもその点はしばしば言及され、たとえば一軍医中尉の報告は「支那女トイフ所ニ好奇心ガ湧クト共ニ内地デハ到底許サレヌコトガ敵ノ女ダカラ自由ニナルトイフ考ガ非常ニ働イテ居ルタメニ……部隊長ハ兵ノ元気ヲツケルニ却ッテ必要トシ見テ知ラヌ振リニ過シタノサヘアッタ位デアル」と赤裸々な所見を述べ、さらに「中支ニモ早速ニ慰安所ヲ開設シタ其ノ主要ナル目的ハ性ノ満足ニヨリ将兵ノ気分ヲ和ゲ皇軍尊厳ヲ傷ケル強姦ヲ防グニアッタ」と指摘している。この文言からは中国戦線における婦女子暴行事件がいかに日常茶飯事であったか、また慰安所が開設されたのは軍の発意であったことが看取できる。

外国領土を侵略・占領した後の強姦・性病の深刻さ(これは古今東西を問わず、すべての戦争に普遍的に発現する現象でもある)は、その後も一貫して軍当局にも認識されており、「南方作戦」に着手する一年三カ月前に印刷に付された「支那事変ノ経験ヨリ観タル軍紀振興対策」においても、次のような指摘がなされている。

事変勃発以来ノ実情ニ徴スルニ赫々タル武勲ノ反面ニ掠奪、強姦、放火、俘虜惨殺等皇軍タルノ本質ニ反スル幾多ノ犯行ヲ生シ為ニ聖戦ニ対スル内外ノ嫌悪反感ヲ招来シ聖戦目的ノ達成ヲ困難ナラシメアルハ遺憾トスル所ナリ。

そしてこうした状況把握の上で、「事変地ニ於テハ時ニ環境ヲ整理シ慰安施設ニ関シ周到ナル考慮ヲ払ヒ殺伐ナル感情及劣情ヲ緩和抑制スルコトニ留意ヲ要ス」との提言がなされている。[13] このような日中戦争期の体験が、「大東亜共栄圏」内に組み込まれた東南アジアの占領政策においても適用されたのは当然のことであった。

さらに「韓国・太平洋戦争犠牲者問題」に取り組む弁護士高木健一は、これらの点の他にも「従軍慰安婦」制度を産んだ背景として、防諜上の理由、ならびに将兵を慰安婦の性で管理するという日本軍の発想自体を指摘している[14]。また「従軍慰安婦」には朝鮮人が多く、なぜ日本人が少なかったかという点に関連して、(一)植民地・占領地の一般民衆に対し「大日本帝国」の面子を保持する意図が働いたこと、(二)同胞の女性が慰安婦として働いていることは、日本人将兵の志気にかかわることへの懸念が働いたこともある、との興味深い指摘もある[15]。

2　近年の日本・インドネシア関係

一九九三年三月、大統領として第六期目を迎えた陸軍大将(退役)スハルトは、就任直後の一九六〇年代後半から今日まで一貫して「開発至上主義」を掲げ、その中でとりわけ対日政治・経済関係を最重視してきた。貿易、投資そして政府開発援助(ODA)のいずれをとっても、日本の存在なくしてインドネシア経済の今日(開発の諸矛盾も含めて)はあり得ないといっても誇張ではないだろう。

このような「緊密」な——しばしば〝癒着〟とも形容される——経済・政治関係を内外に鮮明に印象づけたのが、一九九一年秋の日本国天皇のインドネシア他二国(タイ、マレーシア)への親善訪問であった。現下の両国政府関係の「良好」さ、あるいは軍部主導の現政府による厳重な警備体制もあり、天皇の訪問は少なくとも表向きはインドネシア官民から歓迎された。

しかし最有力紙の一つ『スアラ・プンバルアン』紙が、「傷は癒えたが傷跡は残っている」と題した社説（一〇月三日）の中で、「日本の占領・軍国主義下におけるインドネシア国民の苦しみは公式には賠償によって治癒している。しかし、その苦しみと残虐の外傷はまだ残っており、彼らの脳裡に焼きついているとしても当然であろう」と述べたことが示すように、インドネシアの国民感情の底流には過去の被支配体験が強烈な民族的体験として「思想化」されていることもまた確かであった。そして前述の「元兵補連絡中央協議会」のラハルジョ会長が、天皇訪問に機を合わせジャカルタで内外記者団と会見し、補償要求問題を具体的に提起したことも、改めて日本の「戦争責任」「戦後処理」問題が今なお未完であることを訴える形となった。

なお政府レベルでの両国関係をみる上で、一九九二年三月、インドネシア政府が、かつての植民地宗主国オランダの公的援助受入れを拒否する決定を下したことも考慮すべきであろう。その発端は、オランダ政府の一部有力閣僚がスハルト政権の人権抑圧を取り上げ、この問題を援助停止・削減と絡めて発言をしたことがあった。それに対し、インドネシア側が「重大な内政干渉」だと反発し、援助拒否を決定したのであった。

一方、日本政府側は天安門事件後の対中国政策においてもそうであったごとく、他の欧米諸国と比較し、人権問題と援助を直接的に関連づけることには消極的な態度をとり、このことがまたインドネシア政府の日本政府に対する心証に少なからぬ影響を及ぼしたのであった[16]。いずれにせよ、インドネシア側は最大の援助供与国日本に対しては、小国オランダに対するのとは大きく異なる対応を示した。通俗的な表現を用いるならば、援助問題と戦争責任問題がバーター取引きされ、そのことが「従軍慰安婦」問題あるいは元兵補の補償要求についてのインドネシア政府の消極的な態度、政策となって反映したと総括できるのではないだろうか。

三　インドネシア関係日本側「公開資料」

1　台湾軍作成の二文書

一九九二年夏に公開された一二七点の「従軍慰安婦」関係の資料中、インドネシア関係のものは、台湾軍が作成した「ボルネオ」関連の史料二点を含め合計六点(全体の四・七%)である。

ここではまず第一に、一九四二年三月一二日付台湾軍参謀長発(陸軍大臣)副官宛(台電第六〇二号)を検討する。(17) これは「「ボルネオ」行キ慰安土人五〇名為シ得ル限リ派遣方南方総軍ヨリ要求セルヲ以テ」「憲兵調査選定セル」台湾在住の日本人「経営者三名」(内一人は女性)の渡航許可を求めたものである。そして第二は、右と関連した同年六月一三日付の台湾軍参謀長発副官宛(台電第九三五号)であるが、これは「「ボルネオ」ニ派遣セル特種《ママ》慰安婦五十名ニ関スル現地著後《ママ》ノ実況人員不足シ稼業ニ堪ヘザル者等ヲ生ズル為尚二十名増加ノ要アリトシ」という状況の中で、前記三名の内の一業者が台湾に戻ったことを伝え、この帰台を「止ムヲ得ザルモノト認メラルニ付慰安婦二十名増加諒承相成度」と要望したものである。

なお開戦二週間前の一九四一年一一月二六日に決定をみた「占領地軍政実施ニ関スル陸海軍協定」により旧英領ボルネオ(現マレーシア)は陸軍支配下、旧蘭領ボルネオ(現インドネシア、カリマンタン)は海軍支配下におかれることとなった。しかしながら蘭領ボルネオの一部である西ボルネオを最初に占領したのは(一九四二年一月二九日)陸軍であり、そのため、同地は同年七月末、海軍統治下に編入されるまで、陸軍による占領が継続された。したがって上記台湾軍の文書が一九四二年三月および六月の時点で「ボルネオ」という呼称を用いる時、英領北ボルネオ、あるいは西ボルネオ等蘭印地区のどちらを具体的に指すのかは必ずしも明瞭ではない、という事を付記しておきたい。

この二史料のみをみても、従軍慰安婦に関し、次のような事実が明らかである。

(一)東南アジア一帯における日本軍の占領直後から、すでに軍当局によって「慰安婦」が不可欠の存在とみなされ、かつ実在した。

(二)しかも、東京(陸軍省)、現地出先機関(南方総軍)が一本の線でつながっており、「慰安婦」が組織的に、即ち軍の統制下に「調達」されていた。しかもその過程で、開戦前から「南方作戦全般の基地」あるいは「南方発展の根拠地」と位置づけられた植民地台湾が重要な中継機能を果しているという事実である。

(三)「慰安婦」の引率にあたっては、三名の民間の日本人「経営者」が軍の委託を受けた形で関与していた。彼ら三人は基隆市、高雄州と港都周辺でその種の商売をして、軍の信を得ていたらしいことも推測される。

(四)「人員不足シ稼業ニ堪ヘザル者等ヲ生ズル」との無機質な文言からは、日本兵に性的奉仕をさせられた植民地女性の悲哭が聞こえるかのようである。そして補充にあたっては「強制」に近い形態もとられたであろうことが電報の文面から推測される。

2　現地軍作成の慰安婦関係資料

公表された他の四点のインドネシア関係の資料は、戦中の陣中日誌が一点で、残り三点は敗戦後に連合軍側からの命令等により、とりまとめられたものである(各資料はいずれも原本所蔵機関名とあわせ、吉見義明編、前掲資料集に収録)。

まず昭和一七(一九四二)年五月一日から二〇日までの東部ジャワ、スラバヤにおかれた野戦高射砲第四五大隊第一中隊の「陣中日誌」をみてみると、一三日の記録には「一般民家ニ尚立入リ、物品等無断持出且乱暴ヲ働ク等ノ不徳儀《(ママ)》ヲ犯ス者アルハ甚ダ遺感《(ママ)》ナリ……」と記述され、さらに「目下兵站宿泊所休養中ノ朝鮮慰安婦ヲ無断連レ出ス者有リトノ注意アリタルニ付念ノ為会報ス」と述べられている。

前述した中国占領地におけるほどの無法状態ではなかったかもしれないが、こうした日本軍、日本人の日常的行為が、当初、日本を「解放軍」とみなしたインドネシア民族の民心にいかほどの悪影響を及ぼしたかは、想像に難くない。ちなみにこの日誌が作成されたのとほぼ同時期のジャワ派遣第十六軍の陣中紙『うなばら』のコラムには、「皇兵が占領地で少し位ひ身勝手な振舞ひをしても構はないといふことは許されない」（五月二九日）、「土民は殴られるといふことを日本人の観念以上に忌み嫌ふ」（六月二六日）などの警句が連日のように記されている。第十六軍宣伝班直轄の機関紙がこう書かざるを得なかったほど日本人側の支配者意識、帝国意識が動かしがたいものであったことを示す一例である。(18)

ジャワについては、もう一つの資料「終連報甲一五八八号」（終戦連絡中央事務局総務部連絡課、一九四七年一月九日）がある。これはオランダ人女性(19)を「慰安婦」にした事実に関し、オランダ軍法務部の要求によりなされた調査で、中部ジャワ、スマランの慰安所経営者二名についての略歴および関係した軍人の帰国を報じたものである。二人の日本人業者は、ジャワにおける日本軍政の開始直後の三月ともに「海南島からジャバに航海した」とされ、同年八月からスマランで慰安所を経営していたことが記録されている。次節でみるごとく、インドネシア側の調査、報道でもスマランの慰安所については比較的詳細が明らかにされているのが特徴である。

第三の資料は「第四十八師団戦史資料並終戦状況」（一九四六年七月五日）と題したもので、同師団長から復員庁総裁へ提出されたものである。

「将兵ノ記憶ヲ綜合シ」（「戦史資料ハ停戦時其ノ大部ヲ上司ノ命令ニ基キ処分」したためと記されている）てとりまとめたこの資料は、『チモール』島防衛担任時」の一九四四年末を中心に記述がなされている。ここには当初から約百名の台湾人を使役していたこと、四三年後半期より約四五〇名の台湾人「特別志願兵」が到着したこととあわせ、「朝鮮人ハ慰安業者関係約五十名程度ノ状況ナリ」

と報告されている。

さらに同資料には「現地住民ノ使役(「ロームシャ」を指す――引用者)ハ概ネ五万名ニ達シ……」とある。これらはいずれも断片的な記録だが、連合軍の反攻作戦が予想されたこの豪北地域での「緊張」した空気がうかがわれると共に、その最前線に植民地からの兵隊や雑役夫、そして慰安婦が多数投入されたこと、そして五万人に達するロームシャ(うち約三千名は「ジャワ人」「アンボン人」とあるように他地域からの連行者)が強制的に働かされていた間の事情が具体的に浮び上がってくる。[20]

公表されたインドネシアにおける「従軍慰安婦」関係資料のうち、もっとも詳細かつ具体的な記述がなされ、またそれ故に、インドネシア国内で最も大きな反響をよんだのが、セレベス(現スラウェシ)の「売淫施設」関係文書(厚生省所蔵)である。

これは敗戦後インドネシアに上陸した連合軍(英印軍及び蘭印軍)の要求に応じ作成されたもので、(海軍)民政部第二復員班長から第二軍高級副官宛に提出された「南部セレベス売淫施設(慰安所)調査」(昭和二一年五月三〇日)ならびに第二軍司令部が上記民政部報告と陸軍関係の資料を一つにし詳細な説明を付したデータである。ここではその重要性にかんがみ、両報告をとりまとめた形で資料として紹介しておきたい(表5-1参照)。

なお戦中は「慰安所」の名称であったのが、敗戦後の連合国側への報告では「売淫施設」と改称されていることも興味を引く点である。

海軍民政部の説明資料は、「施設設置ノ許可並ニ監督ハ形式的ニ民政部政務部第一、第三両課ヲ通

表5-1　売淫施設ニ関スル調査報告

第二軍司令部

責任機関	第二軍司令部	「パレパレ」警備隊	神地区警備隊
責任者	一般邦人	陸軍中佐	現地人
責任者現在地	日本	日本	「ランテパオ」
淫売婦数			
組織	1 売淫婦ハ本人ノ希望ニ依リ営業セシム 2 経営者ハ一般邦人トシ軍司令部ニ於テ監督ス 3 終戦ト同時ニ営業ヲ停止ス	1 売淫婦ハ本人ノ希望ニ依リ営業セシム 2 部隊ニ於テ経営ス 3 終戦ト同時ニ営業ヲ停止ス	1 原住民――ノ経営ニ依ルモノニシテ警備隊長之ヲ監督ス 2 終戦ト共ニ営業ヲ停止ス
淫売婦ノ生活方法	1 軍司令部ニ於テ設備セル良好ナル宿舎ニ居住シ所定時間ノミ接客シ其ノ他ノ行動ハ自由トス 2 毎週二日間ハ休日トス	1 部隊ニ於テ設備セル良好ナル宿舎ニ居住シ所定時間ノミ接客シ其ノ他ノ行動ハ自由トス 2 毎週一日間ハ衛生及「ミシン」ノ教育ヲ行ヒ日曜日ハ休日トス	1 部隊ニ於テ施設セル良好ナル宿舎ニ居住シ所定時間ノミ接客シ其ノ他ノ行動ハ自由トス 2 毎週一日間ハ休日トス
同上給養（給与）	1 糧食ハ営業者ヨリ交付シ衣類、日用品化粧品等ハ軍司令部ヨリ無償交付セリ 2 終戦後被服類物品及金銭ヲ与ヘテ解散セシメタリ	1 一切軍隊ト同様ノ給養トス 2 終戦後被服類物品及金銭ヲ与ヘテ解散セシメタリ	1 糧食、衣類、物品、日用品等一切部隊ヨリ無償交付セリ 2 終戦後被服類物品及金銭ヲ与ヘテ解散セシメタリ
同上報酬	収入ノ50%ハ淫売婦ノ所得トス（其ノ他ハ施設費トス）	収入ノ90%ハ淫売婦ノ所得トス（其ノ他ハ施設費トス）	収入ノ50%ハ淫売婦ノ所得トス（其ノ他ハ施設費トス）
淫売婦ノ国籍民族種族別人員	「トラジヤ」族　七 中国人　一	「ジャワ」人　一一	「トラジヤ」族　一二
淫売施設ノ所在地別人員	「シンカン」　七 「シンカン」　一	「パレパレ」　一一	「ランテパオ」　一二
従業婦及従業男子ノ数	日本人　男一 女一	現地人男一	

民	「ケンダリー」海軍部隊
一般邦人 〃 〃 〃 〃 〃 〃	海軍大尉
日	日本
希望者ヲ募集シ一般邦人及現住民ヲシテ経営セシメ民政部ニ於テ監督セリ 尚各地方施設ニ対スル婦女ノ保護収入支出休養給与等ノ適正監督風紀衛生等ノ取締指導等ニ関シテハ各分県監理官之ニ当レリ	「ケンダリー」ハ海軍少尉——、「アモイト」ハ海軍少尉——、「パウパウ」ハ派遣隊長(官氏名不詳)希望者ヲ募集シ経営セリ
1 民政部ニ於テ施設セル良好ナル宿舎ニ居住シ行動ハ自由トス 2 休養ハ各自ノ自由トス	1 部隊ニ於テ施設セル良好ナル宿舎ニ居住シ行動ハ自由トス 2 休養ハ各人ノ自由トス
1 糧食、寝具、食器類、水道料、使用人ノ給料等一切民政部負担トシ民政部職員同様ノ給養ヲ為セリ不時家族等ノ吉凶ノ為金銭ヲ必要トスル場合ハ之ヲ贈与セリ 2 終戦後、被服類物品及金銭ヲ与ヘテ解散セシメタリ	1 糧食、衣類、寝具、食器類、水道料、使用人の給料等一切部隊ノ負担トシ軍隊同様ノ給養ヲ為セリ不時家族等ノ吉凶ノ為金銭ヲ必要トスル場合ハ之ヲ贈与セリ 2 終戦後被服類物品及金銭ヲ与ヘテ解散セシメタリ
収入ノ50%ハ淫売婦ノ取得トス(其ノ他ハ施設費トス)	収入ノ50%ハ淫売婦ノ取得トス(其他ハ施設費トス)
	「トラジヤ」族 八 「ジャワ」人 六 「ブギス」族 一 「トラジヤ」族 一〇 「トラジヤ」族 三
「マカッサル」九〇 「スグミナアサ」五 「マロス」六 「ポンタイン」一〇 「ブルクンバ」一四 「ワタンポネ」三 「シンカン」五	「ケンダリー」一五 「アモイト」一〇 「バウバウ」三
不詳 現地人女一男一 現地人男三 現地人女一男二 現地人女一男三 現地人女一男一 現地人男三	現地人男一 現地人男一

政	〃 ——	本	「トラジヤ」族 一九	「パレパレ」 一九	現地人男三
	〃 ——		「ジャワ」人 五〇	「ラツパン」 九	現地人女一 男三
	〃 ——		「マカツサル」族 七	「ピンラン」 七	現地人女一 男一
	〃 ——			「エンレカン」 四	現地人女一 男一
部	〃 同右		「マンダル」族 四	「カロシ」 四	現地人女一 男一
	〃 同右		種族不詳 九〇	「チヤアロツク」 五	現地人女一 男一
	〃 ——			「マジロネ」 四	現地人女一
	〃 ——			「ポレワリ」 六	現地人女一
	〃 ——			「パロポ」 六	現地人女二
	〃 ——			「マカレ」 一〇	現地人男五
	〃 ——			「カブナ」 五	現地人女一 男三
	〃 ——			「マリリ」 四	現地人女一 男一
	〃 同右			「ウオード」 五	現地人男一
	〃 ——			「ベンテン」 二	現地人女一
備考	責任者及関係者ノ大部分ハ既ニ日本ニ帰還シ又当時ノ書類ハ一切焼却シタルヲ以テ記憶セル事項ヲ記載セルモノナリ				

出所：吉見義明編『従軍慰安婦資料集』大月書店、一九九二年。なお上表中「責任者」欄等の——部分は、資料公開に際し、日本政府当局により伏せられたものである。

シ民政部長官之ヲ行ヒタルモ実際上婦女子ノ募集並ニ雇傭契約ハ主トシテ民政部嘱託――(帰還)及実業団員――(帰還)之ヲ行ヒ各地方施設ニ配置シタリ」とし、民政部が関与したことを消極的ながら認めている。しかし他方で海軍当局者は、「実際上婦女ノ募集並ニ雇傭契約」は民政部の嘱託等が行ない「各地方施設ニ配置」し、さらにその後の慰安所の「維持経営」は「一般邦人並原現民《ママ》」が担当したと述べ、実際の運営にあたっては民間人がより大きな役割を担ったとの立場をとっている。

このような経緯を経て慰安所で働かされることになった「慰安婦」について、民政部報告は前表にも明記されているように、「良好ナル宿舎ニ居住シ行動ハ自由トス」、日常生活費一切は当局負担、収入の半分は「売淫婦」の手に入ること等を記録している。なおこれら慰安婦の人数は、民政部関係で、二一慰安所二二三名、陸海軍部隊関係で六個所五九名、合計二七個所二八二名となっている。

四　インドネシア政府・世論の反応

日本政府が一二七点の公表資料をふまえ、「従軍慰安婦」問題に軍部が公的に関与していることを認めたのは――強制性については否定――一九九二年七月のことであった。そして、その直後日本政府は在ジャカルタ日本国大使館を通じ、インドネシア政府に対し、「従軍慰安婦」の中にインドネシア人女性も含まれていたことについての謝意を表明した。

それでは前年天皇を国賓として招待し対日関係の緊密さを強調したばかりのインドネシア政府、そして有識者はこの問題に対してどのような反応を示したのであろうか。本節ではジャカルタにあるＣＳＩＳ(戦略国際問題研究所)新聞クリッピング・センターが収集した関係記事(一九九二年七月三日—八月二六日分)を利用しながら考察してみたい。まずこの問題についての最初期の反応として最有力紙『コンパス』社説(七月八日)を紹介しておきたい。同紙は、問題の本質的な深刻さを指摘しつつも、「過去は過去としてピリオドを打ち、現実の問題は現実の文脈の中で対応していこうではないか、結局のところわれわれが立ち向かうのは未来であって過去ではないのだ。従軍慰安婦問題を誇張するつもりはない(21)」と論評を加えたのみだった。

日本の旧植民地韓国や台湾の政府が、「従軍慰安婦」問題に対してとりわけ「強制」を伴うものではなかったとする日本の見解に対し、国内世論の強さも考慮しつつきわめて厳しい態度で日本に謝罪を求めたのと対照的に、インドネシア政府の最初の反応はむしろ〝当惑〟といったものだった。インドネシア外務省がこの問題で最初の見解発表をしたのは、問題が表面化して二週間近く経た七月一三日のことであった。しかもその内容の要旨は、日本政府が公的に謝罪したことを評価しつつ、表向きは以下のような〝ソフト〟な調子の論評であった。

インドネシアは将来に目を向けようとしており、過去に束縛されることを望んでいない。とはいうものの、前大戦中日本軍によって「従軍慰安婦」にさせられたインドネシア人女性が蒙った名誉に対する道徳的侵害を忘れることはできない。日本政府がいかなる行動をなしたとしても、彼女たちの名誉が回復されることはない。しかしながら、インドネシア政府が意図することは、この問題を過大視することではない。わが国政府は、日本政府が「従軍慰安婦」問題を的確に調査し、かつ彼女達の名誉のため、日本軍がなした人権侵害の深刻さに見合った行動をとるよう要望したい(22)。

この政府見解に関連しアリ・アラタス外相は、『コンパス』記者との会見で次のような見解を示した。

日本政府による謝罪表明だけでは、もちろん十分だとはいえない。しかしながら、インドネシア政府は韓国政府等が行なったような要求は出すつもりはない。今後どういう政策をとるかは日本政府自身に一任するものである。約言すれば、インドネシアに対する政策については他国に対するのと同程度のものを期待したい。わが国は日本に一任するものではあるが、それ以外の解釈をしないで頂きたい(23)。

またこの外相発言と関連し、外務省の立場に近いといわれる英字紙『ジャカルタ・ポスト』の次のような論調を紹介しておきたい。

日本側に強制された女性はいないとの言明に対し、(韓国、台湾が鋭い反発を示している一方)インドネシアがほとんど反応らしい反応を示さなかったことに、他のアジア諸国の人々は大変に驚いたであろう。日本軍がインドネシアに慰安所を設けたことを疑う何の根拠もない。この事実に対するインドネシアの表向きの無関心は、日本の行為が許され、忘れられていることを意味しているととれるのだろうか。インドネシアの表向きの無関心は韓国、台湾とは好対照をなしている。インドネシアに日本軍の慰安所があったことは年輩の人々も認めている。しかし明らかなことだが、今責任を追及されている日本の戦時政府の特定の犯罪に対し、どの程度ギルティかを決めるのは今日では容易なことではない[24]。

また国会の政治・治安委員会副委員長オカ・マヘンドラは、政府の日本に対する要望は当を得たものだと評価しつつ、「インドネシア政府としても当時の日本軍の活動、従軍慰安婦の生活状態について積極的に調査する必要がある。元慰安婦が必要としているのはリハビリなのか、あるいは名誉回復なのかを判断する材料としてもそうした調査が必要である[25]」と見解を述べた。

以上の公式発表や要人の発言から明らかなように、一九九二年夏時点でのインドネシア政府は、自らのイニシアティブによってこの問題の真相を究明したり、具体的解決策を提案したり、日本政府の責任をさらに厳しく追求するという強硬姿勢はとっていない。兵補やロームシャに対する補償問題と同じく、基本的には一九五八年一月に締結をみた両国間の平和条約ならびに賠償協定によって、これらの諸問題は一応の法的解決はついているとの立場であろう。

また韓国や台湾ほど国内世論の高揚、なかんずく元「慰安婦」の女性による実名での抗議や提訴が――少なくとも問題発生の初期段階において――なかったことも、インドネシア政府の対応の仕方に一定の方向性を与えたものと思われる。さらにはすでに示唆したごとく、最大の援助供与国日本との政府レベルの「友好」関係を、〝降ってわいた〟かのような慰安婦問題で損いたくないとの現実的配慮も働いたであろう。この点との関連でいえば、一九九一年末の東ティモールでのいわゆる「ディリ事件」に際し、欧米諸国の多くがインドネシア政府の武力行使による人権抑圧を厳しく批判したのに対し、日本側はむしろ事件後のインドネシア政府・軍部の対応を支持したという事実も想起する必要があろう。

現実面での対日政治経済関係を重視し「過去よりも将来が大切」としたインドネシア政府の態度と比較し、マスメディアにみられる国民世論の反応はどのようなものであったろうか。周知のように法的にも政治的にも厳しい報道規制下にあるインドネシアでは、政府の方針に真正面から対決する姿勢はとりにくいものの、問題が直接に現体制に関わるものではないだけに、主要紙誌の記事、報道特集の中にはきわめて厳しい筆致もしばしば見出された。また最大の影響力をもつ総合週刊誌『テンポ』(一九九四年六月、政府の言論統制政策により刊行禁止)がこの問題について二度(七月二五日号、八月八日号)の特集を組み、何人かの元「慰安婦」とのインタビューを実現させたことも、インドネシアにおける戦時日本支配に対する関心の深さの反映であった。以下では、マスメディアの報道にみられたいくつかの興味深い日本像を問題別に紹介しておきたい。

(一) 比較文化的な視点

「従軍慰安婦」制度は、日本以外には世界のどこにも存在しないものだとし、これを日本の文化の特徴として捉える見方もいくつか提起された。次の記事は、いわばインドネシア版の「日本異質論」ともいえよう。「日本軍にとって女性は食物や酒と同じであり、世界中日本だけが従軍慰安婦制度をもっていた。日本における性行動はきわめて奇妙であり、たとえばわれわれは東京のヌード劇場で観客が参加を許されるライブ・ショーをみることができる（じゃんけんで勝ったものが舞台に上り踊り子と交わる）。この光景は第二次世界大戦当時のことではない。近代都市東京で数年前みられた事実である。日本人にとって、性とは公然と語ることのできる必需品なのである。[26]」

こうした見方は、戦時中各都市で「黄色い館」あるいは「倶楽部」と呼ばれた軍慰安所で日本の軍人が行列をつくって順番を待っている光景を目撃したことのある年輩の世代には抵抗感なく受容されるもののようである。インドネシアでは知日派とされる歴史学者オンホッカム博士も、「性についての見方は、日本人とインドネシア人あるいは他のアジア人とでは異なっている。とくに第二次世界大戦中はそうであった。当時は日本軍にとって、そうした類の女性を用意することは、御馳走を並べることと同じことだったのである[27]」と指摘している。

㈡　反日運動との関連

知識人の発言の中で、もう一つ興味深いのは、インドネシア大学日本学科のＩ・クトゥット・スラジャヤ博士の指摘である。スラジャヤは一九七四年の田中角栄首相（当時）のジャカルタ訪問時に発生した「一月一五日事件」を念頭に入れてのことと思われるが、今の「従軍慰安婦」問題が政府に批判的なグループにより政治的に利用され、反日運動へ転化することがないように十分な警戒が必要であると説く。そうした観点から彼は、「一つの解決方法は、日本軍による女性動員についての資料があったとしても、それを歴史資料としてのみ捉えることが必要である。決して取り引き材料としてはならない。過去の歴史資料は当時の文脈の中で理解すべきであり、たとえ関連があるとしても今日のものとして理解してはならない。もし過去の問題が今日の政治的利害と混同されるならば、煩雑になるし、さまざまな批判が生じるであろう(28)」と論じている。

元日本留学生でインドネシア日本研究学会会長をつとめる立場から、スラジャヤの指摘は慰安婦問題が現実の両国関係へはね返ることに強い懸念をもつことからなされたものといえよう。とりわけ同年三月の政府決定によるオランダ援助の拒否が学術文化面でのインドネシア・オランダ間の交流に直接的な負の影響を与えていただけに、対日文化交流の有力チャネルの一つであるスラジャヤにすれば、「従軍慰安婦」問題が政治問題化することを回避したいという心理が強く働いたものと推察される。

(三) 元「慰安婦」の証言

韓国等他の関係諸国と比べると、その数はごく少数でしかも発言内容は〝控え目〟であるが、一連の報道の中で元「慰安婦」であった女性たちの体験が証言として初めて明らかにされた。

その最初と思われる記事は、中部ジャワの古都ソロ市在住のトゥミナという名の六六歳の元「慰安婦」との会見記である。この記事はソロの地方紙『ハリアン・スアラ・ムルデカ』七月一六日—一七日に掲載されたものである。筆者自身はその記事を実際に読んではいず、ジャカルタの『スアラ・プンバルアン』紙の中での短評によって知り得た範囲で紹介したい(29)。その女性の談話によれば、当時のソロには彼女が働かされた富士旅館(元ホテル・ローゼ)に約五〇人、もう一つの千代田旅館(現YPAC、身体障害者教育財団)に約一〇〇人の女性がいたという。即ち彼女の個人的な見聞から知り得るだけでも、ソロでは最低一五〇名の慰安婦が日本軍に「奉仕」していたことになる。

ソロの事例については、さらに『テンポ』誌も同様の言及をしている。ホテル・ローゼにいた六八歳のンガイラという女性についての紹介であるが、前述の女性と同一人物か否かは明らかでない。この記事によれば、彼女はソロ市での日本軍の路上一斉取締りで捕えられ、軍が慰安婦を収容していたホテル・ローゼに入れられたという、彼女は当時まだ十代であったが、日本軍支配の前は娼婦をしていたとも表白している。「日本人はケチでしかも外出を禁止されたので、そのホテルで日本人に奉仕するのは面白くなかった。日常の必需品は満たされたものの、給与はほんのわずかで家族への送金などとてもできなかった。それに比べるとオランダ時代は良かった。お金は沢山あったし、オランダは気前がよかった。(30)」以上が『テンポ』記者に語ったソロの元「慰安婦」の発言である。ここには「従軍慰安婦」の体験の一面と共に、ジャワ社会底辺の社会史の素材ともなるような記述がみられることも注目されよう。

同じ号の『テンポ』は、マレーシア出身の華人系女性シンセ(本名ケン・シーレイ)の、運命に弄ばれた痛々しい半生を詳しく紹介している。インドネシアで報じられた一連の記事の中では、最も具体性に富んだ記事である。

日本軍がクアラルンプールを支配した時、自分は一六歳だったがすでに結婚していた。父親が日本軍の将校に敬礼をしなかったことが原因で憲兵隊に逮捕されるという事件を機に、ある親切な日本人と知り合いになった。自分はその日本人を信頼していたので、彼からインドネシアに行って仕事をしないかと勧められた時、それを信じるしかなかった。こうして自分は他の九名のマラヤ出身の女性と共に船に乗り、シンガポール、ジャワ各地に寄港し、同じような運命の女性二〇名と共にモロタイ島へと連れていかれた。

モロタイでは各人が小綺麗な部屋を与えられた宿舎生活を送ったが、やがて自分たちは日本兵に性的奉仕をさせられるのだと分かった。故郷を遠く離れ他になす術もなく、運命に任せるしかなかった。毎日のスケジュールがきっちりと決められた。午後一時から三時は兵士のための奉仕で、彼らは二〇〇ルピアの切符を買わねばならなかった。三時から五時は下士官クラスのためで、切符代は三五〇ルピアであった。そして夜八時から翌朝までは高級将校と共に過ごし、その料金は一〇〇〇ルピア単位だった。

一日に五時間から一〇時間の奉仕で疲労がひどく、耐えられない思いであった。週一回、医師の検診を受け、薬を与えられコンドームはつねに部屋に備えられた。モロタイでのわずかな楽しみは休みの時に市場へ行くことだった。兵士から受け取った切符に応じて給与が支給された。一カ月六万ルピアを得たものもいた。しかし肉体的、精神的重圧に耐えられず毒を飲んで自らの命を絶ったシンガポール出身のセイ・リンのような女性もいた。九カ月間モロタイにいた後、日本軍の移動に伴い北スラウェシのメナドに移った。やがて連合軍の爆撃が始まり、さらにトモホンに移動し、そこで日本の降伏を迎えた。同じマラヤ出身の女性の中には自分の運命を恥じて故郷に帰る勇気がなく逃げたものもいる。私もその一人だ。

『テンポ』記者は、シンセ夫人に対し日本政府に補償を要求するかと尋ねたところ、シュロ糖作りの夫を五年前に亡くし、今は敬虔な仏教徒として静かな余生を送っているこの老婦人は静かに首を振った、とその会見記を結んでいる。さらに記者は、「現在までのところ日本軍の「慰安婦」となった女性が公開の場に現れ、補償を要求した例はない。そうした行動はインドネシアでは容易なことではないだろう。慰安婦としての体験について、やっとの思いで語り始めた三人の韓国女性やシンセ夫人のように、彼女たちは今まで自らの苛酷な過去を自分たちの心の奥深くにしまいこんでいた。家族に恥しい思いをさせないようにという心配りからである。まだ家族、肉親がいる彼女たちは自分の過去を語ろうとしないだろうし、もっと大きな可能性としては、彼女らの多くが今ではもう亡くなってしまっているであろう(31)」と指摘している。

東京にも支局をもつ『テンポ』誌は、「従軍慰安婦」に関する第一回特集から二週間後の八月八日号でも、全国八カ所での取材をふまえ「竹の家からの叫び声」と題する全一二ページの詳細な報道を行なっている。ここではそれらの事例の内、特集の巻頭を飾ったスマトラ、バンカ島在住の元「慰安婦」の例を貴重な証言として紹介しておきたい(32)。

バンカ島のパンカルピナン市のある家に、常に賭博で時間を過ごす七〇歳の老婦人がいた。彼女が言うには、賭博こそが過去を忘却させる何よりの方法である。過去とはもうすでに五〇年も昔のことであるが、今日になっても、その過去の精神的負担を感じている。

彼女は、韓国の女性のように、大勢で日本の政府に抗議し損害賠償を要求するようなつもりはないのである。彼女は未だに当時を語れる生証人の一人ではあるが、沈黙を選んでいる。大日本軍のための慰安所の慰安婦の調達のために少女や成人女性を探し集めた日本軍の残虐さについてである。過去についてはなかなか語ってもらえない。彼女が過去を忘れたわけではなく、なんと語ったらいいのか分からないのである。こうした過去のすべては子孫に恥をかかせる話ばかりであるからだ。結局、彼女は匿名を条件にその体験を語ってくれた。

彼女はフミコという名前を持ったことがある。この名前を貰って以来、彼女はカロン・ゴニ(麻袋)をもはや身に付けることはなくなった。カロン・ゴニとは日本の植民地になった一九四二―四五年の間、インドネシア各地で衣類が手に入らなくなった人々の普段着になったものである。彼女は小柄であったが、豊かな胸と魅力的な腰が人目を引いた。その小さくて可愛い顔には厚化粧をしていた。髪には髷を結ってあった。それはフミコとしての化粧であった。当時彼女は二〇歳であった。フミコは、他の約二〇人の「フミコ」と一緒に彼女が生まれ育った町のある場所の、警備員一三人、部屋十数間付きもの「大きな家」に住んでいた。ほとんど毎日夕方から深夜迄、フミコは日本将校の酒飲みの付き合いという仕事を与えられていた。最初、酔った軍人たちの叫び声を聞いて嫌気がさしたが、時間がたつにつれ次第に慣れてきた。酒を飲んでどんちゃん騒ぎをした後に、酔った軍人の一人が彼女を部屋の中に引張り込むに違いないということも知っていた。

「彼らは残酷ではない」とフミコは語った。「彼らはただ性的サービスを要求しただけだ」。つねに客が、行為の後で装身具などをくれた。これがその「大きな家」のしきたりである。即ち、

「良いサービスは装身具のご褒美を貰う」ことなのである。

彼女の運命は、農民であった親が日本軍の兵舎の近くに住んでいたということで決まった。その兵舎に住む一人の日本兵が彼女に目をつけた。それ以上悩まされるのがいやで、フミコはいつもこう言った、「主人は農園で仕事中です。」もちろん彼女は嘘をついたのである。当時、まだ二〇歳だったが、彼女はすでに未亡人であった。不運にも、ある日、日本軍が従軍慰安婦を探し求めに来た時、近所の誰かに密告され、未亡人であることが判ってしまった。

そのため、しばらくたったある日、日本軍が迎えに来たのである。「彼らは私と結婚し、東京に連れていってくれるうえ、両親の生活を保償してくれると言っていた」と、彼女は過去を思い出しながら語った。当時彼女の家族は飢餓寸前だった。「食べることだけでも難しかった。衣服は麻袋から作られたもので、両親は全身が痒かった」と言った。

彼女にとっても、親にとっても、他の選択肢はなかったようである。その日本人は武器を持っていた。当時、誰でも知っていたが、拒否は役立つどころか、かえって災を招くだけだった。「そのため、日本軍が私を引っ張った時、私はただ諦めるしかなかった」と言った。

それが「大きな家」に住むきっかけだった。その家には目が細い同年輩の女性もいたと彼女は記憶している。その女性たちはバンカ島周辺の村から連行されたと彼女は付け加えた。ここで、他の女性と同様に彼女は品定めをされた。顔と身体はずっとチェックされつづけていた。

しばらくたって、その女性たちの一部が連れていかれた。西スマトラのブキティンギ——スマトラ島における日本占領軍の三つの司令部の一つが置かれた——とパダン市に連れていかれたそうである。彼女自身はそれほど遠い所に連れていかれなかった。ただ別の大きな家に移されただけである。

このフミコは運が良かった。ベッドの上にいる以外に何の仕事もなく絶望しかかっていた中で、ある客が彼女を自分の住まいに移した。ある日、その「大きな家」でのにぎやかな宴会の最中に、ある日本の将校が彼女を連れ去った。彼女はその後、日本の敗戦でその恋人が日本に帰国せざるをえなくなるまで同棲していた。

フミコとなっていたこの女性はその後、港で働く苦力と結婚し数人の子供をもうけた。現在では孫もいる。平穏な家庭生活が持てることはありがたいことだと、読み書きのできないこの寡婦は『テンポ』誌の女性記者アイナ・ルミヤティ・アジスに語った。

ここでフミコが語ってくれた「大きな家」とは慰安所にほかならないということは推察できるだろう。そして、その「フミコ達」こそがいわゆる日本軍の従軍慰安婦である。問題は彼女達がそれぞれの慰安所の日本軍の需要に応じてあちらこちらと移動させられたことである。しかも、その慰安所は一つの地域に限られるのではなく、場合によっては異国に連れて行かれることもあったのである。

おわりに

一九九二年七月の「従軍慰安婦」に関する調査およびその後の継続調査さらには各国からの反響をふまえ、自民党政府は一九九三年八月四日、慰安婦募集に際しての「強制性」を初めて公式に認めた。さらに新たに発足した非自民党連立内閣の細川護熙首相（在任九三年七月―九四年四月）も、就任直後の声明で歴代首相として初めて「大東亜戦争」を「侵略戦争」であったと位置づけるなど、「敗戦五〇年」を前に近隣アジア諸国との関わりに関する日本の歴史認識は大きな転換期にさしかかっているといえる(33)。

こうした中で本章は、限られた資料に依るものではあるが、韓国等東アジア諸国と比べ論じられることが少なかったインドネシアの「従軍慰安婦」問題を考察したものである。インドネシア側官民で提起されたさまざまな見解は、今日の「緊密」な対日関係に対する配慮も一因してか、決して真正面から日本の非を指弾したり補償や賠償を要求するといったものではなかった。しかし、それだけにその感情を抑制した発言や論調の背後に、この問題に対する、そして戦後日本の総体に対するインドネシア社会のホンネの部分が浮かび上がっているともいえよう。

現在インドネシアで用いられているほとんどの『インドネシア語辞典』や『百科事典』のなかで、「ロームシャ」をはじめとする戦時中使用された日本語がそのままの形で定着している。それと同じくこの「イアンフ」という語も日本人が好むと好まざるとにかかわらず、今後インドネシアでは日本軍政期を語る時に、たえず登場する言葉となるであろう。そのことの意味をかみしめることが、「敗戦半世紀」を迎える日本人にとって一つの「戦後責任」の果たし方だといえるのではないだろうか。(34)

(付記)　本章四節は、リー・エントアン氏が資料を訳出し文章化したものを後藤が手直ししたものである。

(1)　たとえば、『スカルノ自伝』(黒田春海訳)角川文庫、一九六九年、二一七―二一八頁、イワ・クスマ・スマントリ(後藤乾一訳)『インドネシア民族主義の源流――自伝――』早稲田大学出版部、一九七五年、一一六頁、タン・マラカ(押川典昭訳)『牢獄から牢獄へⅡ』鹿砦社、一九八一年、二八一頁等を参照されたい。

(2)　高木健一『従軍慰安婦と戦後補償』三一書房、一九九二年、一〇一―一〇二頁。

(3)　慰安婦の人数についての公式記録はないが、各種資料をつき合わせた秦郁彦は六万―九万という数字をあげ、その内日本人と朝鮮人の比率を三対七ないし二対八としている。『昭和史の謎を追う(下)』文藝春秋、一九九三年、三二八頁。

(4)　『朝日新聞』一九九三年四月二日。これに関連し、同紙九三年九月一一日記事は、日弁連の調査の大要を紹介している。また調査結果について調査団の岩城和代弁護士は「(女性たちは)何らかの補償が欲しい。日本に対して裁判を起こしたい」と語っていたと述べている。またマレーシアについては一九九三年八月一四日『朝日新聞』が、与党統一国民組織がマレーシア華人協会と連名でマレーシア人元慰安婦八名についての認知と補償を日本政府に要求することになったと報じている。

(5)　松野明久「従軍慰安婦問題」『インドネシア・ニュースレター』(一九九三年七月一〇日)一二頁。また大村哲夫「「現地調達」された女性たち――インドネシアの「慰安婦」問題覚書――」『世界』一九九三年、七月号も参照されたい。

（6）『朝日新聞』一九九三年八月一四日。

（7）詳細については、日本インドネシア兵補協会編著『インドネシア兵補の訴え』梨の木舎、一九九三年。またロームシャについての詳細は、倉沢愛子のインタヴュー調査もふまえた『日本占領下のジャワ農村の変容』草思社、一九九二年、第四章を参照。

（8）Pandir Kelana, *Kadaruati Wanita dengan Lima Nama* (Jakarta: P. T. Gramedia Utama, 1992).

（9）O. D. P. Sihombing, *Pemuda Indonesia Menantang Fasisme Jepang* (Jakarta: Sinar Jaya, 1962), h. 153.

（10）高木健一、前掲書、七〇頁。

（11）『朝日新聞』一九九二年一二月六日。

（12）琴秉洞編『戦場日誌にみる従軍慰安婦極秘資料集』緑陰書房、一九九二年、三頁。

（13）以上の史料は、吉見義明編『従軍慰安婦資料集』大月書店、一九九二年、一六六―一六九頁に依拠。

（14）高木健一、前掲書、七五頁。

（15）岩武照彦氏の御教示による。一九九三年一月二三日。

（16）当時の両国関係の一端については、小川忠『インドネシア――複合民族国家の模索――』岩波新書、一九九三年、浅野健一『出国命令――インドネシア取材一二〇〇日――』日本評論社、一九九三年等を参照。

（17）日本の南進政策、戦時東南アジア占領と台湾との関係については、本書第二章を参照。

（18）『うなばら』一九四二年五月二九日。なお、同紙は『赤道報・うなばら』として一九九三年九月、龍溪書舎から復刻版が出版された。

(19)『読売新聞』一九九二年一二月八日にはその一人とされた在豪オランダ女性ジャンヌ・ラフ・オッヘルネ夫人との会見記を載せている。なお深見純生編『日本占領期インドネシア年表』(非売品、一九九三年)の一九四二年三月一五日、四四年三月六日の項にはそれぞれ次のような記録がある(この項目は戦後刊行されたオランダ語文献を典拠としている)。「スカブミで日本軍への慰安婦提供を拒否した監督官ヨングブルッド、日本軍に殺害さる」「スマランで一五—二五歳の印欧人未婚女性は三月一五日一二時—一六時に出頭しなければならない、おそらく慰安婦向け」

(20) 戦後補償問題連絡委員会編『朝鮮植民地支配と戦後補償』岩波ブックレット二六〇号(一九九二年)に収録(四四頁)の表5-2からもその一端がうかがえよう。

(21) *Kompas*, Juli 8, 1992.

表5-2 朝鮮，台湾の旧日本軍の軍人・軍属

	復員兵	戦没者	合 計
朝 鮮	220,159	22,182	242,341
台 湾	176,877	30,306	207,183
合 計	397,036	52,488	449,524

厚生省調べ(1990年9月)

(22) *Ibid.*, Juli 14, 1992.

(23) *Ibid.*, Juli 16, 1992.

(24) *The Jakarta Post*, July 8, 1992.

(25) *Kompas*, Juli 14, 1992.

(26) *Ibid.*, Juli 9, 1992.

(27) *Angkatan Bersenjata*, Juli 14, 1992.

(28) *Ibid.*

(29) *Suara Pembaruan*, Aug. 26, 1992.

(30) *Tempo*, Juli 25, 1992, h. 17.

(31) *Ibid.*, h. 18.

(32)　*Ibid.*, Aug. 8, 1992, hh. 52-54.

(33)　それだけに一九九四年前半に相次いだ二人の閣僚による前大戦の「侵略性」否定の発言は、近隣アジア諸国の日本への不信を増幅させるものであった。インドネシアにおける安全保障論の権威であり、対日関係を重視する立場を鮮明にしているユスフ・ワナンディ(戦略国際問題研究所理事長)も、永野茂門法相発言(五月三日)に関連しこう述べている。「東南アジアはすでに日本への懸念を超えて、地域への一層の役割発揮に期待している。辞任した前法相の発言は、その基盤を再び揺るがし混乱させただけの「愚かな発言」としか評しようがない」『朝日新聞』一九九四年五月二九日。

(34)　日本、インドネシア両国政府が賠償協定、平和条約に向けての外交交渉を続けていた一九五三年二月二十八日、駐ジャカルタ甲斐総領事発岡崎外相宛の公信の中に「戦時中日本軍及び軍人の犯した諸種の不祥事(特に労務者の徴用及び看護婦と慰安婦の徴用)に対して日本国民が真にその道徳的責任を認め誠意をもって謝罪」することが必要だとの指摘がみられる。「従軍慰安婦問題」がたんなる今日的、一過性的な問題ではなく歴史に根ざした深い問題であることを示唆したものといえよう(「対インドネシア賠償問題に対する「イ」側の態度に関する件」DRO所蔵)。

第六章　「対日協力」と抗日運動の諸相

はじめに

近代アジアにおける唯一の「植民地帝国」日本が対外政策の柱の一つとして「南方海洋殊に外南洋」(現在の東南アジア)進出を初めて公式に謳ったのは、一九三六年八月の「国策ノ基準」(広田弘毅内閣・五相会議決定)においてであった。

この決定により、南進政策は「北方蘇国ノ脅威ヲ除去スルト共ニ英米ニ備ヘ日満支三国ノ緊密ナル提携……」即ち北進と同じレベルに引き上げられたが、翌三七年七月に本格化する日中戦争、あるいはその後の張鼓峰事件やノモンハン事件での敗北=北進の挫折により、日本の対外関心は大陸に釘づけとなった(本章では南方という場合、外南洋を指し、第一次世界大戦を契機に事実上日本の南進政策が具現化していた内南洋=南洋群島は対象としない)。

だが皮肉にも、再び日本の南方関心を高揚させたのは、日中戦争の「泥沼化」という大陸政策の行き詰まりであり、またその過程で段階的に強化されたアメリカの対日経済制裁、さらには第二次世界大戦の勃発(一九三九年九月)という国際環境の急変であった。とくに日本が日中戦争の遂行上経済的、軍事的にきわめて重視していた蘭印(蘭領東インド、現インドネシア)の資源、仏印(仏領インドシナ、現ベトナムを中心とするインドシナ三国)の援蔣ルート(1)との関連でオランダ、フランスが友邦ドイツに敗北したことは、そのドイツの東南アジア進出への危惧とも相俟ち、この地域への日本の政治的、経済的そして軍事的関心を一挙に高めることになった。

こうした経緯が示すように、東アジアを中心に建設された「戦時帝国」日本は、戦後初期の史書がいうごとく、決して用意周到な態勢の下に南進政策を構築し、それに基いて占領政策を実施したわけではなかった。現実は、入江昭が指摘するように「綿密な計画の実施というよりは、既成事実の積み重ね」(『日米戦争』中央公論社、一九七八年)であり、また「お座なりの計画」で「傘下各国に樹立されるべき政府の基本的な性格について明白な共通の見解が存在していたわけでもなかった[2]」。

事実、陸軍参謀本部が占領構想を具体的にまとめたのは、「大東亜戦争」開戦のわずか九カ月前のことでしかなかった。まさにその事実は、第二次世界大戦の勃発と共に、日本が「明確なプランや理論的根拠を持たぬまま機会便乗的な即製の南進に踏み切[3]」ったことを物語るものであった。そしてその指摘はまた、伝統的に北方を重視してきた陸軍が「不十分な準備と知識で一挙にジャワ占領統治[4]」をせざるを得なかったとの、南方軍第十六軍首脳の証言と軌を一にするものであった。

さて参謀本部の研究成果たる「南方作戦ニ於ケル占領地統治要綱案」は、一九四一年一一月二〇日の「南方占領地行政実施要領」(大本営政府連絡会議決定)の原案をなすものであるが、そこでは何よりも「南方作戦ノ目的」は「資源確保」にあること、統治にあたっては「在来ノ統治機構ヲ……利用」することが、「民度低ク我ニ対スル敵性度大ナラサル」南方においては適当であると強調されていた。

それと同時に、民族主義運動に宥和的態度をとり彼らに「過早ノ言質」を与えることは、かえって

「無用ノ摩擦」を惹起したり、「将来帰結セル最善ノ方策」を拘束することになるので「害有リテ益無キナリ」と武断統治を提言するのであった。(5) さらに開戦一カ月前にまとめられた南方軍総司令部の「南方軍軍政施行計画(案)」においても、「占領地域ニ於ケル原住土民ノ独立運動ハ差当リ之ヲ行フコトナク……」とあるように、当初は民族主義運動を警戒ないし危険視する発想が強く——これは中国占領地域における経験にも起因するものと思われる——、彼らを戦争目的の達成に協力させるという考えは稀薄であった。

しかしながら、短期間の戦争でほぼ南方全域を支配下においたものの、日本は対連合国との戦争を遂行しつつ自らの一三倍の面積と三倍の人口を有する南方を統治しなければならなかった。そしてこの二つの課題を同時に遂行するためには、各地の民族主義運動に対し協力を求め、場合によっては一定の譲歩をすることも必要となった。とりわけ資源獲得というホンネはともかく、タテマエとして欧米支配からの「解放」を掲げた以上、旧宗主国により投獄あるいは追放されていた民族主義指導者を利用することは、占領政策遂行上、政治的、心理的効果が絶大であるとみる考えも一部に根強くあった。もちろん、その反面、日本に対し敵対的な態度をとる民族主義者に対しては、憲兵隊(海軍支配地域では特別警察隊)等の公安組織を通じ徹底的に抑圧した。

また地域差があるとはいえ、民族主義指導者側も、強大な西欧植民地体制を短期間で打破した日本に対し、軍事的に抵抗することは不可能であるとの判断から、むしろ日本に対する「協力」を通じ、「平和的」かつ漸進的に独立の諸条件を整えていこうとする現実主義が主流を占めるに至った。いうなれば、戦時期の日本・東南アジアの「協力」関係は、双方の側のジレンマの相乗作用の結果であり、したがって本質的に「同床異夢」的な性格をもつものであった。

なお、戦時期の日本の東南アジア支配の形態は、㈠旧宗主国との共同支配(一九四五年三月までの仏印)、㈡戦前からの独立国との「同盟」関係(タイ国)、㈢直接的な軍政が施行された諸地域、および㈣宗主国の主権を名目上は承認した上で、実際には戦争のほぼ全期間日本軍の支配が継続された地域(ポルトガル領ティモール)に分類できる。

この第三類型のうちビルマ、フィリピンは戦時中名目的な「独立」を与えられ、日本と「同盟」条約を結ぶことになる。インドネシア、マラヤ等は「帝国領土と決定」(一九四三年五月「大東亜政略指導大綱」)され、日本の敗戦まで軍政が施行される。ただしインドネシア(日本側は、戦争末期まで「東印度」を使用)には、一九四四年九月「小磯(首相)声明」により「近い将来」の「独立」が約束されたが、それが現実化する前に日本の敗戦を迎えたのであった。しかしながら皮肉にも、そのことが、日本敗戦二日後の八月十七日に発布されたインドネシア独立宣言を「日本製」だと烙印を押す旧宗主国オランダの非難を無効にする結果をもたらしたのだった。

本章は、主に上述の第三類型の諸地域を事例としつつ、戦時期東南アジア指導者の「対日協力」の諸相、および各地の抗日運動の特徴について考察するものである。

一　日本側の民族施策

「独立運動ハ過早ニ誘発セシムルコトヲ避クルモノトス」(「南方占領地行政実施要領」)ることを基本原則に掲げた日本軍政は、当初民族主義者の政治活動を厳しく抑圧することを基本方針とした。しかし「進攻作戦」を終え実際に占領政策を施行する段階になると、各レベル、各分野における日本人行政官の深刻な人手不足も一因し、有力な民族主義指導者をいかに処遇するかという問題が、東京の軍中央と現地軍との間で重要な争点となった。

端的にいうならば、民族主義運動との関係について、軍部の中に二つの異なる見解がみられた。一つは、それを利用することの危険性、軍政の本質との矛盾を説き「依らしむべし知らしむべからず」でいくべきとの方針であり、もう一つは、民族主義運動指導者の「信頼と協力」を得て民衆を動員し、「民族運動の目標と軍政目的をともに達成させるリスクをとる」(6)という立場であった。

軍部中央あるいは当初サイゴン(現ホー・チ・ミン市)におかれた南方軍総司令部は既定通りの武断統治を主張し、融和政策には否定的であった。それに対し民族主義運動の影響力が大きく、かつ軍政開始にあたりほとんど抗日的姿勢を示さずむしろ表向きは「歓迎」した地域、とくに第十六軍下のジャワにおいては、今村均軍司令官の方針もあり積極的利用論が支配的であった。

当初第十六軍のこうした対応は、軍中央からは「火遊び」と批判され、またサイゴン当局も「第十六軍はいまに民族主義者に手を焼き、後悔しよう」との冷淡な反応を示した。この中央と出先との乖離は、その後も「独立」問題をめぐりしばしば顕在化するが、ジャワにおいては基本的には、「独立」というカードを〝ちらつかせ〟つつ民族主義運動を戦争目的達成という枠内で積極的に利用する方針がとられた(7)。

民族主義者の多くが(開戦前に公然と反日的態度を表明していたものも含め)何故日本との「協力」を選択したかについては、種々の動機や理由が考えられよう。個別の事例については後述するが、ここでは一般的な要因として以下の諸点をあげておきたい。第一のもっとも重要な理由は、各地の民族主義運動が打倒できなかった西欧植民地体制を、東南アジア的規模で、しかも短期間に解体させた日本軍に武力で抵抗することは、事実上不可能であるとの判断が働いたことである。即ち民族主義の目標を達成する上で、むしろ「虎穴に入らずんば虎児を得ず」との状況認識があったといえよう(もちろん機会主義的な動機から新たな支配者の側に投じた事例もみられた)。

第二は、日本の掲げた「西欧支配からの解放」というタテマエへ共鳴を示し、あるいは少なくともそれと民族主義運動の目標とを同心円的に捉え、日本に「協力」しようとした事例である。こうした民族主義者はフィリピンの在日亡命民族主義者アルテミオ・リカルテあるいはインドネシアのユスフ・ハッサンの軌跡が象徴するように、やがては日本軍政の現実と理念の乖離に煩悶し、日本から離れたり、あるいは日本批判故に当局から冷遇されることになる(8)。だが概していえば、トップクラスの指導者にはこうした事例はほとんどみられなかった。

第三の動機は、タイ国あるいはフィリピンにみられたごとく、独立を守るため、あるいは「親米派」を中心とする既存体制の継承をはかるため、戦術的に対日協力に踏み切ったとの「論理」である。

二　三地域の比較考察

以上の諸点を念頭におきつつ、本節ではインドネシア、フィリピン、ビルマを事例として取り上げ「対日協力」の具体的な諸相を検討してみたい。また、大東亜会議との関連で独立国タイの首相ピブーン・ソンクラームの対日姿勢についても一言触れておきたい。

1　インドネシア

いうまでもなく、日本が唱えた「大東亜共栄圏」の中でインドネシアは重要資源(「人的資源」も含め)の観点からも、戦略的地位の観点からも、「南方の生命線」と位置づけられた最重要地域であった。他の諸地域と異なり、陸軍(ジャワ、スマトラ管轄)、海軍(その他諸地域を管轄)が共に支配に関与した事実のみをみても、インドネシアの有した死活的意味が明らかであろう。そのインドネシア、ことに心臓部にあたるジャワにおいて、民族主義運動からのさしたる抵抗もなく予期以上に「円滑」に軍政が着手されたことは、初期の軍政当局の基本方針に大きな影響を与えることになった。

日本軍政のほぼ全期間を通じ、軍政監部総務部企画課という中枢にあった斎藤鎮男は、次のような証言をしている。

戦争目的の達成は資源獲得であり、それは住民の協力なしには不可能である。したがって住民協力は戦争目的と両立すると思った。民族意識を高めることで協力が得られると。[9]

このような立場をとるジャワの軍政当局にとって、かねてから民族主義運動の頂点に立つとみていた、そして蘭印政府により約八年間の幽閉を強いられていたスカルノ、ハッタをどう遇するかということは焦眉の問題であった。彼らを利用することは危険な「火遊び」であるとの陸軍中央の強い異論もあったが、結局は彼らの協力をとりつける方針が軍政施行後すぐに決定をみた。

なお開戦四カ月前にまとめられた海軍省の一調査報告書は「(蘭印の)民族的志士ニシテ和蘭政府ニ虐ゲラレアリシ者ノ如キハ速ニ之ヲ解放利用シテ民心把握ニ資スルヲ適当トス」[10]と提言している。ジャワにおける陸軍当局は、結果的にみればこの方向で統治を行なったことになるが、皮肉なことに海軍支配下におかれたスラウェシ、カリマンタン等の地域では、「民族的志士」を利用しての「民心把握」は軍政の最後の段階まで実現しなかった。

こうした日本側の民族指導者への接近とその利用は、オランダ植民地政府の民族施策とは一八〇度異なるものであったが、これに対し対蘭非協力を貫いてきたスカルノらはどのような対応を示したのであろうか。スカルノは一九二〇年代後半、将来日本の膨張主義がアジア太平洋地域において英米両帝国主義国家と衝突し、インドネシアの運命もそうした列強間の角逐の影響を免れることはできないと、「太平洋戦争」の勃発を予見する発言をしていた。彼はまた有名な一九三〇年のバンドンでの法廷陳述「インドネシアは告発する」においても、日本を「アジアにおける唯一の近代的な帝国主義国家」と規定しつつ「樺太、朝鮮、満州に植民地支配体制をうちたてた日本は、ついで環太平洋諸民族の平和と安全を脅かしながら、この地に植民地を保有する英米帝国主義諸国との間で死闘を繰り広げるであろう」と言明し、さらに「アジアの抑圧された諸民族の旗手日本」という日本の論理は欺瞞である、と鋭く非難していた(11)。

それにもかかわらず、それから一〇年後のスカルノは対蘭非協力から一転し対日協力を受容した。一つの大きな理由は、彼がかつて分析したように列強相食む状況が現出するなかで、その間隙をぬって独立を手に入れる——少なくともオランダ植民地支配を打倒する——好機が到来したと認識したためであろう。彼には何よりもオランダが主敵であるとの認識と共に、戦争継続中の、しかも「アジア解放」のタテマエを掲げる新支配者日本の方がマヌーバーしやすいとの鋭敏な状況判断もあったのかもしれない。

この点と関連し、独立後のスカルノの政治・外交面におけるブレインともいうべきルスラン・アブドゥルガニは、スカルノが反ファシズムを強調する一方、孫文のアジア主義あるいは日本の近代化にも強い関心を示していたことを指摘している。さらにルスランは、「民主主義と軍国主義のどちらを選ぶかと尋ねられれば民主主義を選ぶ。しかし、もしオランダ民主主義を選ぶか日本軍国主義を選ぶかと問われれば、日本軍国主義を選ぶ」とのスカルノの言葉を紹介している(12)。この私的な会話におけるスカルノの発言は、彼の国際政治観をみる上できわめて示唆的である。いずれにせよＪ・レッグが指摘するように、スカルノにはオランダに忠誠を尽くし、彼らのために日本の侵略、占領に抵抗する何らの理由もなかったし、独立という目標を獲得するためのいかなる手段も道徳的に正当化されると理解されたのだった[13]。

と同時に、シャフリル、タン・マラカら対日非協力を貫いた彼の戦後の政敵が後日批判するように、また「自分の演説の七五%は純粋に民族主義的なものだ[14]」という自負にもかかわらず、スカルノの対日協力はたんなる方便以上に深いものがあった。日本の戦局悪化にもかかわらず、極秘裡に連合国側と接触を試みることはなく、また最後まで日本を見捨てることをしなかったことも否めない事実である。そしてこのことがまた、日本側当局者をして、「軍政に心から協力してくれたインドネシア民族[15]」といわしめる最大の根拠であった。

このスカルノの対日協力をみる上で最も興味深いのは、彼にとって宿願である独立問題に対する対応に関してである。彼は、東南アジアの諸地域中ジャワの民族主義指導者がもっとも日本に協力しているとの「自負」をもっていた。それにもかかわらず、日本側がビルマ、フィリピンに対する方針と異なり、インドネシアに対しては独立問題を棚上げすることに、彼は強い不満があった。もちろんスカルノは、御前会議決定「大東亜政略指導大綱」がいうごとく、日本の最上層部がインドネシアをマラヤと共に「帝国の永久確保……但し当分発表せす」と位置づけていたことを当時知るよしもなかった。したがってその大綱で決められたアジア各地の「独立国」首脳を一堂に会して開かれる大東亜会議(一九四三年一一月)に、何故対日協力を惜しまないインドネシア代表が招かれなかったか、また何故彼らだけが会議閉会後に日本へ招待されたのかも分からなかった。

そうしたスカルノにとって、日本がマリアナ沖海戦の敗北、インパール作戦の失敗とそれに続く東条内閣の倒壊後の一九四四年九月、「今日の戦局に於て之等諸国家諸民族の対日動向は必ずしも楽観を許さざるものがある」[16]との状況下、「近い将来」との曖昧な表現ながら「東印度に独立」を許容すると発表したことは、彼に「対日協力決定は正しかった」[17]といわしめることになった。その後日本の敗戦に至る過程でも、スカルノは急進的な即時独立論に立つ青年民族主義者からの突き上げにもかかわらず、日本の「独立約束」の枠外で独立を実現するという態度は一切とらなかった。

たとえば戦争末期、変名で西部ジャワ、バヤ炭鉱で労務担当の書記をしていた元共産党最高幹部タン・マラカは、炭鉱視察に来たスカルノが「ロームシャの一滴の汗は連合国にとって毒である」と述べ、日本のための労務供出、石炭増産に協力するよう奨励したことを鋭く批判している。さらにタン・マラカは、彼の質問に答えたスカルノが「我々の貢献ぶりを示すことが先決である……我々の貢献が大きければ、いずれダイニッポンは我々に独立を与えるだろう」と述べたこと、あるいは時期尚早と判断したためであろうか、「もしダイニッポンが、いま私に独立を与えたとしても、私はそれを受けとらないであろう」と述べ[18]、あくまでも対日関係を最優先する発言をしたことを「看過できない重大な内容」だと告発している。

日本の敗戦が迫っていた一九四五年夏の時点においても、スカルノの対日「忠誠」は変らなかった。七月の独立準備調査会(同年三月発足、八月に独立準備委員会となる)の会合で、独立後とるべき政体として共和制か君主制かが議論された時、スカルノは「東京からの命令で政体論議をしてはいけないとされている」と発言し、怒ったウィカナ、スカルニら青年指導者が抗議の退席をしたのも同様の一例であった。[19] また日本の敗戦が確実な噂としてインドネシア側要人の間に広まっていた八月一五日、スバルジョ(初代外相)らと共にスカルノ邸に赴いたイワ・クスマ・スマントリ(初代社会相)は、即時独立宣言を要求するスカルニら青年指導者に対し、スカルノが「このような重要な事柄は、事前に日本軍と協議しなければならぬ」と反論したことを証言している。[20] この一件が、スカルノ、ハッタを誘拐した青年指導者が、日本とは無関係の独立宣言を二人に迫るいわゆるレンガスデンクロック事件の直接の引き金となったのであった。

スカルノが日本軍政にいわば積極的に協力する道を選んだのに対し、もう一人の最高指導者モハマッド・ハッタは、いわば消極的な態度で協力したといえる。ハッタは、日本が国際連盟脱退を声明した直後の一九三三年四月に来日体験がある。神戸に上陸したハッタに対し、当時の日本の有力紙たとえば『大阪朝日新聞』および『大阪毎日新聞』(いずれも四月一五日)は、それぞれ四段抜きのハッタ紹介の記事をのせ、しかもその見出しにそれぞれ「大アジア主義の旗下に参ぜん、蘭領印度の若きガンヂー、はるばる憧れの日本へ」、「日本を慕うて爪哇のガンヂー、こよひ憧れの来朝、重き使命を双肩に」と大々的に報道し、それ以来彼の名は南方問題に関心をもつ日本の朝野においてスカルノ以上に知られるようになった。

日本がハッタ訪日を日本の唱える「アジア回帰」論への共鳴という政治的文脈で独断的に解釈した

のに対し、彼自身は帰国直後の論文で「(日本のアジア主義は)アジアの盟主を夢見る日本のファシズム勢力により汚されようとしている。(この動きは)アジアにおいて植民地をつくるという日本の新しい願望を起こさせ得るものだ」と分析し、一九三〇年代以降の国際関係における日本の動向を「ファシズム対民主主義」の対立という図式の中で理解する立場を表明していた(21)。ハッタがそのような日本認識をもっていたにもかかわらず、日本側は開戦に至るまで一貫してハッタを「親日」的な民族主義者とみていた。開戦三カ月前に作成された外務省の一報告書も、彼を日本の南進に好意的な「親日派」指導者と捉え、かつ彼の八年間の流刑生活の理由を一九三三年の訪日との関連で我田引水的に理解しさえしていた(22)。

こうした日本側の評価をよそに、ハッタ自身は一九四一年一二月末、流刑地バンダネイラで執筆した「太平洋戦争とインドネシア人民」と題した論文を発表し、今次大戦を一九三〇年代以降の日本の膨張外交の帰結と捉えたのであった。そして彼は「西欧民主主義の陣営」に加わって「日本帝国主義と対決」する以外にとるべき道はないことを説き、「生き恥をさらして生きるよりも理想に殉じて死んだ方がましである」とその論文を結んだのであった。

しかしながら、開戦直後のハッタのこうした「戦闘的民主主義」の立場とは異なり、彼は日本軍政の開始と共に戦術を変更せざるを得なかった。そうした選択は彼には苦渋に満ちた屈辱的なものだったと思われるが、「白人優位の神話」を打破した日本の強大な軍事力を目のあたりにしては「生き恥をさら」しつつ現実的な態度で臨むしかなかった。流刑を解かれ八年ぶりに再会した年若の盟友ワンサ・ウィジャヤに対し、ハッタが吐露した次の言葉の中に対日協力に入らざるを得なくなった彼の心理の一端が示されている。

今後の事態の成り行きを見守るしかないだろう。明らかなことは日本は民主主義国家ではなく、軍国主義・ファシズム国家である。君自身、そのような政府がどのような性格のものであるか、十分理解していよう。当面、われわれは人民を助けるために、できることは何でもやらなければならないのだ(23)(傍点引用者)。

このようにしてハッタは、「対日協力」を通じ「理想」を追求する現実主義——彼の心中では「和平抵抗路線」と解されたであろう——をとることを余儀なくされた。しかしながら彼の協力はスカルノに比し、はるかに「消極的」なものであった。また軍政当局も、ハッタが「軍政協力の戦列」への参加を決意したことそのものに大きな意義と価値を認め、「それ以上の積極的協力を無理強いすることを控える方針(24)」をとった。

日本側がハッタに期待した役割は、日本支配の特徴の一つであった大衆集会やラジオを通じての民衆宣撫工作において、戦争と軍政の目的を一般大衆に「下達」し「銃後の協力」を求めることにあった。彼の講演集には、日本軍政期になされた主な演説一四点が収められている。これらの演説を貫く基調は、一見日本に協力を誓い、また日本を賞讃するようにみえるものの、実は民衆を鼓舞し、最終目標を達成するまでの自己犠牲と精神力の必要性を説くというものであった(25)。たとえば開戦一周年記念日の大衆集会において、ハッタは「インドネシア人民は日本から恩恵を受け、日本に感謝することだけしか知らない人民ではない。人民もまた大アジアの理想を手に入れるための戦いに参加したいと願っている。その大アジアの理想は、過去のインドネシア民族運動にとっても宿願であったのだ」と述べる。即ち一方では日本がタテマエとして掲げた「大アジア主義」と自分たちの民族的課題とは一致するものとの理解を示し、他方では自分たちもその目標――いうまでもなく主眼は後段の「民族的課題」――実現に主体的に参画していくのだという意志を表明しているのである。

ハッタはさらに、「インドネシアは日本によってオランダ帝国主義から解放された。われわれは二度と外国に支配されることを欲しない。老いも若きもそのことを鋭く感じている。インドネシア青年にとっては、再び外国の植民地支配を受けるよりも海の藻屑となった方がましである」と説くのであった(第四章二節も参照)。この最後の表現は前述の開戦前夜の言葉「生き恥をさらして……」と同じ論法であり、ハッタはかく言うことにより自らを励ますと共に、聞き手である民衆に対し己の信念の一貫性を示唆したものともいえよう。そしてこの「興亜日」(毎年一二月八日はこう称された)の演説を彼は、「インドネシア人民は、強い精神力をもって理想達成の日までこの大東亜における戦争を闘う準備ができている」と述べ、その理想とは「アジア諸民族のためのアジア、共栄互助に生きるアジア、大アジア圏の中の大インドネシア」だと結ぶのであった。ハッタは日本の唱える「大アジア」にことよせしつつ、日本が警戒した、そして民族歌の題でもある「大インドネシア」という言葉を明示的に用いたのであった(26)。

2 フィリピン

「大東亜戦争」開戦当初、日本軍を「解放軍」として迎え、また一九四五年八月以後復帰を画するオランダを侵略者と捉えたインドネシアとは対照的に、フィリピン・コモンウェルス(一九三五年一二月成立)は南進日本を侵略者と捉え、勝者として戻ってきた米国を解放軍として迎えた。

このことが端的に示すように、開戦前のフィリピンの日本観は、東南アジア他地域とりわけインドネシアならびにビルマとは様相を異にしていた。オランダの歴史家J・プルヴィーアは、この点に関連し、フィリピンほど対日協力を妨げる諸要因が多く作用した国はなかったと指摘している。そして彼は、その理由としてフィリピンが東南アジアの中でもっとも西洋化しており、また独立という民族的念願もみたされようとしていたので、米国の植民政策に深刻な挫折感を抱いたり、その米国の敵に味方する必要はほとんどなかったことに言及している。(27)

そうしたフィリピンの特異性が、逆にいえば、占領当初から日本側のフィリピン認識に大きな影響を与えることになった。たとえば南方軍当局は、フィリピンについて「住民ハ放縦遊情、軽佻浮薄ニシテ米国畏慕ノ念ヲ捨テズ、我ヲ軽侮シ治安不良ナリ。今後トモ彼等ニ阿ルコトナク厳然タル軍容ノ下ニ断乎我ガ威武ヲ顕示シ速ニ米国景仰ノ観念ヲ放棄シテ我施策ニ衷心協力シ来ラシムル……」ことを強調していた。(28)

「マザー・アメリカ」の懐の中で「平安」を見出し、(29)そのアメリカの眼鏡を通して「黄禍論」すらを唱えた親米エリートの象徴は、いうまでもなくフィリピン・コモンウェルス初代大統領マヌエル・ケソンであった。たとえばケソンは、一九四一年八月十九日のラジオ演説の中で、「我々はアメリカに対して忠誠を尽くす義務があり、我々は永遠に続く感謝の念という絆によってアメリカと結ばれている。米国が戦争に突入すれば、フィリピンは米国につづくであろうし米国と並んで戦うであろう」と述べている。(30)

また同年クリスマス・イブに開かれたコモンウェルス政府最後の閣議においても、ケソンは「何がおころうともアメリカを信ぜよ。米国は諸君を裏切ることは決してないであろう」(31)と閣僚に対米忠誠を呼びかけた。ケソン自らは米国軍事顧問ダグラス・マッカーサーと共にオーストラリア、ついで米国へ亡命(四四年ワシントンで死去)するが、残ったエリートに対し対米忠誠を放棄しないということを絶対条件に日本占領軍に協力するよう指示し、それによって旧体制の温存をはかった。ここではケソンの命令に従い、対日協力を通じ「独立」(一九四三年一〇月)を手に入れたフィリピン共和国の大統領ホセ・P・ラウレルの事例を取り上げつつ、その「協力の論理」を検討してみたい。

ラウレルは戦時中三回にわたり訪日しているが、その最初は日本政府から「独立」の示達を受けるためで、一九四三年一〇月上旬のことであった。その時彼は東条首相より、日本はビルマには「独立即ち宣戦を要求」したが、フィリピンの場合は対米感情を考慮し「独立即ち参戦とは言はずに成る可く速に……」との発言を引き出している。(32)

こうした経緯からもうかがわれるように、一〇月一四日の「独立」宣言と共に調印をみる日比同盟条約の案文作成の過程においてもラウレルは、米側を刺激する可能性の大きい「大東亜戦争完遂の為に」、あるいは「フィリピン国の防備に付」という表現について、「日本軍が固執すれば調印は拒むわけではもちろんないが、戦争を嫌う民衆を指導して参戦まで導こうとする方策にも支障を来たし新政府の立場はすこぶる苦境に、ひいては国内分裂の懸念」もあることを日本側に訴えている。

結局これらのラウレルの要望が全面的に認められることはなかったが、対米英宣戦布告に関しては、フィリピン側は「独立」後一年近い延引に成功し、しかも「宣戦」という直截的な表現ではなく、面従腹背的な色彩の濃い「米国並に英国との間に戦争状態に入りたる旨ここに宣言す」という文言を入れることに成功した。(33)

大統領就任直後の一九四三年一一月初め、ラウレルは大東亜会議に出席すべく再度の訪日を行なっている。「大東亜」各地の六「独立」国家の代表および自由インド仮政府首班S・チャンドラ・ボース(オブザーバーとして)(34)を招請して開かれたこの会議では、戦争遂行への協力が訴えられると共に、連合国側の大西洋憲章(米英共同宣言、四一年八月)に対する対抗理念として、「共存共栄の秩序の建設、自主独立の相互尊重、人種的差別の撤廃」を謳った大東亜共同宣言が採択された。(35)

この大東亜会議での基調演説について、ラウレル自身は、自分だけが時間的余裕がなくしかも病気であったので演説草稿を準備していなかった、と明記している。(36)だが一方、この点について日本側の一著作は、ラウレルは日本側から演説草稿を事前に提出するよう要請をうけたが、それは事前検閲を受けることを意味するから独立国としてはできない、と発言した旨を記し、「親日」派の最高首脳で

すら対日警戒心と不信感が爆発点に近かったことの例証として記述している。(37)

いずれにせよ、このラウレル演説で注目すべき点は、前述したように(第四章二節参照)彼が各国代表の内唯一、大東亜会議に招請されなかった「インドネシア」(ただしこの語を日本側は禁じていたので明示的には用いられず)との連帯に言及し、出席国たるビルマ、タイ、満州国、中華民国等と利害を同じくする「「ジャバ」「ボルネオ」及び「スマトラ」の諸民族と協力し且日本国に結びつき総てが結集し鞏固なる組織体として一致団結する」べきことを提言していることである(ただしマラヤへの言及はない)。このラウレル演説に対し、ビルマ代表バ・モオは、「数世紀にわたって鎖につながれたすべてのものの反抗とアジア人の怒りにふちどられ胸底からつきあげられるような激情的」なものだと絶賛している。(38) さらにバ・モオは、この時のラウレルを「(彼は)このアジアでの初めての集いのドラマにより一層感動していた」と描写し、ラウレルが高揚した気持で大東亜会議に参加していたことを示唆している。

なお大東亜会議に先立っての東条首相との個別会談において、ラウレルは「我々東亜は日本が敗北すれば、我々は奴隷となるべきことを知りさえすれば、日本の東亜同胞の解放に協力することは当然です。日本の勝利は自分たちの為にも絶対必要であることを知るべきです」と述べ(『東條内閣総理大臣機密記録』注(32)参照)、フィリピン共和国の国益と日本勝利の不可分性を強調している。

しかしながら、大東亜会議後の帰国挨拶の際の東条との懇談の席上、ラウレルは二二〇人の日本人顧問の派遣という問題につき、「農業、工業、財政経済の専門部面に付いては、是非共日本の専門家を要するべきも、政治部面に於ては自信あり、日本顧問の指導の要無しと考ふ。斯の如き大組織を擁する秋は、「フィリピン」政府が恰も傀儡政府なりとの悪印象を与ふべしとの危惧を有す」と率直に不満を表明している。結局この一件は、東条の「斯の如き大多数のものを、日本として派遣する余裕も無く、又之を「フィリピン」国に押しつける意志は毛頭なし」という言葉で結着がついた形となったが、ラウレルの胸中に渦巻く対日不信の一面をはしなくものぞかせた一齣であった。

その一方、ラウレルは同じ席で東条に対し、過去のフィリピンの「日本に対する態度を想ひ、慙愧に堪えざるものあり」と陳謝し、東条から「兄弟には一切遠慮は要らず。水臭きことは一切已められ度」と慰撫されている。この日本側記録にしるされたエピソードは、ラウレルが「兄」日本の神経を極度にさかなですることを恐れ、批判と賞賛を均衡させる必要性を認識していたことを示したものといえよう。

ところでラウレル自身は、終戦直後に書いた回想録において徹頭徹尾自らの対日協力を弁明し、正当化する発言を残している。戦犯容疑者として投獄中のスガモ・プリズンで書かれたものだけに、その筆致は戦闘的でさえある。彼は自らの対日協力は意に反したものであり、ケソン大統領の命令に従ったにすぎず、しかも協力にあたっては「民族の生存を図ること」を最大の行動原則としたことを強調してやまない。

またラウレルは「私は対米戦争において、進んで日本に援助を与えたのではなかった……。アメリカ合衆国の利益に反する行動を取ったように思われるかも知れないが、私の行為は強制又は圧力の下に行われたのであり、国民に大きな損害を与えないようにすべきではあったが、他の手段がなく万やむを得ずこのような行動をとったのである」と述べ、さらに「要するに私は太平洋においてアメリカ合衆国の準備不足がもたらした犠牲の一つになったのであり、これが私の不運であった」と「保護者」アメリカの軍事的、道義的責任の欠如――彼らエリートの民衆に対する政治的、道義的責任を不問にしつつ――を非難している。(39)

こうしたラウレルの終戦直後の発言が示すように、対日協力を選択したフィリピン・エリート層は、「強制された協力は協力といえない。民族生存の手段としてのまたわが国民がより良き時代に向けて困難を乗り切るための協力は罰せられない」(40)との立場から自らの対日協力を棚上げし、正当化することになった。

フィリピン・エリートの対日協力問題を研究するアメリカ人史家D・スタインバーグは、手厳しい表現で「ネーションへの忠誠を楯にしたエリートの(外国支配者への)協力正当化は、スペイン、アメリカ時代から一貫したもの」であり、彼らにとっては協力問題は癌と同じく、ひそかに恐れられているが自然に消えてほしいと願って意識的に黙殺されている問題だと指摘している。そしてスタインバーグは、協力を拒否し射殺された唯一の指導者J・A・サントスを除きほとんどすべてのエリートが対日協力をしたにもかかわらず、その事実の持つ意味を徹底的に議論することを回避してきたのは、それがフィリピン社会組織の抜本的な検証と戦時エリートの行動の再検証につながることを恐れるからだと指摘する。(41)

3　ビルマ

東南アジアの中でビルマは、日本から海路、最遠方に位置（ちなみに緯度では最も近い）するが、日本の軍部は開戦前夜二つの観点からそのイギリス植民地を戦略的に重視していた。一つはビルマが「中国の裏口」であるだけでなく、イギリスの最大植民地「インドへの入口」でもあったこと、もう一つは石油、米の重要供給源としてであった[42]。

他方ビルマでは、今世紀初頭以来の日本の近代化に対し高い評価が与えられると共に、その日本の対外政策については「日本が獲得したものについての倫理的な面は問題とならない[43]」ずとの認識すら抱かれていた。しかも一九三〇年代後半のビルマ族知識青年に指導されたタキン党は、抗英独立運動のための軍事援助を日本に期待し、これがいわゆる「三十人の志士」に代表される日本の参謀本部の認可を得た南機関とのドラマ性に満ちた関係の契機となった。こうした背景もあり、軍政施行直後の日本側は、ビルマについて「一般民衆ハ戦前ヨリ日本ニ倚リテ英ノ桎梏ヨリ脱セント念願……対日感情ハ極メテ良好[44]」と観察していた。そして軍当局は実際の統治にあたっては、独立至上主義に立ち次第に対日批判を強めるようになったアウンサンらタキン党系指導者ではなく、長老の民族主義者バ・モオを利用した。

そのバ・モオは、英国留学帰りではあったがきわめて強い反英感情の持主で、ビルマにとって「イギリス帝国主義こそ現実的で明白な敵」であり、「我々にのしかかっている吸血鬼を追い払うために他の鬼をも使うべき」との考えをもっていた。そして彼は、今次大戦を一九世紀の三度にわたる抗英戦争に続く「第四次英緬戦争」とすら理解するのであった。こうしたバ・モオからみれば、日本がビルマを必要としたのと同じく、民族主義運動にとって日本は利用可能な存在と映じたのであり、その徹底した現実主義は「取りあげられたと等しいものを彼らから得て、勘定を合わせておく(45)」という発想――それが現実化したかはともかく――に如実に示されていた。

こうしたバ・モオの対日協力路線も一因となり、ビルマは一九四三年一月一四日、他の占領地に先がけ「独立」許容の方針に接する(大本営政府連絡会議決定「大東亜戦争完遂ノ為ノ緬甸独立施策ニ関スル件」)。この背景は、日本側がビルマ側の「皇軍ヘノ絶対協力ト熱烈ナル反英独立ノ念願」に応えたものとされたが、「ホンネ」は民心離反の結果「敵側策謀ノ激化……大東亜圏内不安定ノ情勢ヲ招来」することを恐れたこと、ならびに「印度民衆ノ反英独立運動ヲ刺戟」するという政治的効果を狙ってのことであった(46)。

それでは日本側が評価したバ・モオの対日協力とは、どのようなものであったのだろうか。それに関連してまず指摘さるべき点は、バ・モオは一九四三年三月から終戦までの短期間に実に五回にわたり日本の最高指導層と会談(内一回はシンガポールでの東条首相との会談、他は訪日)するなど「南方共栄圏」内の指導者中もっとも日本側との接触が多かった人物である、ということである。そして戦後執筆された回想録であるにもかかわらず、バ・モオは東条英機に対する個人的な親愛の情を隠すことなく「チャンドラ・ボースや私に、すばらしい印象を与えただけでなく、彼に会ったすべての東南アジアの指導者たちにも、深い印象を与えた[47]」と述べていることは興味深い。またこの点に関連した傍証として「昭和天皇の独白八時間」(『文藝春秋』一九九〇年一二月号)がある。その中で天皇は、各方面からの倒閣要求にもかかわらず東条更迭を避けた三理由の一つに彼の人脈をあげ「東条が従来大東亜各地の人々と接触して来ているので、之を無視して内閣を更迭すれば、大東亜の人心収拾が出来なくなりはせぬかと考えた」と指摘している。

「独立」を獲得し日本と「同盟」条約を結び対英米宣戦布告をした三カ月後の一九四三年一一月、バ・モオは首相として大東亜会議に出席する。隣国タイのピブーン首相が、病を理由に――もちろん戦前からの独立国ということも彼の〝強味〟であったが――戦局不利の日本との関係深化を用心深く避けようとしたのに対し、会議出席を沢田廉三大使より要請されたバ・モオは「即座ニ欣然」参加の意志を表明している。同時に彼は、会議場での席次が国際会議の慣例であるＡＢＣ順ではなくイロハ順だと、先に独立したにもかかわらずビルマがフィリピンの後塵を拝することとなり、そうしたことは国家としても個人としても面白くない、と自尊心の高さを包み隠そうとはしていない[48]。

さて大東亜会議での代表演説において、バ・モオは「「アジア」が強ければ強い程、我々「ビルマ」人も強い」のだということを強調している。さらに彼は「東洋人は生まれました暁に於ては、国籍を二重に持って居る、此の事実を認めなければならないのであります、換言致しますると、自国の国籍と同時に大東亜の国籍を有するのであります」と述べ(『東條内閣総理大臣機密記録』)、当時の日本側が好んで用いた「大東亜建設あって初めて独立が実らされる」、即ち「独立を超克することが独立を完うs」[49]するという論法を思わせる議論を展開している。

このように日本側記録にみられるバ・モオの公的な発言を見る限り、彼は日本の傀儡であるかのような印象を受ける。しかしながら先の席次問題が象徴するように、彼には民族主義的な自尊心もきわめて旺盛であり、決して日本側の意のままに動く人物ではなかったことが『東條内閣総理大臣機密記録』からも明らかである。たとえば、大東亜会議終了直後の東条との懇談においてバ・モオは、ビルマの米生産が大幅に減産した主因は日本軍が農民を労働力として徴用し、役牛を徴発したからだと訴えている。また政治犯の検束で自分に事前の連絡なしに閣僚の一人に嫌疑をかけ、しかも憲兵隊の下級将校がその件で自分に「方針を質した」ことは許し難い越権行為だと非難し、こう直言している。

　私は元首として、右将校に応酬すべき筋合にもあらず、回答を用意なき旨を示して辞去せしめたり……要するに、元首としての私を信じて頂き度し、全然連絡無くして事を運ばるるは、元首として非常に困る立場に置かるる次第なり。

こうしたバ・モオの強い個性に対し、東条も内心では若干煙たがっていたことが、その四カ月前のシンガポールでの両者会談後の日本側記録からもうかがわれる。即ち東条によれば、「バーモはビルマを背負って立ってる自負心があるのである時は少々シャクにさわる要求」を出すが「しかし、大きくビルマを抱えるには彼等を十分のばし、その上を大きく網をかければよい」というのであった。

この東条首相の所感には、ビルマに「主権を有する完全なる独立国家」(ビルマ国家基本法第一条)としての地位を与えるにしても、実際は日本が「内面指導」をするのだとの日本側のホンネが見事に示されている。事実、日本は「日本国緬甸国軍事秘密協定」を結び、それによって戦争が続く限り日本軍はビルマ国内において軍事上の一切の自由を確保することを認めさせていたのであった。[50]

この点と関連するが、ビルマ「独立」後五カ月ほど後の枢密院会議において、東条は「独立」ビルマの動向に不安をもつ石井菊次郎顧問官に対し「皇軍の厳然たる存在があつて始めてビルマ多年の念願たる独立が達成されると云ふ点を前提として頭に入れて頂きたい」と答え、また南弘顧問官の質問に対しては「条約の文面上は、わざわざ対等に書かれてあつて、それ故ビルマのメンツが立つわけである。然し前述の如く大綱は我国が握つておるので、将来の色々な問題も日本の実力が物を云ふ次第なり」と答弁している(『東條内閣総理大臣機密記録』)。

バ・モオが基本的には一貫して対日協力の枠内で行動し、それゆえに戦後連合国側より戦犯視されたのに対し、アウンサンら旧タキン党系のビルマ国軍幹部を主とする諸勢力はAFPFL(反ファシスト人民自由連盟、ビルマ語略称パサパラ)を結成し、「独立ビルマ」を支配する日本への武装抵抗の準備を進め、一九四五年三月二七日、全国で一斉に蜂起した。この蜂起は一研究者の見解によれば、イギリスの復帰前に「反日蜂起を決行して実績を作り、今後のイギリスとの独立交渉の材料[51]」とするのが目的であった。

それに対しバ・モオ回想録は、三月蜂起は戦争末期の英軍の軍事的成功をみこしたタキン党が「良心の呵責もなく寝返っ」て起こした事件であり、彼らが「初期の日本に対する信頼の宣言は、実は真実を隠すための虚言」であったと弁明することを、それこそが「虚言」だと厳しく糾弾する。[52] 戦後バ・モオが権力中枢に座ったタキン党から排撃され、事実上政治生命を断たれたのは、彼の対日協力の深さに起因するというよりも、こうしたタキン党の行動への告発、そして「日本仕込みの日本式軍隊が、戦前の日本軍国主義が生んだ偏執病」にとりつかれたという激越なタキン党非難に求められるといってよいだろう。

4 ピブーン首相と大東亜会議

ここで大東亜会議との関連で、東南アジアからのもう一つの参加国タイ国の対応にも言及しておきたい。先にも触れたように、タイ国首相ピブーンは、日本側の熱心な誘いにもかかわらず、会議参加についてはきわめて慎重な態度で臨んだ。日本側は会議開催一カ月前になっても出席の意向を示さないピブーンに対し、次の史料からも明らかなように強い不満を抱いていた。

招請ヲ拒否スルカ如キ態度ヲ固執スル場合ニハ他国ノ代表者ハ凡テ招請ヲ受諾スルニ不拘「ピブン」ノミ出席セザリシニ於テハ本大会開催ノ意義ガ減殺セラルノミナラス、日「タイ」関係面白カラザルヤノ印象ヲ両国内ハ素ヨリ世界一般ニモ与ヘ政治的ニ好マシカラザル結果ヲ生ス。(53)

しかしピブーンの不参加の決意は固く、結局ワンワイタヤコーン殿下を派遣することで辛うじて日本側の面子を立てる形となった。このように戦局の帰趨を現実的に判断しつつ対日関係の「距離」を巧みに調整するピブーンに対し、東条は一九四三年七月末の段階で「大東亜結束上、最も心配なるは泰なり」(『東條内閣総理大臣機密記録』)とみていた。このようなタイ国に対する疑心暗鬼の念は、すでに開戦当初から日本側にあったことも注目される。南方軍当局は一方において「ピブン首相以下日本ヲ信頼シ進ンデ日本ノ指導ヲ受ケントスルノ希望アルモ……」、あるいは「日泰両国ノ関係ハ「ピブン」政権ノ存続スル限リ特ニ憂慮ヲ要セスト雖モ……」と一応はピブーンへの信頼を表明しつつも、それにつづけ「一面国民ノ信望繋持ノ為主権ノ尊重同権ノ拡張ヲ計ラントスルモノノ如ク指導上注意ヲ要ス」、あるいは「……泰国内ノ状況ニ関シテハ深長ナル注意ヲ要ス」(54)と観察していた。

このようなピブーン首相の〝したたかな〟戦時対日外交については、近年タイ側の新史料等をふまえ内外で数多くの研究が発表されている。そしてこれらの研究に共通する特徴は、ピブーンの「対日協力」は日本への信頼や忠誠心からでなく、またいわんや「泰奸」という性質のものではなくあくまでもタイの国益、即ち「生存の計算」(55)に基づくものである、との解釈が支配的になっていることである。

5 五指導者の比較

日本支配にとって東南アジアは、台湾や朝鮮と異なり、「同文同種」という論理が適用できない異文化圏であり、しかも伝統的に「文化程度が低い」とみなしてきた地域であった。また平時支配ではなく、戦争遂行のための「人的・物的資源」を獲得することを占領政策の最大眼目としたために、日本軍政当局は欧米植民地統治に比べ、より一層強権的な収奪システムを導入することになった。

だがその一方、現実の統治にあたっては、民族エリートを取り込むこと、即ち彼らの協力を得ることが、「最少費用による最大効果」を産む統治技術であることも認識された。

他方、独立の達成あるいはその維持を最重要課題とする東南アジア各地の民族主義者にとっては、日本に武力抵抗することは至難とみなされ、むしろ日本の掲げた「タテマエ」と民族的課題の実現を可能な限り「すり合わせ」しようというのが一般的な対日姿勢であった。本節で事例として取り上げたスカルノやハッタ、ラウレルそしてバ・モオは、見る人の立場により評価の差はあるものの、基本的には日本占領という大きな制約条件の下で、対日協力と民族的課題の実現という二律背反に、それぞれの方法で対処した代表的な指導者であった。表6-1は、この四人ならびに「独立国」タイ国の首相ピブーンの日本との関わりを簡略的に図示したものである。

三　抵抗運動の諸相

1　抵抗運動の五類型

これまでは日本占領下の東南アジアにおける民族指導者の「対日協力」の諸相を検討してきたが、日本に対し非協力の態度をとったり、あるいは積極的に抵抗した人々の存在を無視して、この時期の民族主義者の活動の全体像を語ることができないことはいうまでもない。「積極的な非協力」ともいうべき抗日抵抗運動は、各地における日本支配の実態、戦前の旧宗主国あるいは日本との関係、さらには歴史的な社会経済状況等を反映しさまざまな形態をとって現出した。これらの抵抗運動を、その

表6－1　東南アジアの主要政治指導者と日本の関係

	教育背景	開戦前約五年間の地位	戦前の訪日	政治的立場	戦中期地位	日本首相との会談（訪日）	大東亜会議	日本側の評価	戦後
スカルノ（一九〇一－七〇）	バンドン工科大	流刑	なし	抗蘭民族主義	ジャワ奉公会中央本部長	二回（一）	招待されず	「よく協力」	一時政敵により「日本の走狗」視、大統領
ハッタ（一九〇二－八〇）	ロッテルダム商科大（蘭）	流刑	あり（一九三三年）	社会民主主義	ジャワ奉公会中央奉公会議副議長	二回（一）	招待されず	「よく協力」	副大統領
ラウレル（一八九一－一九五九）	イェール大（米）	最高裁判事	あり（一九三八年）	親米エリート	「独立国」大統領	四回（三）	参加	「よく協力」	スガモ・プリズン復権、上院議員
バ・モオ（一八九三－一九七七）	ケンブリッジ大（英）	首相、投獄	なし	反英民族主義	「独立国」首相	五回（四）	参加	「少々シャク」	スガモ・プリズン政敵に追放
ピブーン（一八九七－一九六四）	フランス砲兵学校	首相	あり（一九三〇年）	失地回復、独立	首相、下野	一回	招待拒否、代理派遣	「注意ヲ要ス」	一時拘置、首相、亡命

担い手を基準として分類すれば表6-2のように分類できるであろう。

第一は、フィリピンのUSAFFE（極東米軍）指揮下の抗日ゲリラ活動、あるいはイギリス経済作戦部マラヤ支部がセイロン（現スリランカ）で訓練したマラヤの一三六部隊、さらには自由タイ運動等を典型とする旧宗主国あるいは連合軍との関係で組織された運動である。

第二は、農民運動と一体化しつつ共産主義者の指導下になされた抗日運動であり、フィリピンのフクバラハップ（抗日人民軍）、あるいはベトナムのベトミン（ベトナム独立同盟会）がその代表例であろう。また農民運動との関連は弱いが、戦前の華人抗日運動の延長線上で、マラヤ共産党に率いられたMPAJA（マラヤ人民抗日軍）をこの類型に入れることもできよう。この第一と第二の類型の運動はイデオロギー的には相反するものであるが、戦時においては共に日本をファシズム、軍国主義国家と規定し、これに対し原理的に抵抗するという立場を鮮明にしていた。

第三の類型は、日本軍政下で育成され、一定の軍事力を手に入れた「新エリート」が「産みの親」である日本軍に反旗を翻した事例である。その代表例は、一九四五年二月のペタ（ジャワ郷土防衛義勇軍）によるブリタル蜂起、同年三月のビルマ国軍を主体とする抗日反乱である。後者の場合は、前述したバ・モオの発言が示唆するように、攻勢に転じた英軍と提携しつつなされたものであり、また共産主義者や山地少数民族の果たした役割も無視することはできない。その意味では第一、さらには第二の類型の性格をも部分的に併せもつものである。ちなみに今日の両国では、軍部が事実上最大の権力集団として君臨しているが、その権力の正当性の根拠を両国の軍部とも「日本ファシズム」に対

表6-2　主要な抗日組織・事件

地域 ＼ パターン	旧宗主国・連合国との関係	左派・共産系	日本軍創設の諸組織	社会・経済・文化的要因	日本側の過剰反応
インドネシア			ブリタル蜂起（四五・二）	シンガパルナ事件（四四・二） インドラマユ事件（四四・四）	ポンティアナック事件（四三・一〇） ババル島住民虐殺事件（四四・一一）
フィリピン	USAFFE（四一・七）	フクバラハップ（四二・三）			
ビルマ		アラカン蜂起（四四・一二） AFOのちAFPFL（四四・八）	ビルマ国軍・AFPFL蜂起（四五・三）		
タイ	自由タイ運動（四二・二）			バーンポーン事件（四二・一二）	
マラヤ・シンガポール	星洲華僑抗敵動員総会（四一・一二） 一三六部隊（四二・七）	マラヤ人民抗日軍（四二・三）		アピ事件（四三・一〇）	華僑大虐殺（四二・二）
仏印		ベトミン（四一・五）			

する上記の蜂起において軍が重要な役割を演じたことに求めている。

これら主として政治的、イデオロギー的契機にもとづく抵抗運動以外にも、第四型としてたとえば苛酷な経済的収奪や日本的価値観の強制といった文化的要因から発生した西部ジャワのシンガパルナ事件(一九四四年二月)のような民衆蜂起がある。また第五型として、日本側の「過剰反応」が原因で「反日的」な利敵行為があったと断定し、予防措置的にこれを鎮圧・粛清の対象とした「ポンティアナック事件」(西カリマンタン)、あるいは豪北に近接するババル島での住民虐殺事件のような凄惨な事件も、戦争後半期に入り各地で数多く発生している。

以下では抗日運動と関連づけながら、前節で触れることのできなかったマラヤ、仏領インドシナ(仏印)における日本支配とそれへの抵抗について手短かに考察しておきたい。この両地域は本章「はじめに」でもみたように、ある意味で日本によって対照的な政治的位置づけがなされた地域でもある。

2 マラヤ

日本政府・軍部によって「帝国領土と決定」されたマラヤにおいては、当然のことながら現地の日本軍政当局は最後まで独立問題を具体的な日程にのせることをしなかった。そのことは別の角度からみるならば、日本側が協力を求め、あるいは必要に応じ譲歩をすべき政治勢力がマラヤ社会内部とりわけマレー人社会内に存在しなかったことを意味した。少なくともスカルノ、バ・モオ、ラウレルらに匹敵する利用に価する有力指導者はいないと判断されたのだった。端的にいえばそうしたマレー・

ナショナリズムの相対的な弱さが、マラヤにおける日本側の民族施策の方向を大きく規定したのであった。

たしかにイブラヒム・ヤコブなどに率いられたKMM(マレー青年統一組織)[56]のような戦前からの反英民族主義団体を「民心把握」のために一時的に利用しようとした事実はあったが、マラヤ軍政全体の中では、こうした動きはとりたてて重要な意味をもつものではなかった。むしろ日本軍政当局が重視したのは、伝統的にマレー社会の中で政治的・宗教的な権威を付与されていた半島部各州のスルタンを温存、利用しつつマレー人社会を統治する方式であった。その意味では、まさに南方軍政の基本方針である「在来の統治機構」を利用した支配の代表的な例であった。

このような日本によるマレー人優遇(それは一九七〇年代以降のマレーシア政府のブミ・プートラ政策を想起させる)という基本政策は、イギリス支配下で人為的に形成され、かつ一定の均衡が保持されてきたマラヤの複合民族社会に深刻な亀裂をもたらすことになった。とりわけ人口比三八・八%(一九三六年)を占める華僑社会は、日中戦争期の陳嘉庚に指導された南洋華僑籌賑祖国難民総会(略称、南僑総会、一九三八年十月十日設立)をみるまでもなく、戦前から東南アジア全体における抗日救国(中国)運動の中心地であった。「日本は華僑の民族主義を惹起せしめた主要因[57]」と華人歴史家S・レオンが指摘するように、一九三〇年代以降の日本の中国侵略の加速化は、華僑社会の抗日運動の高揚→戦時期の日本側による華僑弾圧→華僑の抗日意識のさらなる内面化、激化という不幸な悪循環をもたらすことになった。

この点に関連し、シンガポール占領直後の華僑虐殺事件が「一段落」した時点で書かれた日本軍文書は、当時の雰囲気を生々しく伝えている。この文書は「彼等ノ日本軍ニ対スル関心漸ク深刻ナルヲ加へ（厳しい粛清措置のため――引用者）」、その結果「生命財産及権益一切ハ日本軍ノ活殺ニ任ジ」たいとの申し出が華僑側からあったことに言及した後、「申出ハ其ノ志ノミヲ受クルコトトシ其代償トシテ現金五千万円ヲ即刻納付スベク命」じ、彼らは「今後ニ於ケル不逞抗日支那人ノ行為ニ対シテハ彼等支那人ノ連帯ノ責任ヲ以テ之ガ絶滅ヲ期スベキコトヲ命ジタルニ欣然之ガ協力ヲ誓ヒタリ」(58)との経緯を伝えている。日本側に「欣然たる協力」と映じたのに逆比例して華僑の一人一人の胸中に抗日意識が強まっていったことはいうまでもないであろう。

こうした戦時期の華僑の抗日運動の核となったのが、マラヤ共産党（一九三〇年創設、前身は一九二七年の南洋共産党）の指導下で開戦直後に誕生したＭＰＡＪＡ（マラヤ人民抗日軍）であった。マラヤ共産党は華僑を主体とするものであったが、この抗日組織も圧倒的に左派華僑青年を軸とするものであり、終戦時には三千ないし四千の兵力を数えるにいたった(59)。その活動は各地の行政・治安組織の襲撃を主とするものであり、後には連合軍東南アジア方面総司令部とも戦術的に接触をもつようになったが、日本側に決定的な打撃を与えるまでには至らなかった。他方、彼らが攻撃目標とした警察等権力機構の末端はマレー人が担っていたこと、また終戦直後から人民抗日軍によるマレー人対日協力者に対する粛清が続発したこともあり、この人民抗日軍は戦後のマラヤにおけるマレー人・華人間の根深い民族的な対立の重要な一因であるとの指摘が広くなされている(60)。

3 インドシナ地域

今日のベトナム、ラオス、カンボジアを包摂した仏領インドシナ連邦(一八八七年成立)は、「アジア解放」を掲げた日本が、そのスローガンとは裏腹に旧宗主国の主権を温存し、それと共同して支配した唯一の地域である。それと同時に仏印は、欧米列強の植民地支配下にあった東南アジアへの日本軍の最初の軍事行動がなされた地域でもある(北部仏印への進駐は一九四〇年九月二三日、南部仏印へは四一年七月二八日)。

仏印での旧植民地政権の温存を「静謐政策」と呼んだ日本側が仏印を重視したのは、この地が「南方作戦」遂行に際してもつであろう戦略的な重要性からであった。また武力南進が「支那事変」解決の要諦とされていた中で、最大の援蔣ルートたる「仏印ルート」(本章注(1)参照)が存在することも決定的な意味をもっていた。そのことは、南方軍総司令部が開戦当初サイゴンに置かれ、その後戦局の推移に伴ないシンガポール(当時の呼称は昭南島)、ついでマニラに移動したが、最終的にはふたたびサイゴン近郊ダラトに置かれた事実が象徴している。こうした政治的・軍事的要因に加え、日本軍は仏印を米、天然ゴム、石炭などの重要資源の供給地と位置づけ、またインドシナにおけるフランス人の経済権益の独占を打破しこの地域全体への経済進出をはかるという観点からも重視していた。(61)

このような思惑からなされた対仏提携ではあったが、一九四四年八月の「パリ解放」以来、仏印政府内でのドゴール派の巻き返しや連合軍の仏印上陸が予想される中で、日本軍は一九四五年三月九日、先制攻撃を加える形でいわゆる「仏印処理」を断行し、フランス植民地政権を一掃した。その結果、日本は、ベトナムにおいてはアンナン保護国皇帝バオ・ダイをかつぎ出しフランスからの独立を宣言させた。同じようにカンボジアでは日本軍の指示下シハヌーク国王が独立を宣言、ラオスでもシー・サワン・ウォン王が独立を発布している。いわばインドシナ三地域に「満州国」型モデルが移植された形となった。

宗主国フランス、ついで域内三地域の伝統的支配層を「内面指導」してなされた日本のインドシナ支配に対し、抗日抗仏の原則を貫徹した最大の民族主義勢力が、ホーチミン指導下のインドシナ共産党中央委員会で結成が決定(四一年五月)されたベトミン(ベトナム独立同盟会)であった[62]。とはいうものの、ベトミンの公然たる活動が可能となったのは、日本軍による「仏印処理」の結果、ベトミンを封じ込めていたフランスの治安警察網が解体されて以後のことであった。古田元夫はその点について、「日本の穀物倉庫を襲撃して飢餓を救え」[63]という実効性の高い運動を組織化することでベトミンは急速に影響力を増大していったと指摘している。

そして共産党とベトミンの指導下で、日本敗北の直後、「八月革命」が生起し、九月二日インドネシアに次ぐ戦後アジアで二番目の主体的な独立宣言(ベトナム民主共和国)が発布される。こうしてその後約三〇年間におよび、国際政治全般に重大な影響を及ぼすことになる旧仏印全域における脱植民地化の第一歩がしるされることになる。

4 「対日協力」とナショナリズム

ところでこうした戦時期東南アジアにおける抗日運動は(第五型を除き)、前述したように「積極的な非協力」と位置づけることが可能であるが、現実には各占領地において、この「積極的非協力」にも「対日協力」にも分類できない、いわば「消極的な非協力」が存在した。このグループの代表的な例としてインドネシアのシャフリルをあげることができる。

オランダ留学中からハッタの盟友として知られたシャフリルは、ハッタと異なり戦時支配者日本との公的な関係をもたず、厳禁されていた連合軍ラジオ放送の秘密傍受で得た戦局情報等を各地の「反ファシズム」勢力に知らせ、「日本敗戦」後の不測の事態に備えていた。(64) こうした活動自体は、独立達成に向け直接的な力とはならなかったが、彼が対日非協力を貫いたことが、一九四五年一一月、彼を初代首相に押し上げる力となったことは指摘されるべき点である。

しかしながら、前述したルスラン・アブドゥルガニが指摘するように、彼自身もその一人である「消極的な対日非協力」は量的にみれば数多く存在したものの、独立という具体的課題に効果的手段を用いて接近していく上では無力であった。日本側も同じようにインドネシアの非協力派を脅威とは受け止めていなかったようで、たとえば斎藤鎮男は「一般に地下運動といわれているものと異なり、サボ、スパイ、政府転覆等による直接闘争という形をとらず、その批判も日本を直接の対象とするよ り、対日協力者たる既成政治家に対する不満、非難を訴えるもの(65)」に過ぎなかったと指摘している。

したがってインドネシアにおける対日非協力は、当事者の多くがその役割を過大に評価しがちな傾向があるのに反し、本質的にはB・アンダーソンが指摘するように、日本に対し現実的な脅威を与える政治勢力というよりも、運動当事者間の「フレーム・オブ・マインド」[66]としての性格が強いものであった。

非協力派の役割を客観的な眼で観察したルスラン・アブドゥルガニは、その一方でスカルノ、ハッタら民族主義指導者の対日協力は、独立を達成する上で当時考えられる「もっとも効率的かつ生産的な方法」であったと位置づけている。強大な日本軍に対する「武装抗日」が事実上不可能な中で、対日協力という名の下に目標の実現をはかることがスカルノの真意であった、ということを彼は示唆しているのである。そしてルスランは、こうしたスカルノらの戦術は権力者に対する「屈辱的な協力」では決してなく、むしろ反対に彼らの「政治的円熟」さを示すものであり、こうした指導者をもち得たことがインドネシア民族にとって幸運であったと積極的に評価するのであった。[67]

こうした議論をふまえるならば、戦時期東南アジアにおける「対日協力」は、ヨーロッパにおける対ナチ協力(その代表的な例としてノルウェーのV・キスリング)、あるいは東アジアの「親日」政権と異なり、政治思想的な共鳴を伴わない協力であったと総括することができよう。またヨーロッパや中国と異なり、タイ国を除く東南アジアは西欧列強の植民地であったため、対日協力は西欧支配からの離脱を可能にするという一面をもっていた。その意味では「もし敵との協力がナショナリズムと両立するのであれば――あるいは両立するとみられるならば――その協力は非難を蒙むることはない」

とのJ・ボイルの指摘は当を得たものといえよう(68)。本章が対象とした東南アジアの「対日協力者」は、自らの行為を「民族主義的な大義」に反したものとはみなしていないし、またその対日協力そのものにより政治生命を断たれるということもなかった。そして結果的には、日本支配の後にこれら地域は独立を現実化し得たのだった。

これらのことが、「対日協力」という「戦時責任」問題を事実上棚上げさせることになった主な要因でもあった。もっとも深く日本と関わった指導者の一人スカルノが、戦後のごく一時期を除くと、反対派により「協力」問題を追及されることもなく、二〇年余にわたり大統領職にあったことは、戦時期の東南アジアの対日協力の本質にも関わるものであった。また大東亜会議に出席した「満州国」首相張景恵、中華民国主席汪精衛の悲劇的最後と、ラウレル、バ・モオあるいはワンワイタヤコーン殿下の戦後の軌跡を比較することも、東南アジアの対日協力の特質を明らかにする上で興味深い素材を提供するであろう(69)。

もちろん、「対日協力」といっても、東南アジア各地でそのもつ意味合いが異なることはすでにみてきたとおりである。端的にいえば守るべき「独立」をもった——換言すればそれを失う危険性も同時にあった——タイ国と、対日協力によって事実上失うもののなかったインドネシアの場合とでは、「協力」がもたらす政治的、心理的圧力にはかなりの差異があるはずである。

そうした東南アジア各地の地域的な差異を考慮することが必要ではあるものの、一九四一年一二月末、日本と同盟条約を結んだ直後の、そして宿願であった失地回復を部分的ではあったが日本の「支援」のもとに達成した「独立国」タイの首相ピブーンの次の発言は、東南アジアの戦時指導者が多かれ少なかれ味わった対日関係におけるジレンマを興味深く浮き彫りにしたものといえよう。

もし我々が条約に調印しないなら我々は破壊されてしまうだろう。もし我々が日本の陣営に投じ、そして日本が敗北すれば、我々もまた敗北するだろう。あるいはたとえ日本がうまくいったとしても、我々はやはり滅ぼされてしまうこともあるだろう。あるいはもし日本が首尾よくいって、また我々もうまくいくこともありうるだろう。あるいはもし日本が勝利したとしても、我々は結局は満州国のようになるだろう。それ故我々は一体どうすべきなのだろうか。[70]

おわりに

以上述べてきたように、戦時期東南アジアの政治指導者の「対日協力」は、思想的共鳴によるというよりも「独立」という民族的課題との関連でとられた必要にして止むを得ざる戦術的な選択という性格が強かった。それでは「独立」付与をいわば唯一のカードにして東南アジアの指導者に協力を求めてきた日本は、敗戦後各地で高まった独立運動にどのように対処したのか、という問題を最後に一言取り上げておきたい。ここでは、東南アジアの独立戦争に身を投じた日本人に対し、日本軍当局がいかなる方針で臨んだのか、という問題を切り口に考えてみたい。

敗戦と共に、日本軍は占領下においた東南アジアを「現状維持」のまま連合軍に引き渡すことが義務づけられた。このことは、東南アジアにおいてほとんど無傷のまま残った強大な軍事力をもった日本軍が、独立を要求する各地の民族主義運動を鎮圧する役割を演じることを意味した。もし日本側に独立支援の動きがあれば、それは連合国・旧宗主国側の怒りをかい、ひいては当時の日本側の最優先課題であった「整斉迅速ナル復員」(八月二五日勅諭)に悪影響を及ぼすだけでなく、「国体に累を及ぼす」ものと考えられた。それにもかかわらず、旧宗主国の再植民地化の意図に抗する独立運動が高揚したインドネシアやベトナム等においては、現地の独立戦争に参加する日本人(軍人、軍属、民間人を問わず)が後をたたなかった(71)。

このような動きに対し、連合国側の指弾を恐れ「独立運動には一切関与せず」を根本方針とした日本軍当局は、終始一貫彼らを「現地逃亡脱走兵」と呼び、天皇の名において即時帰隊を呼び掛けた。インドネシアにあった日本軍の一資料は「澎湃トシテ勃興セル「インドネシヤ」民族独立運動ニ眩惑」され多くの逃亡が続いたが、「逃亡者ハ天皇ニ対スル反逆者トシテ取扱フベキ」との命令でその動きにかろうじて歯止めをかけることができたことを記録している(72)。本章で先に述べた「独立運動は過早に誘発せしむることを避くるものとす」の基本方針にもかかわらず、結果的には日本占領を反面教師とし東南アジアの民族主義は加速化することになり、それがひいては一部の日本人に衝撃を与えるというブーメラン効果をもたらしたのであった(73)。

(1) 仏印からの援蔣ルートは、一九四〇年六月の補給量をみると(参謀本部推定)一万五〇〇〇トンであり、ビルマ・ルート一万トン、香港ルート六〇〇〇トン、西北ルート五〇〇トンを大きく凌いでいた。防衛庁防衛研修所戦史室『大本営陸軍部(2)』朝雲新聞社、一九六六年、四三—四四頁。

(2) クリストファー・ソーン(市川洋一訳)『太平洋戦争とは何だったのか』草思社、一九八九年、一八〇頁。

(3) 清水元「アジア主義と南進」岩波講座『近代日本と植民地・第4巻』岩波書店、一九九三年、八五—八六頁。

(4) 山本茂一郎『私のインドネシア——第十六軍時代の回想——』日本インドネシア協会、一九七九年、二六頁。

(5) 参謀本部第一部研究班「南方作戦ニ於ケル占領地統治要綱案」一九四一年三月(防衛庁戦史部所蔵)。

(6) 斎藤鎮男『私の軍政記——インドネシア独立前夜——』日本インドネシア協会、一九七七年、五〇—五一頁。

(7) 山本茂一郎、前掲書、二八頁。ジャワ軍政監山本は、南方総軍、軍政総監部、第二五軍、そして海軍も「独立」には消極的だったと述べている。

(8) リカルテについては Grant K. Goodman, "General Artemio Ricarte and Japan", *The Journal of Southeast Asian History*(vol. 7. no. 21), Sept. 1966, 池端雪浦「フィリピンにおける日本軍政の一考察——リカルテ将軍の役割をめぐって——」『アジア研究』第二二巻第二号(一九七五年七月)、ハッサンについては、増田与の一連の論考たとえば『インドネシア現代史』中央公論社、一九七一年、第三章を参照されたい。

(9) インドネシア日本占領期史料フォーラム編『証言集・日本軍占領下のインドネシア』龍溪書舎、一九九一年、一九一頁。

(10) 海軍省調査課「蘭印対策ノ研究」一九四一年八月一五日、一九頁(防衛庁戦史部所蔵)。

(11) 後藤乾一『昭和期日本とインドネシア』勁草書房、一九八六年、三四五—三五〇頁。
(12) 同氏とのインタビュー、於ジャカルタ、一九七七年一〇月五日。
(13) J. D. Legge, *Sukarno, A Political Biography* (Sydney: Allen and Unwin, 1972), pp. 156-157. スカルノは自伝の中でも、対日協力即ち日本を利用することで目的達成をはかるのだと強調している。『スカルノ自伝』(黒田春海訳)角川文庫、一九六九年、二〇六頁。
(14) J. D. Legge, *Ibid.*, p. 178.
(15) 山本茂一郎、前掲書、一四頁。
(16) 鹿島平和研究所『日本外交史・第二四巻 太平洋戦争・戦時外交』鹿島研究所出版会、一九七三年、三八五頁。
(17) *Asia Raya*, Sept. 8, 1944.
(18) タン・マラカ(押川典昭訳)『牢獄から牢獄へ(Ⅱ)』鹿砦社、一九八一年、三四六頁。
(19) S. K. Trimurti, "Aku didalɛm Kancah" (mimeo.) (Jakarta: 1985), h. 34.
(20) イワ・クスマ・スマントリ(後藤乾一訳)『インドネシア民族主義の源流——自伝——』早稲田大学出版部、一九七五年、一二一頁。
(21) 後藤乾一、前掲書、三五八頁。当時の日本側のハッタ観は、彼の逮捕を「ジャバ土人間ニ先覚者トシテ信望アルガ帰国後東洋ノ文明国日本ト提携スルノ要アリトテ親日思想ヲ注入宣伝シタル結果」と理解したことからもうかがわれる。内田大臣発バタビヤ小谷総領事代理宛「蘭印独立運動家「ハッタ」ノ渡日ニ関スル件」一九三三年五月九日(DRO所蔵)。
(22) 外務省南洋局『東印度民族運動ノ現状』一九四一年九月、五六頁。

(23) I. Wangsa Widjaja, *Mengenang Bung Hatta* (Jakarta: C. V. Haji Masagung, 1989), h. 9.

(24) 斎藤鎮男、前掲書、九九頁。

(25) 以下のハッタ演説は、Mohammad Hatta, *Kumpulan Pidato 1942-49* (Jakarta: Yayasan Idayu, 1981) に依拠。またインドネシアを代表するジャーナリスト・作家モフタル・ルビスは、日本軍政期のスカルノ、ハッタの演説は、一面で日本の戦争への支援を訴えると共に、他面で独立への言及に留意したものであったと指摘する。さらにこの時期、作家も同様の意味で「二重の言葉で書く技術」を身につけたとも指摘している。「日本占領下の文学」占領と文学編集委員会『占領と文学』オリジン出版センター、一九九三年、三三三頁。

(26) スマトラの著名なイスラム指導者ハムカは、「今は大日本があるのみで大インドネシアはないのだ」との一日本人の発言を紹介している。Hamka, *Kenang-kenangan Hidup* (Kuala Lumpur: Pustaka Antara, 1982), h. 205.

(27) J・プルヴィーア(長井信一監訳)『東南アジア現代史・上』東洋経済新報社、一九七七年、二七五頁。

(28) 南方軍総司令部「南方軍現状報告」一九四二年六月二九日(防衛庁戦史部所蔵)。

(29) Theodore Friend, *The Blue-eyed Enemy, Japan against the West in Java and Luzon* (NJ: Princeton Univ. Press, 1988), p. 243.

(30) テオドロ・A・アゴンシリョ(二村健訳)『運命の歳月・第一巻』井村文化事業社、一九九一年、八七頁。

(31) Manuel Quezon, *The Good Fight* (NY: AMS Press, 1974), p. 184. ケソンの日本観については、一九三四年訪米中、病を得て入院した際にしたためられた「遺言書」の中からもうかがわれる。「日本の動きに注意せねばならない。彼らに対する警戒を怠ってはならず、彼らに支配されるような事態は避けねばならぬ」Carlos Quirino, *Quezon Paladin of Philippine Freedom* (Manila: Filipina Book Guild), p. 271.

(32) 伊藤隆・廣橋眞光・片島紀男編『東條内閣総理大臣機密記録』東京大学出版会、一九九〇年、二六一頁。
(33) この点については、「それは現実に宣戦布告をおこなうことなしに、日本人の要求に従うひとつのやり方だった」との指摘もある。レナト、レティシア・コンスタンティーノ(鶴見良行他訳)『フィリピン民衆の歴史・Ⅲ』井村文化事業社、一九七九年、七四一頁。
(34) ボースが同会議にオブザーバーとして参加したのは、「印度は大東亜共栄圏に入らずとする彼の意見が、日本政府の意見と合致した」ためであるといわれる。外務省アジア局第四課『スバス・チャンドラ・ボースと日本』一九五六年、一四四頁。会議上、演壇に立ったボースは、「唯一の関心事は、印度が自由になると云う事実……」を強調したが、日本側はこの「正に満場を圧した」大演説が、「実に大東亜会議の精華であった」と評価した(同上、一四八頁)。
(35) 大東亜会議については、さしあたり本書第四章二節を参照。
(36) ホセ・P・ラウレル(山崎重武訳)『ホセ・P・ラウレル博士回顧録』日本教育新聞社、一九八七年、八四頁。
(37) 鈴木静夫・横山真佳『神聖国家日本とアジア——占領下の反日の原像——』勁草書房、一九八四年、三〇七頁。
(38) バー・モウ(横堀洋一訳)『ビルマの夜明け』太陽出版社、一九七三年、三五一頁。
(39) ホセ・P・ラウレル、前掲書、一六五—一六八頁。この点は「(若い知識人の多くは)フィリピンにおいてアメリカの準備が遅れていることに克服し難い不利を見」たとの認識と同質のものである。アゴンシリョ、前掲書、五頁。
(40) David J. Steinburg, *Philippine Collaboration in World War II* (Manila: Solidaridad Publishing House, 1967),

p. 168.

(41) *Ibid.*, p. 175, また早瀬晋三は、戦後対日協力者問題が大きな争点になったにもかかわらず、「戦後も維持された寡頭政治の中で、また世界政治の冷戦構造の中で不問に付されることになった」と指摘する。同「フィリピン」吉川利治編著『近現代史のなかの日本と東南アジア』東京書籍、一九九二年、六五頁。

(42) 佐久間平喜『ビルマ現代政治史』勁草書房、一九八四年、四頁。

(43) バー・モウ、前掲書、六六頁。戦前期ビルマの日本認識については、根本敬「ビルマ」吉川利治編著、前掲書所収を参照。

(44) 南方軍総司令部、前掲資料。

(45) バー・モウ、前掲書、二八五頁。

(46) 参謀本部編『杉山メモ(下)——大本営・政府連絡会議等筆記——』原書房、一九六七年、三五一頁。

(47) バー・モウ、前掲書、三三三頁。

(48) 「大東亜戦争関係一件——大東亜会議関係——」(DRO所蔵)。

(49) 本書、二〇二頁。

(50) 根本敬「ビルマの民族運動と日本」岩波講座『近代日本と植民地・第6巻』岩波書店、一九九三年、一〇六頁。

(51) ボ・ミンガウン(田辺寿夫訳編)『アウンサン将軍と三十人の志士』中央公論社、一九九〇年、一五六頁(編訳者解説)。この蜂起の史的考察として、根本敬、前掲論文を参照されたい。

(52) バー・モウ、前掲書、二八〇頁および二九六頁。

(53) 前掲「大東亜戦争関係一件」。

(54) 南方軍総司令部、前掲資料。

(55) E. Bruce Reynolds, "Aftermath of Alliance : The Wartime Legacy in Thai-Japanese Relations", *Journal of Southeast Asian Studies* (vol. XXI, no. 1, Mar. 1990), p. 85. 日本側の最近の研究として吉川利治編著、前掲書所収の吉川論文、関連した著作として市川健二郎『自由タイの指導者たち 日本占領下タイの抗日運動』勁草書房、一九八八年、を参照。

(56) イブラヒム・ヤコブについては、彼と親交のあった板垣與一の随想「マラヤ民族運動のあけぼの」『アジアとの対話』一九六八年所収が興味深い。

(57) スティーヴン・レオン「英領マラヤの華人社会と日中関係」岩波講座『近代日本と植民地・第6巻』岩波書店、一九九三年、二七九頁。この問題については、次の著作も今なお資料的価値が高い。東亜研究所『南洋華僑抗日救国運動の研究』一九四五年。

(58) 富集団(南方軍第二五軍)参謀長発陸軍次官・参謀本部次長宛「富参二電第八五二号」(防衛庁戦史部史料)。

(59) 明石陽至「日本軍政下マラヤ・シンガポールにおける抗日運動と剿共作戦」『軍事史学』第二八巻第三号(一九九二年一二月)八頁。また原不二夫「マラヤ共産党と抗日戦争」『アジア経済』第一九巻第八号(一九七八年八月)も参照。華僑とマラヤ共産党の関係は、ラオス、カンボジアの共産党が同地在住のベトナム人(越僑)を中心に組織されたことと類似しているといえよう。インドシナにおける戦前期共産主義運動については、古田元夫「インドシナの統合――植民地的インドシナと新しいインドシナ――」日本国際政治学会編『アジアの民族と国家――東南アジアを中心として――』(『国際政治』84号、一九八七年)を参照。

(60) 明石陽至、前掲論文、二四頁。明石らと同じくマレーシアの代表的研究も、日本軍政がもたらした複合社会内部の緊張を強調している。Cheah Boon Kheng, *Red Star over Malaya, Resistance and Social Conflict During and After the Japanese Occupation of Malaya, 1941-1946*(Singapore: Singapore Univ. Press, 1983), p. 17. またマラヤの複合社会を構成するインド人社会と日本軍政の関係についても、近年多面的な研究がなされている。とくにインド国民軍との関係、泰緬鉄道に徴用されたインド人労働者については、以下の論文で問題の所在が明確にされている。長崎暢子「東南アジアとインド国民軍――ディアスポラ(離散)ナショナリズムの崩壊――」、中原道子「東南アジアの「ロームシャ」――泰緬鉄道で働いた人々――」、いずれも岩波講座『近代日本と植民地・第5巻』岩波書店、一九九三年、所収。

(61) この問題については、白石昌也「ベトナム」吉川利治編著『近現代史のなかの日本と東南アジア』東京書籍、一九九二年、一三六頁。

(62) 一九四一年にインドシナ共産党はそれまでの「インドシナ連邦」という国家構想を転換させ、ベトナム民主共和国という国家構想を打ち出した。古田元夫、前掲論文、五一頁。ベトナム独立同盟会という名称もそれをふまえてのものであろう。

(63) 古田元夫「ベトナム」『歴史評論』五〇八号(一九九二年八月)、三二頁。

(64) ロシハン・アンワル(後藤乾一編訳)『シャフリル追想』井村文化事業社、一九九〇年、参照。

(65) 斎藤鎮男、前掲書、一〇五頁。

(66) Benedict R. O'G. Anderson, *Java in A Time of Revolution, Occupation and Resistance 1944-46*(Ithaca: Cornell Univ. Press, 1972), p. 49.

(67) ルスランの日本軍政観については、後藤乾一「インドネシア知識人と日本軍政」『社会科学討究』第二五巻第三号(一九八〇年三月)、一一一頁。

(68)　John Boyle, *China and Japan at War 1937-45: The Politics of Collaboration* (CA: Stanford Univ. Press, 1972), p. 5. またこの点と関連し、倉沢愛子は、日本が求めた要求たとえば「奉公」(Kebaktian)といった概念の曖昧さ(日本に対するものなのか、インドネシア民族に対するものなのか、それとも双方に対するものなのか)をスカルノは独自に解釈し、それにより対日協力を自分の中で正当化することができたのではないかと指摘している。さらにその曖昧さが、後にスカルノらが対日協力者として非難されるよりも、独立宣言の英雄として生き残ることを可能にしたとも示唆する。倉沢愛子「東南アジアの民衆動員」岩波講座『近代日本と植民地・第2巻』岩波書店、一九九二年、二六〇頁。

(69)　例としてラウレルの場合をみておこう。フィリピンの代表的歴史家アゴンシリョは、前掲書(注30)の献辞にこう記している。「民族主義者、政治家、法学者、教育者、愛国者たりしホセ・P・ラウレルの霊に捧ぐ。危機の時代に際し、その不屈の勇気とその祖国と人民に対する献身が、フィリピンを壊滅から救った……。」

(70)　E. Bruce Reynolds, *op. cit.*, p. 85. なおレイノルズの研究は、*Thailand and Japan's Southern Advance* (NY: St. Martin's Press, 1994). として公刊された。

(71)　この中には朝鮮や台湾出身者も含まれていた。その一人朝鮮人軍属梁七星(日本名、梁川七星)の軌跡、さらには軍政末期のジャワにおける朝鮮人の抗日蜂起については、内海愛子、村井吉敬『赤道下の朝鮮人叛乱』勁草書房、一九八〇年、を参照。

(72)　「南「スマトラ」ノ状況・昭和一八年三月—二二年十一月」(防衛庁戦史部所蔵)。この点に関連し、「現地逃亡脱走兵」の一人、石井正治(インドネシア国籍、在スラバヤ)は、一九九四年五月東京で開催された第三五回海外日系人大会で次のような報告を行なった。「……四拾五年末逃亡兵の名のもとに国籍をも抹消されている筈の私共から逃亡兵の名を消除されたのは平成三年一二月とあっては、その四拾五年間にも及ぶ精神的苦痛のほどは喩え様もないものですが……」『福祉友の会月報』第一四七号、一九九四年七月、一頁。なお福祉友の会(Yayasan Warga Persahabatan)はインドネシア残留元日本軍人軍属が一九七九年七月に発足させた組織である。その「月報」は九四年一二月現在一五二号を数えるが、会の支柱である乙戸昇(インドネシア名 Kumpul N. Otsudo)が毎号「巻頭」エッセイを寄せている。

(73) 「解放戦争」たることを信じて従軍したものの、敗戦後インドネシアの独立運動に投じ、後帰国した一人の知識青年宮山滋夫(東京大学経済学部卒)の「離隊の言葉」(一九四五年一二月九日)を紹介しておきたい。「敢えて大命に抗して独自の行動に出でんとす。言うなかれ、敗戦の弱卒、天下に用無しと。生を期して米英の走狗たらんよりは微衷に殉じて火に寄る虫とならん。天道は正義に処る。世界史の赴くところ、又正義に非ずして何ぞ？　敢えて不遜の行動に出ずるゆえん。願わくば御容赦あらんことを、戦友諸兄。」また当時の雰囲気を知る上で戦前からインドネシア民族主義者と関わりの深かった西嶋重忠の回想も興味深い。『証言インドネシア独立革命――ある日本人革命家の半生――』新人物往来社、一九七五年。

第七章　日本軍政の「衝撃」と「遺産」

はじめに

最終章となる本章の目的は、「大東亜戦争」期の日本占領(軍政)が東南アジアに与えた「衝撃」とその「遺産」について、インドネシアを事例として考察することにあるが、論述に先立ちまず最初に以下の二点に留意しておきたい。

その第一は、戦争およびそれと表裏一体の形で進められた日本の東南アジア支配の持つ意味は、前章でも述べたように地域によって極めて異なるという点である。開戦前後の蘭領東インド(蘭印、現インドネシア)では最大政党パリンドラ(大インドネシア党)、イスラム諸派を中心に相対的に民族主義運動の中で日本への親近感が強く、それ故にわずか約三カ月の戦争でオランダ支配を打倒した日本軍を解放者として迎え入れる空気が強かった。それに対し、アメリカの支配下で一定の自治を認められていたフィリピン・コモンウェルス(一九三五年成立)では、日本軍は「アジア解放」を唱えつつ上陸したものの、実際には侵略者とみなされ左右双方のゲリラ活動の攻撃対象となった。

また、一九四五年八月一五日の日本の降伏後、インドネシアは連合軍により「現状維持」を厳命された日本軍からの権力奪取を進めると共に、戦前の「旧秩序」回復をめざし復帰したオランダを侵略者と規定し、四年余にわたる独立戦争で応じた。それに対しフィリピンでは、一九四五年一月にマニラに上陸したアメリカ軍を解放者として歓呼のうちに迎え、翌四六年七月四日(米建国記念日)その旧宗主国から独立を供与されたのであった(1)。

この対照的な対応——とりわけ終戦時における双方の旧宗主国に対する態度——が示唆するように、インドネシアとフィリピンでは戦時期の日本支配が持つ意味、それがもたらした諸結果に、著しい差異があることがうかがえる。結論を先取りしていうならば、前者では戦前と戦後との間に大きな不連続がみられるのに対し、後者では一種の連続性がみてとれるということである。そしてこの変化か連続かという観点からみるならば、その他の東南アジア諸地域は、インドネシアとフィリピンの中間に位置するものといえよう。

第二の留意すべき点は、「衝撃」という言葉の持つ意味合いについてである。物理学の用語でもある「衝撃」には、「物体に急激に加えられる力」(『広辞苑』)という意味があり、そこにはその力を受けた結果、一定の「変化」が生じたという含意がこめられている。

日本の支配という強力な「力」が加わり、政治的、社会経済的に一定の「変化」を経験したとはいうものの、従来の日本の植民地研究史においては、台湾や朝鮮といった日本の「公式帝国《フォーマル・エムパイア》」に包摂された諸地域を論じる場合、「衝撃」という言葉が用いられることは極めて稀であった。たんに支配の時間的長さ——東南アジアにおける日本支配と比較し——というだけでなく、「没価値」的なニュアンスを持つ「衝撃」という言葉を用いることへの日本人の心理的抵抗感(端的にいえば贖罪意識)が大きかった故であると思われる。逆にいえば、東南アジアにおける日本占領期研究において「衝撃」論が日本において大きな抵抗なしに受容されてきた背景には、本質的には同じ植民地支配とはいうものの、さまざまな点で台湾・朝鮮統治と東南アジア支配は異なるという意識が、顕在的にせよ潜在的にせよ、存在していることと無関係ではないと思われる。

ところで日本支配が東南アジアに与えた諸影響を変容＝衝撃として最初に捉えたのは、一九五〇年代初頭のアメリカ人研究者であった。とくに、日本近代史家W・エルスブリーは、その主著の書名『東南アジアにおける民族主義運動における日本の役割、一九四〇―四五年』が示唆するごとく「戦争は東南アジアに大きな社会的、政治的変容を引き起こす契機」となったと指摘し、爾後の日本軍政研究の視点に大きな影響を与えた。(2) この視点は、とりわけインドネシアにおける日本軍政研究において、今日に至るまで半ば「定説」化されてきたのが現実である。(3)

しかしながら、このように欧米諸国を中心に国際的に広く受容されてきた見方であるにもかかわらず、かつての支配国である日本の研究者が軍政＝「衝撃」論を強調するとき、今なお根強い感情的反発を東南アジア（さらには東アジア）の研究者の間に引き起こすこともまた厳然たる事実である。この状況を象徴的に示したのが、一九八六年九月、日本国際政治学会の創立三〇周年記念国際シンポジウム「アジア太平洋地域における国際関係――一九四五年―八五年――」における谷川栄彦報告に対する反応であった。

谷川報告は、「東南アジア諸国の民族独立運動は、その戦争および戦時中のこれら諸国に対する日本の侵略によってインパクトを受け、しかもこれら新しい事態に対し、主体的、積極的な対応を行って、著しい成長発展を遂げた」とし、そのことが戦後における「東南アジア民族独立運動の一層の高揚と、これら諸国の独立をもたらす決定的要因となった」ことを強調する。(4) この表現からも明らかなように、谷川は太平洋戦争の侵略性を認め、かつ東南アジアの民族主義運動の主体性を評価した上で、日本軍政の「インパクト」について言及したのであった。そしてすでに指摘したように、こうした「衝撃」論は、むしろ国際的には一九五〇年代初め以来オーソドックスなものとして広く受容されてきたものであった。

それにもかかわらず、同学会理事長(当時)永井陽之助によれば、「この触媒説が、日本の侵略戦争を正当化する論理として韓国、東南アジアの一部参加者を刺激(5)」することになり、改めて「アジアの中の日本」の微妙な立場があぶり出される形となった。すなわち「衝撃」という一見没価値的な言葉は、日本・東南アジア関係史研究の文脈においてはある種の陥穽を内包したものであることを十分に留意しつつ、ここではこの語を用いることにしたい。

一　日本軍政の特質

日本軍政がインドネシアにおいて一定の衝撃を与え、それにより変化を生じさせたというほぼ定説化した命題と関連させ、次の二つの数字を紹介しておきたい。

一つは、戦前のオランダ植民地権力は、約四万人の軍隊で本国の四六倍にもあたる植民地蘭印の「平和と秩序」を維持できたが、戦後は一四万五〇〇〇人の兵力を投じても旧植民地を取り戻すことができなかったということである。(6) 他の一つは、インドネシア占領に先立つ「蘭印攻略作戦」において、日本軍の犠牲者は九五七人であったのに対し、敗戦後から一九四六年六月まで、インドネシアの独立派諸勢力との武力衝突による直接、間接の死者は一〇七八人に達した、という事実である。(7)

この二つのデータは、日本軍政が開始される一九四二年三月以前と一九四五年八月以降のインドネシアの政治社会との間には極めて大きな差異があること、換言すればその間にある三年半の「空白」期＝日本占領期に大きな政治的、社会的変化が生じていたことを示唆するものといえる。一オランダ人史家の表現を借りるならば、「この地上で最も従順とされていた人々」が「革命的熱狂」に駆られた激しい独立闘争に突入したことは、すべての観察者を驚愕させるのに十分であった。(8)

この点を東南アジア的規模で一般化して言うならば、イギリスの植民地官僚でありまた著名な東南アジア華人社会の研究者であるV・パーセルの個人的体験に基づく次のような観察に集約されよう。

太平洋戦争は東南アジア政治のなかに全く新しい型を生み出した――一九四〇年の情況に親しく接した者が、その後一九四八年まで同地を訪れることもなく、その間いろいろな報告を調べて最新の事情に触れることもなかったとしたら、おそらく自分の目を信じることが出来なかっただろう。(9)

欧米の観察者を強く印象づけたこうした戦後東南アジアの変化は、それでは戦時期に日本側軍政当局が意図的に、あるいは計算ずくの上で生じさせたものなのであろうか。それともそれは、日本側の政治工学的な思惑を越えたところで生じた制御不能な、もしくは単なる偶然として導かれたものなのであろうか。この問題は、日本の東南アジア支配は用意周到な準備の上になされたのか否かという問題[10]とも関連するが、筆者は基本的には日本軍政という外圧と東南アジアとりわけインドネシア社会の内部で進行していた変化にむけての諸力学が交錯、結合して、「結果」として生じた「変化」という見解をとるものである。

開戦直前に大本営政府連絡会議が決定した「南方占領地行政実施要領」(一九四一年一一月二〇日)をはじめとする一連の基本政策は、「極力残存統治機構ヲ利用」すること、すなわち日本の占領政策と欧米植民地支配との継承性を打ち出している。また翌年三月インドネシアが日本軍政下に組み入れられた直後に決裁をみる「占領地軍政処理要領」でも、より具体的に「統治ニ当リテハ旧政権ノ統治方式ヲ概ネ踏襲シ各占領地ノ民族慣行、社会組織、宗教、民度等ニ即応セル軍政ヲ実施スルモノトス」と明記されている[11]。

このような中央の基本方針とも関連するが、ジャワにおける占領政策の方向づけにおいて全期間を通じ終始中枢(軍政監部総務部企画課)にあった斎藤鎮男も、より明示的にこう証言している。

　占領地行政というものは、その地域の非常に根本的な変化を招くような統治じゃなくて、行政といわれているように、憲法を変えたり基本的な変化があってはいけない(傍点引用者、以下同)、私は私の関係した仕事を、そういう立場でやっていました[12]。

しかしながらその斎藤は、敗戦直後本属の外務省に提出した臨場感あふれる調査報告書の中で、「(インドネシア)独立運動がかように暴力による社会組織の改変を企図する以上、それは最早単なる政治運動の域を超脱し革命の名に相応しいものと云わねばならない……(この展開は)イ《（ママ）》民族の内包する歴史的並に社会的条件より寧ろ必然的帰趨であろう[13]」と言及し、戦後インドネシアに生じた「基本的な変化」ともいうべき現象に圧倒されざるを得なかった。

日本軍政が「衝撃」を与えた最大の要因は、その支配のあり方がそれ以前のオランダ植民地支配と比較し、いくつかの重要な点で大きく異なっていたということと不可分であるといえよう。したがって本節では、日本軍政がもたらした「衝撃」およびその「遺産」を考察するための予備作業として、新旧両支配国のインドネシア統治について手短かに比較検討しておきたい。

1　支配原理

> 我々が達成しようとしている目標の何と美しいことだろう！　遠い東方の彼の地で、オランダの努力のおかげで繁栄と、高い文化を手に入れ、感謝の念を抱いてそれを認める民族の社会が形づくられるのだ[14]……。

今世紀初頭のオランダの進歩的な植民地政策＝倫理政策の提唱者ファン・デフェンテルのこの言葉ほど、白人の優位性とそれに基づく被支配者との「連合」(アソシエーション)を説いたオランダの統治思想の本質を示したものはないであろう。

異質性を強調したオランダと対照的に、日本は、ヨーロッパに対するアジアの優位、そしてそのアジアにおける日本の絶対的指導性の二つを旗印に、いわば「アジア主義」的同質原理に訴えつつ支配を行なった。その日本の戦時期アジアに対する基本理念として、また敗戦を予期した上での戦後構想として提示されたのが、一九四三年一一月、東京で開かれた大東亜会議で採択された大東亜共同宣言である。しかしながら、「共存共栄の秩序の建設、自主独立の相互尊重、人種的差別の撤廃」という理念を掲げた大東亜宣言ではあったが、現実の日本のアジア諸民族への関わり方は、台湾、朝鮮支配、あるいは南洋群島統治をもちだすまでもなく、盟主意識が色濃く流れるものであった。とりわけ東南アジア諸民族に対する指導性については、「原住民タル「インドネシヤ人」ハ多年和蘭ノ無力化政策ノ為スクニハ役ニ立チマセンカ漸次教化シテ行キ度イト考エテ居リマス」との天皇への参謀総長杉山元の「上奏案」の中に端的に示されているといえよう(15)。

2　統治のスタイル

この点においても、オランダと日本との間には顕著な差異を見出せる。オランダの支配は第一次世界大戦期を除くと平和時の支配であり、いわば「ブルジョア的実務主義」ともいうべき合理主義に貫かれたものであった(16)。また被支配民族に対しては、むきだしの暴力装置で臨むというよりも「プリンタ・ハルス(たおやかな強制)」という性格が強かった。

一方、日本軍政は戦争遂行と同時に進められたことも一因し、精神主義的ロマンチシズム(さらにはその変型としてのアナクロニズム)に彩られた、そして「ビンタ」に象徴されるような日本的スパルタ主義にたったカサル(粗野)な行動型式でインドネシア民族に対して臨みがちであった。

以上略述したように、統治の原理およびスタイルという点をみても、オランダと日本の間には顕著な差異が指摘できる。約言すれば、前者が秩序維持を志向した静的なものであるのに対し、後者は結果的にみるならば、動的な変革導入型であり、それだけに被支配者に与える精神的物理的な影響もより強烈なものがあった。次にこうした支配の方法の基本的差異をふまえつつ、各分野での支配のあり方を比較しておこう。

3　軍事・政治面

オランダは、統治領域たる蘭領東インド全体を一元的に支配したのに対し、日本は旧蘭印をジャワ、スマトラ、その他諸地域に三分割して統治し、しかも前者二地域を陸軍支配下、後者を海軍支配下におくという分極型統治を行なった。またオランダ統治は、総督を頂点とする堅固な中央集権的な官僚組織に支えられた文官優位の支配であった。それに対し、日本軍政は軍司令官を頂点に戴く軍人優位の統治機構であった。占領地行政が本格化するのに伴い軍政監部(スラウェシ等海軍支配地区では、海軍民政府)が設置されたが、その長である軍政監は現地軍の参謀長が兼務したことが示すように、一貫して軍人主導型の支配がなされた。

軍事組織に関しては、オランダ支配期の蘭印軍は、国内の治安維持機能を主とする植民地軍であった。すなわちオランダ支配の心臓部たるジャワの民族主義運動を抑圧することを主要任務とし、そのために「親蘭」的といわれたアンボン、北スラウェシ出身のキリスト教徒を兵士として多数リクルートする方式をとった。いわば、蘭印軍はオランダの分割統治の軍事的一手段であった。それに対し、日本は戦局悪化の中で連合軍の反攻に備え手薄な軍事力を補完するためペタ(ジャワ郷土防衛義勇軍)やスマトラ義勇軍あるいは兵補等種々の軍事、準軍事組織を数多く創設——とくに戦局悪化後——した。とくにペタは、「郷土防衛」という名称が示すように、日本の指揮下ではあったが、またジャワを主対象とするものであったが明確な郷土防衛意識が強調され、しかも蘭印軍と異なり、各大団は地元出身青年を核とする郷土部隊の性格を備えていた。

インドネシア人の政治活動に対しては、蘭印政府は基本的には政党の活動を承認した。しかしそれはあくまでも、オランダへの「協力」の枠内で漸進的な改革を志向する合法政党のみに限定された。インドネシア共産党はもちろん、一九三〇年代中葉以降になると、パルティンド(インドネシア党)、インドネシア国民教育協会といった「非協力」路線に立ち、かつ直截に独立を志向する政治組織は事実上非合法化された。それのみならず、こうした非協力路線の頂点にあったスカルノ(独立後の初代大統領)、ハッタ(同副大統領)あるいはシャフリル(同初代首相)らの民族主義運動指導者を投獄あるいは流刑にするなどし、彼らの政治的、思想的影響力が一般民衆に及ぶことを阻止した。

このようにオランダが民族主義指導者を危険視したのと対照的に、日本軍政は、西欧流の政党政治を否定する一方、スカルノやハッタを解放し対日協力を要請(実質的には強圧)したことが象徴するように、著名な民族主義者を利用して日本側の意図を一般民衆に下達する方針で臨んだ。民族主義者の側からみれば、日本軍の「お墨つき」の下で、オランダ植民地期には予期できなかったある意味での

「行動の自由」を獲得することになったわけである。インドネシアの戦時対日協力がもつ意味については前章で論じたが、端的にいうならば、日本側が彼らを利用することによって統治上の利益を収めたのと同じくらい、あるいはそれ以上に民族主義者側も対日協力から利益を引き出したのであった。

また民族意識の観点からみれば、戦前はナショナリズムとは主に西欧式教育を受けた知識人の専有物であった。(17)それに対し、日本軍政下では当局主導型でありかつ支配の手段としてではあったが、さまざまな大衆政治組織が創出され、こうした組織や運動に中堅指導者として関与することで政治との接点をもった広範な青年層を中心に、洗練された形ではないにせよ、「民族主義的」と形容し得る気分の高揚がみられた。いわば日本軍政期は、一般社会の政治化を促進し、それによってナショナリズムの大衆化をもたらしたのであった。

4 社会・文化面

この点におけるオランダと日本の支配の顕著な差異として、イスラムにたいする態度、およびそれに関連してそれぞれが重視した社会階層の違いがある。植民地体制の確立にあたり、アチェ戦争(一八七三―一九一二年)に象徴されるイスラム政治勢力の烈しい抵抗に直面したオランダは、スヌック・フルフローニェらイスラム学の碩学の提言に従い、イスラムを政治的に無力化させることに主眼をおいた。それに対し、日本はイスラムの社会的、政治的な影響力――とくに農村部における――に着目し、むしろ彼らの潜在的エネルギーを軍政に利用する方針を鮮明にした。(18)

この点と関連し、オランダが伝統的貴族層《プリヤイ》を重視し、その子弟を植民地社会のエリートとして育成したのに対し、日本はオランダ式教育とは関係がうすく、かつイスラム信仰の篤い地方青年を前述のペタ、あるいはヒズブラ(回教挺身隊)、青年団、警防団などの中で社会各層の中堅幹部として育成することを目指した。

しかしながら、オランダがイスラムの社会的文化的な諸価値を承認しこれに不介入の立場を取ったのと対照的に、日本は利用しようとしたムスリム社会に対し日本的な諸価値を押しつけようとした。とりわけイスラム教徒に対して東京に向けての遥拝を強制したことは、彼らの間に鋭い反日意識を醸成することとなった。スマトラにおける著名なイスラム指導者ハムカが、皇居遥拝の命令を受けた一九四二年四月二九日を「ムスリムにとって最大の試練の日」(19)と位置づけていることからも、その重大性が明らかである。

文化面における新旧支配国のもう一つの顕著な差異は、インドネシア語に対する態度である。オランダは言語圏の差異を手掛かりに蘭印社会を一九の法域圏に分けた。このことに示されるように、オランダは「インドネシア」という文化的一体性をもつ地域概念、民族は存在しないという見解をとった。逆にいえば、「文化的分断状態」にあるとみなした植民地社会の中から「一つになりたい」という求心的な感情が高まることに強い警戒の念をいだいた。そのためインドネシアの民族主義運動の高揚と共にそのシンボルとなり、かつ武器ともなっていくインドネシア語に対しては努めて冷淡な対応を示した。公用語としてのオランダ語、日常生活言語としての地方語の間にあって、インドネシア語はオランダ支配の最末期まで、その成長が恐れられた存在であった。

ところが日本軍政は、公用語であり西欧式教育を享受したエリートの共通語であったオランダ語の使用を厳禁し、日本語を「大東亜共栄圏の共通語」とする方針から、当初急速な日本語化政策をとった。しかし、それが非現実的であることはすぐ明白となり、その代替措置として、必要に迫られる形でインドネシア語を(日本語と共に)公用語として採用せざるを得なくなった。インドネシア語は、インドネシア各地社会をつなぐ「リンガ・フランカ」として普及し、また一九二八年一〇月の第二回インドネシア青年会議で決定された「青年の誓い」によって民族語として民族主義運動の世界では公認されていたが、それは未だ必ずしも成熟した言語とはなっていなかった。

そうした中で軍政当局は、S・T・アリシャバナら著名な文学者を動員しインドネシア語整備委員会を設置し(一九四二年一〇月)、その言語の体系化をはかると共に、行政、政治、社会、文化等各分野における共通語として広く使用していくことになった。このことが、今日のインドネシアの歴史的教科書において「インドネシア語は日本軍政期に急速に進歩した[20]」と記述される一因となっている。なお軍政当局は、「インドネシア」という言葉によって民族的一体感を結晶化させようとする民族主義者の願望に反し、公的な形で「インドネシア」という概念を用いたことはなかった。基本的には「東印度」という語を用いた中で「インドネシア語整備委員会」が唯一の例外であったことも興味深い。

一般の民衆に対する接し方も、オランダと日本とでは対照的であった。前述した統治スタイルとも関連するが、オランダは「絶対的優位」意識のもとに植民地民衆に対しては「超然」たる態度で臨んだ。したがって彼らに対し、直接働きかけるということはしなかった。他方、日本軍政は、当初から軍宣伝班、また軍政監部ができるとそこに宣伝部を設置したことが示すように、「民衆宣撫」ということを極めて重視した。南方軍政の基本として「原住土民ニ対シテハ皇軍ニ対スル信倚観念ヲ助長セシムル如ク指導シ……」[21]と謳われたことにみられるように、ラジオ、新聞等のメディア、さらには演劇、文学、映画等の芸術諸分野を総動員して、戦争目的の普及をはかると共に、軍政への協力を求めた。[22]こうした民衆への直接的な働きかけは、一九三〇年代の中国占領地における軍宣撫活動の体験をふまえたものといえるが、ナチスの宣伝中隊からヒントを得て南方占領地に導入したとの指摘もある。[23]約言するならば、日本のやり方は一般民衆にある種の政治意識を注入し、それを推進力として利用しつつ統治を行なったといえよう。その意味で日本軍政は、政治的、社会的により大きな攪拌作用をインドネシア社会にもたらすことになった。

5　経　済

インドネシアの国別輸入先は、戦間期前半はオランダを中心とする欧米四国(蘭、英、独、米)が全体の五〇―六〇%を占めていた。その比率は、世界恐慌後の一九三〇年代初頭に日本の急激な進出により一時大きく後退するが、その後の対日規制措置をはじめとする一連の新経済政策の導入の結果、三〇年代最後の年には四カ国の割合は四九・七%に回復する。[24]

この数字が示唆するように、戦前のインドネシア経済は宗主国オランダをはじめとする欧米中心の世界貿易構造に従属的な形で組み込まれていた。それと同時に一九三〇年代後半には、蘭印政庁による欧米資本と外国技術の積極的な導入による工業開発政策が一定の成果を示し始めていた。

日本軍政は、こうしたインドネシアの対外経済関係と工業化政策の萌芽に終止符を打ち、日本を核とするアウタルキー的な「大東亜共栄圏」の中でインドネシア経済を再編成することになった。とりわけ主要輸出部門たるプランテーションに依拠した経済から戦時要請に応じるための食糧、棉花中心の経済への転換が急激にはかられ、それに伴って様々な経済的混乱が生じた。また一九四三年以降になると米穀の強制供出も強化され、農民の日常生活に直接的な圧迫を与え、ジャワを中心に各地で農民反乱が多発することになった。

さらに物的資源のみならず「人的資源の宝庫」としても位置づけられたジャワからは、膨大な数の人々が「ロームシャ(労務者)」としてインドネシア全域、さらには泰緬国境等南方各地へ送られた(25)。オランダ支配期にも「契約苦力」が重大な政治問題として民族主義運動の中でも取り上げられたが、今日日本語起源のインドネシア語として定着した「ロームシャ」は、質的にも量的にもそれをはるかに上回る重大な経済的、社会的意味を持つものであった。

二　日本軍政の「衝撃」と「遺産」

これまで概観してきたオランダ支配と日本軍政の比較をふまえ、以下ではその差異を起因としてどのような形で日本の支配がインドネシア社会に「衝撃」体となり、それが今日どのような形で「遺産」として継承されているかについて、分野別に論じてみたい。

1　精神面

オランダ人が「世界一従順」とみなしたインドネシア人が、その宗主国に対し武力闘争と巧みな外交の併用によって独立を完遂した背景には、高揚したナショナリズムがあったことはいうまでもない。政治思想的には西欧社会民主主義の系譜に属しながらも戦時中は戦術的な「対日協力」を余儀なくされたハッタが、戦争末期の一演説の中で述べた次の言葉は、日本軍政が持ち込んだある側面を言い得たものといえよう。

　いかなる価値より大きいことは、人民の心が、劣等感から解放されたことである。オランダ人と反対に、大日本軍はわれわれに勇気を持ち、自らの価値を知るよう教育した[26]。

この発言は軍政当局の検閲を経てなされたラジオ演説の一節であることに留意する必要があるというものの、神話化されたアジア人優位の思想、自己犠牲、精神力、規律といったオランダ支配下では考えられなかった諸価値の強調が、インドネシア社会に鮮烈な印象——その受容のされ方はともかく——を与えたことは事実である。

戦時中のこうした軍国主義的な教育・訓練と共に、自らの力では打破しえなかったヨーロッパ支配を日本の軍事力が短期間で壊滅させたことは、ヨーロッパ人に大きな衝撃をもたらしたが、それを目撃したインドネシア人にもそれ以上に歴史の潮流変化を予感させることになった。その意味で、急進的な青年指導者《プムダ》の一人として軍政末期以降政治の表舞台で重要な役割を演じることになる元副大統領アダム・マリクの次の回想は、独立闘争の精神的基盤を示唆したものといえよう。

> バダビアから植民地全体を支配していた時のオランダ人は誇らしげで尊大で冷酷であったが、この同じ人間がチラチャップ(中部ジャワ南岸の軍港——引用者)のごみの中に這いつくばって日本刀の前で許しを乞うていた。これを見た私の胸中に、思い出として東インドにおけるオランダ帝国の崩壊がやきついた(27)。

約言するならば、日本軍政期に顕著となったこの「精神的変化」は、元国軍最高指導者の一人であり軍事史家でもあるA・H・ナスティオンの指摘する「反乱とゲリラ活動の闘争精神の再興(28)」を意味するものであった。ただここで十分留意すべき点は、インドネシアにおいては「精神的変化」が日本軍政のプラスの遺産としてのみ理解されているのでは決してないということである。現大統領スハルトがペタ出身であり、一九六〇年代後半以降その下で軍中心の強権的政治体制が完成されたこととも関連し、インドネシア知識層の間には、日本軍政期の「精神変化」を今日の政治における負の遺産とみる見方も極めて濃厚である。

たとえば、現代インドネシアを代表する思想家の一人マングンウィジャヤは「三・五年間の日本によるショーヴィニズム、ファシズムの教育は、土着のファシズムならびに何世紀もの間に被支配民族のなかに遺伝子をつくってきた劣等感を「完璧なもの」に育てあげていた(29)」と指摘する。すなわち彼は、日本軍政が触媒となって一種の呪うべき「先祖帰り」現象がインドネシア社会に生じたとみるのであった。

こうした指摘は、一九九四年七月、八六歳で逝去するまで六〇年以上にわたり文化界の最長老として活動をつづけた前述のS・T・アリシャバナが、その思想小説『戦争と愛』の中で自らの分身である主人公の知識青年に吐露させている次の言葉と同質のものである。

……繊細で柔らかなインドネシア人の心の中に、あたかも何世紀もの間埋もれたままになっていた怒りとか憎しみ、恨みといった感情を日本軍政が掘り起こしたのです。

こう指摘するアリシャバナは、さらに「日本的な精神主義は、これからもインドネシア人の胸中深く生き続けることでしょう」と一九七〇年代末に完成させたその作品の中で主人公に語らしめるのであった。(30)

2　軍事・政治面

独立戦争および独立後のインドネシア政治の主体形成という点に関連し、この分野での変化はきわめて重要である。一九四三年十月、軍政当局は、表向きはインドネシア側民族主義者の軍事力をもちたいとの要望を受け入れる形でペタを創設する。その建軍の時期が、日本の中枢部において戦局悪化を背景に「絶対国防圏」の再検討がなされていたのと軌を一にすることが示すように、ペタに期待された役割は、連合国の反撃を想定し手薄な日本軍の補助兵力となることであった。

そのような成立背景があったものの、その後終戦迄の二〇カ月間、ジャワのみでも三万五〇〇〇人の青年が「郷土防衛」の旗印の下にオランダ時代では想像もできなかったような厳しい軍事訓練を受け、「国防」意識を注入されたことは、彼らが後日一大軍事・政治集団となる起点を準備することになったといえる。インドネシアの歴史家ヌグロホ・ノトスサントは、そのペタこそが、日本軍政下の政治的抑圧、社会経済的搾取に対し、初めて本格的に民族主義的な武装抵抗(一九四五年二月、ブリタル反乱)を行なった集団だと評価する。そしてその点をふまえヌグロホは、ペタを核として形成された国軍こそが、独立後のインドネシア政治において「国家と民族の守護者」として「二重機能」の担い手となり得るのだと指摘する。いわばそうした軍事的、非軍事的両面における権力行使の正統性の根拠を、ヌグロホはブリタル反乱に求めるのであった[31]。

誤解を恐れずにいうならば、今日の国軍優位論と日本軍政期の軍絶対の考え方との間には――ペタ出身者を媒介として――極めて密接なつながりがあるとみることが可能である。蘭印軍出身で元国軍参謀長をつとめた数少ない非ペタ系の高級将校であるクリスチャンのT・B・シマトゥパンが、「日本の軍国主義から解放されてから、その教育の影響を受けた国軍は、かつての日本軍と同じように軍国主義的な傾向に走る危険をみせている[32]」と指摘したのは、一九七九年のことであった。ちなみに一九六五年九月三〇日事件後の軍主導による政治体制を、国軍自ら「新秩序(オルデ・バル)」と名付けていることも、かつての日本政治との比較において興味を引く点である。

一九九〇年代の今日のインドネシアの政治状況と日本軍政とのもう一つの顕著な共通性は、西欧型の政党政治に対する政治指導層の不信感である。独立宣言の発布直後、スカルノはインドネシア国民党を軸とした一党指導体制を企図したが、オランダ留学組のシャフリル、ハッタらの多党制構想と衝突し、撤回を余儀なくされている[33]。しかし競争原理よりも上からの指導を重視する政治秩序観は、一九五〇年代を通じての議会制民主主義の衰退を経、一九六〇年代前半のスカルノの指導制民主主義、そしてその崩壊後のスハルトによる「新秩序」時代に、より明確な形で具体化してくる。

日本軍政期の中央指導、あるいは動員重視といった政治的特質をもっともよく示したものとしてジャワ奉公会がある。このジャワ奉公会は、純然たる政治団体というよりも「全住民親和の裡に軍政施策を推進」する「実践的な奉仕運動」であり、社会の末端部において組織された隣組とも連繋するものであった[34]。こうした組織原理は、あきらかに日本の大政翼賛会、あるいは隣組が輸入されたものである。その大政翼賛会は、「満州国」の協和会が日本本土に「逆流」したものとの指摘[35]があるが、そう捉えるならば、「満州国」↓日本軍占領下のインドネシア（とくにジャワ）↓独立後インドネシアの政治組織論、という緩やかな連続線を想定することもあながち牽強附会とはいえまい。また「満州国」の後の↓につづけ、植民地台湾↓を挿入しうることについても、すでに指摘したとおりである（本書第二章二節参照）。

やや些事にわたるが、この点と関連し興味深いことは、東亜連盟運動に共鳴し、日中戦争期、北支方面軍宣撫班長であった清水斉が協和会とも関係をもっていたこと、そして開戦前帰国した清水は大政翼賛会組織部に勤務し、さらにそうした経験をかわれ日本軍政下のジャワで軍政監部宣伝課長・ジャワ奉公会中央本部総務局次長を兼ねたという事実である。[36] こうした個々の点をつなげてみるならば、「満州国」(あるいはその他の植民地)と日本軍政下ジャワ、そして戦時期ジャワと独立後のインドネシアのある種の政治的な連続性、類似性は一度検討の価値がある課題であるかもしれない。

3 社会・文化面

インドネシアにおける日本軍政が文化面で残した「遺産」のうち、東南アジア他地域と比べとくに異なる点は、旧宗主国の言語の地位低下および民族語の急激な普及である。前者に関しては一九五〇年代以降、教育・学問等の文化面のみならず社会生活全般においてオランダ語の重要性が著しく減じたが、このことは独立後フィリピンにおける米語、マレーシア、シンガポールにおける英語が今なお有する圧倒的重みと比べると極めて対照的である。その意味でオランダ語の運命は、インドネシアと同じく独立が武力闘争によって達成されたベトナムにおけるフランス語と近似しているといえる。

今日公用語としてのインドネシア語の普及率は全国平均六一・四%(一九九〇年国勢調査)であり、完全普及までにはあと半世紀以上かかると推測されている。[37] とはいうものの、三六〇余のエスニック・グループからなる多民族社会インドネシアでは言語をめぐる種族間対立がほとんどない。その主たる原因がインドネシア語の普及にあることはいうまでもない。そしてこのインドネシア語の普及は、「苦肉の策」として導入された日本軍政の言語政策のもたらした一結果であったことは前述したとおりである。

しかし、一九二八年の「青年の誓い」によってインドネシア語が民族語として認知され、それをオランダに対し承認させていく十数年の闘争史があったことを考慮する時、またインドネシア語の母体であるマレー語がそれに先立つ数世紀間、ゆるやかな「リンガ・フランカ」として群島各地に普及していた事実を想起する時、「日本は、インドネシアを行政的には分割したが、言語文化的には統一した」[38]として軍政の役割を過度に強調することは、やや性急な結論というべきであろう。この点との関連でいえば、「一九二八—四五年のインドネシア語の発展は、言語やエスニックな帰属感に基づく分離運動を防ぐ上で、極めて重要なインパクト」[39]を与えたとの指摘のように、より長期的な時間軸の中で理解する方が妥当であろう。

戦前期と独立後インドネシアの非連続性が議論される時、新エリートとして日本占領期に軍事訓練を受けた青年層の政治的台頭がしばしば指摘される。「若く、活力に満ちた愛国的な地方の指導者」[40]あるいは、日本人は「西欧の植民地体制から排除されていた潜在的なリーダーシップをもった層」[41]を新エリートとして育成した等の記述が、その典型である。これらの見解は、ペタをはじめ日本軍政が創出した各種の軍事・準軍事組織に大量の青年が動員され、集中的な軍事的、精神的訓練を受けた結果、彼らが戦後の共和国指導層の供給源となり得たという理解である。彼らの存在は、アンダーソンが形容するように、「(青年諸組織は)加速されているものの、まだギアが入っていない巨大なエンジン」[42]にたとえられるものであり、それなしには独立革命の方向と速度は大きく異なったものになったであろうことは確かであろう。

その意味で青年層の政治化は、積極的な価値をもつ日本軍政の衝撃とみなすことができよう。しかしながらその反面、「狭い感情や思想は、日本占領期の遺産」[43]との代表的知識人の指摘(日本流精神主義をさす――引用者)が示すように、政治化した大量の青年層の登場は、悪しき遺産としても広く理解されているのである。したがって、価値観を含む多くの面において、日本軍政のさまざまな衝撃は正負両方の遺産を残したというべきである。

日本軍政当局は、日本軍と一般民衆との媒介役としてオランダへの非協力を貫いた著名な民族指導者を中央レベルで登用すると同時に、地方で大きな影響力をもつイスラム指導者を積極的に活用した。すなわち彼らを動員し、彼らの反西欧、反キリスト教主義に訴えつつ、日本の「聖戦」への協力を求めたわけである。オランダがムスリムの政治意識の高まりを注意深く避けたのに反し、日本は彼らを政治化し、また一定限度軍事化することによって生じたエネルギーを利用したといえる。しかし、戦争後半期の農村部における経済的貧窮化、ロームシャ徴発や米の強制供出による社会的不満を身近に目撃する立場にあった地方のイスラム指導者は、東京遥拝に象徴される日本的価値観の押し付けへの反発も一因し、一九四四年以降各地で発生する農民反乱の指導者となっていった。[44]

日本軍政の最末期、独立後の政治のあり方を検討した独立準備調査会での「世俗国家かイスラム国家か」の論争に敗れた政治的ムスリムは、一九四八―六五年まで全国各地で展開されたイスラム国家樹立を目指すダルル・イスラム運動その他のイスラム系反政府運動に深く関わることとなる。一九七〇年代後半以降のイスラム派知識人による「アチェ独立運動」もその〝残り火〟として捉えることも可能である。[45] 単純化するならば、オランダ支配下で「眠れる獅子」となっていたムスリムの政治的熱情に日本軍政は点火し、その遺産とも呼び得る力が独立後インドネシアのイスラム政治勢力の異議申し立て運動として発現したといえよう。

4　経　済

開戦前から日本側に「人的・物的資源の宝庫」とみなされたインドネシアが、「治安確保、重要資源の獲得、現地自活」を柱とする中央策定の軍政三原則（前記「南方占領地行政実施要領」で規定）の主対象地と位置付けられたのは当然であった。この基本方針の作成に関与した石井秋穂大佐は後年「占領軍の現地自活のためには民生に重圧を与えてもこれを忍ばしめると規定したことは大英断であった[46]」と述べているが、この「大英断」の表現は、まさにインドネシア民衆が体験した戦時期の経済的重圧の大きさを逆照射したものに他ならない。

軍政後半期に書かれた日本側の一資料にも、「住民の物質的生活は必ずしも満足なる状態にあるとは断じ難い。食料品を始め主要生活必需品の逼迫は次第に顕著なるものがあって……[47]」との所見がしるされている。しかもこうした経済生活の窮乏化は、軍政施行直後より現地軍首脳には「原住民の生活が戦争の影響によって苦しくなることはやはり避け難いこと」だと認識されていた。それにもかかわらず、「彼等のこの物質的な苦しみに対しては精神的な光明を与えて彼等を新東亜の一民族として更生させて行く[48]」との論理が準備されていたのだった。

いずれにせよ、農民に対して課せられた一方的に定められた低価格による籾の強制供出、さらにインドネシア側の戦後推定では四〇〇万人[49]といわれるロームシャの徴用に象徴される施策は、たんに農村の戦後経済に大きな負要因となっただけでなく、一般民衆の「日本軍政」イメージを形成する上でも決定的に重要な意味をもつこととなった。賠償交渉の過程で作成された日本側一資料も、この点に関連し次のように指摘しているほどである。

……戦闘による破壊そのものよりも、南方の補給基地として夥しく多量の食糧、衣料、石油、キナ其の他の物資を日本及び南方占領各地域に搬出したこと及び一部施設を他に搬出したことの方が遥かに重要である。[50]

なおここで述べられている「一部施設」に関連し、同資料には「西部ジャワのガルータシクマラヤ地方の施設鉄道を撤去し泰緬鉄道敷設のため車両と車輪と共に移送した」との興味深い記述もみられる。こうした「物的、人的資源」の搾取問題が、戦後の両国間の平和協定調印(一九五八年一月)に至る過程で、重要なイシュー=遺産となったことは明らかであり、かつまた今日に至るまで本質的な解決をみていない問題であることも周知のとおりである。

5　軍政期の歴史化

マレーシアの歴史家S・レオンはかつて「戦争の記憶の遺産」という言葉で、華人系マレーシア人の厳しい日本軍政認識を集約した。[51]インドネシアの場合は、すでに述べたように、一般的には戦前の日本は好意的なイメージで捉えられていた。開戦直前に「インドネシア占領」を想定してまとめられた日本の外務省の一報告書にも、「東印度民族ノ対日感情ハ……概シテ良好」と指摘されているが、それにつづけて次のように述べられていることは重要である。

将来仮リニ日本ノ勢力ガ何等ノ支障ナク東印度ニ侵入シ得ル状態トナツタ場合、日本ガ若シ東印度ニ対シテ圧制ヲ以テ臨ミ又ハ悪質ノ日本人ガ東印度民族ノ古来ノ慣習ヲ無視スルガ如キ行為ヲナシ、一旦東印度民族ノ反感ヲ買ハンカ、其反日感情ハ曾テノ支配者タル和蘭ニ対スルヨリ以上ニ悪質ナルモノトナルデアラウ。(52)

皮肉にも、結果は外務省の蘭印問題専門家の手になるこの報告書の予想が現実化した形となった。そして今日のインドネシアでは、日本軍政期は学校教育やマス・メディアあるいは家庭教育といったさまざまなチャネルでの社会化を通じ、「最も暗黒な時代」として人々の間で歴史化されている。とはいうものの、一九五〇年代に顕著であった「ファシズム日本」「日本軍国主義」を一面的に断罪する史観は後退し、むしろその「暗黒」を耐え抜くことによって自らの尊厳と主体性を回復していった、とするナショナリズムに立った歴史理解が定着しつつある。(53)

このような歴史理解は一九六〇年代後半以降、国軍が政治権力の中枢を占めてからとりわけ強まっていると思われる。国軍側からみれば、「暗黒の時代」の最初の反日蜂起が、一九四五年二月のペタのブリタル叛乱——その一年前のイスラム指導者に率いられたシンガパルナ農民反乱でなく——であり、そのペタを重要な「構成要素」として組織された国軍こそがナショナリズムの正当な担い手であるという自負である。それ故軍事面のみならず政治、行政、外交等各分野において国軍が中心的役割を果すべきだという「二重機能」論が誇示されてきたのであった。そして先にも示唆したように、このような軍部主導型の政治イデオロギーは、一九六〇年代以降の国軍首脳の最重要部分が日本軍政期に軍人としてのキャリアを踏み出したことと無縁ではないと思われる。今日の東南アジアにおいて、インドネシアとビルマ(現ミャンマー)に最も明白な軍部優位の体制が存在することと、この両国において日本指導下に現地軍が創設されたこと、そしてかつての指導官と両国軍人の間にある種のパトロン・クライエント関係が今なお存在していることとは無縁ではないように思われる。

日本軍政が独立後のインドネシアの外交理念にどのような影響を及ぼしたかということは、極めて難解な問題であるが、ここでは一点、仮説的な問題提起をしておきたい。日本が唱えた「大東亜共栄圏」は、いうまでもなく日本人がアジア諸民族の指導者であることを前提としている。そして一九四三年一一月、東京でその指導者日本によって大東亜会議が開催された。中華民国、「満州国」、タイ国、および会議に先立ち「独立」を許可されたビルマ、フィリピンの首脳が招待されたこの「国際会議」では、前述のごとく「共存共栄の秩序の建設、自主独立の相互尊重、人種的差別の撤廃」等をうたった大東亜宣言が採択された。

この大東亜会議には、創立まもない自由インド仮政府の首班スバス・チャンドラ・ボースもオブザーバーとして招かれたものの、まだ「独立」を認められていなかったインドネシアの代表はいかなる形での参加も認められず、スカルノ、ハッタ、キ・バグズ・ハディクスモ三名の指導者が、日本に招待されたのは会議閉会十日後のことであった。[54]「南方共栄圏」第三番目の「独立」許可を期待して訪日したスカルノらであったが、それは裏切られ、しかも「共栄圏」諸国の指導者とは誰一人会見できなかった。おそらくこの「黙殺」されたという戦時体験は、スカルノにとってある種のルサンチマンとして深く胸中に残ったのではなかろうか。

それから一二年後の一九五五年四月、独立国インドネシア共和国の初代大統領となっていたスカルノは自らの「国際外交」の初舞台となった第一回アジア・アフリカ会議(バンドン会議)の開会演説において、会議を「人類史上はじめての有色人民の国際会議」と位置付けた。[55] さらに同種の会議の先駆として一九二七年のブラッセルでの「反帝国主義・反植民地主義連盟」主宰の会議に言及している。しかし、戦時中の日本が、「世界最初のアジア人だけの会議」と自賛した大東亜会議については、スカルノ演説は一切言及していない。

もちろん戦時中の日本の盟主意識と戦後のスカルノらインドネシア政治指導者の「アジア・アフリカ諸民族の旗手」意識とは異質のものである。だがスカルノが「有色民族の国際会議」を強く意識し、大国インドネシアの指導性を強調する時、その脳裡のどこかに大東亜会議のことが点滅していたと推測しても決して不自然ではあるまい。

また付言するならば、大東亜会議の主要〝演出家〟、東条内閣の外相重光葵はまた、バンドン会議開催時の鳩山一郎内閣の外相でもあった。バンドン会議の期間中、重光が日本の国会で行なった演説で「われわれはアジア外交を重要視する。解放されたアジア諸国と親善関係を結ぶことは日本の宿願であって、近隣アジア諸国との経済通商関係は今日、日本の死活の問題とまでなっている……アジア・アフリカ会議はこの地域にある諸国の相互理解と親睦を主目的とした重要なる意義をもつ国際会議[56]」と位置付けた時、やはりその胸中には大東亜会議のことが去来したであろうことも確かであろう。

おわりに

ここでは、上述の議論を念頭に入れつつ、敗戦後半世紀を経た日本においてインドネシア(東南アジア)占領という史実がどのように認識され、今日に至っているかを考察することにより、日本軍政の「衝撃」と「遺産」を別の角度から考える手掛かりとしてみたい。

軍政開始前後期のマラヤやシンガポール、あるいは軍政期中のフィリピンやビルマでは各種の反日抵抗運動が根強く展開されたのに対し、インドネシアでは、軍政当局に決定的な危機感を与えるような反日・抗日運動は存在しなかった。戦時下の他地域においては、「もしこの世に天国というものがあるとすれば、それは正にジャワでありましょう[57]」(初代軍政監岡崎清三郎)というような軍高官の発言は考えられないであろう。

このような戦中認識の延長線上に、敗戦直後の元第十六軍上層部の「ジャワ軍政は最も順調に実施せられ、良好なる成果を収めたり[58]」という軍政観が成立するのであった。また前述の岡崎は、東南アジア諸民族の独立を「日本の犠牲なくしてこの解放は絶対にあり得るはずがなく……」と強調している。いわば日本は「身を殺して仁を成し」たとするこうした見方は、その根底において「大東亜戦争肯定」論への道筋を準備するものであった。

もちろん戦後日本には、東南アジアに対し支配者＝加害者として関わったという事実をふまえた戦争認識、あるいは少なくとも相手地域の同時代認識を視野に入れた歴史理解もないわけではない。また、一九九一年春の東南アジア五カ国訪問に際し、海部俊樹首相(当時)があえて「多くのアジア・太平洋地域の人々に、耐え難い苦しみと悲しみをもたらした我が国の行為を厳しく反省」すると公式に述べたこと、あるいは一九九三年夏就任直後の細川護煕首相が、前大戦の侵略的性格を公的に表明し、日本の歴史教育のあり方にも言及したことは、「敗戦五〇年」の意味を考える上でも重要な一石を投じた。

その反面、一九八〇年代のネオ・ナショナリズム的な日本の思潮を色濃く投影した元文相奥野誠亮の「(前大戦は)アジアを植民地としている白人からアジア人を解放する東亜の解放戦争であり、侵略戦争ではない」[59]との発言、あるいは「日露戦争における日本の勝利が、アジア民族解放運動の出発点であるとするならば、その終着点は、まさしく大東亜戦争であった」[60]とのアジア主義的文明観に立つ戦争理解が、今なお日本社会に牢固として残るのも事実である。一九九四年五月、日本のみならずアジア諸国、欧米諸国でも重大な関心事となったいわゆる「永野茂門法相(当時)発言」も、改めてその点を浮き彫りにしたものであった。

東南アジアにおける「日本軍政の衝撃と遺産」、そしてその意図せざる最大の帰結である独立を考えるにあたり、われわれにとって何よりも必要とされるのは、第一に東南アジア諸民族の主体性を重視する姿勢である。換言するならば、地域差はあるものの日本軍政以前の約半世紀に及ぶ民族主義運動の蓄積と成果を正しく位置付けることである。そのことはまた、日本軍政期の現地エリートの対応を分析したA・マッコイの「日本がエリートを操縦(マニプレート)した」のではなく、「予想される戦争結果に対し、プラグマティックな態度で対処した東南アジアのエリートこそが日本を操縦した」との指摘(61)にもつながるであろう。

第二の点は、日本の東南アジア占領は、「軍政三原則」が象徴するように「物的・人的資源の供給源」として即ち「南の生命線」としてこの地域を確保することが最大の眼目であったという事実である。欧米支配からの「解放」という公約、占領中のさまざまな諸政策は——たとえそれらが結果としてプラスの衝撃を与えることになったとしても——あくまでも本来の目的を達成するための手段でしかなかった。したがって、東南アジアの独立は「大東亜戦争」の理念の実現であるとか、日本の占領なしには独立は不可能であったとか、あるいは日本は「殺身成仁」という見方は、極めて単純化された形の因果混同論でしかなく、一方の当事者である東南アジア諸民族の歴史認識とは決して両立するものではないであろう。

(1) こうしたインドネシア、フィリピンの対照性については次の著作が興味深い。Theodore Friend, *The Blue-eyed Enemy, Japan against the West in Java and Luzon* (NJ : Princeton Univ. Press, 1988). またフィリピン

で米国を解放者とみなす空気が強かったことは、日本軍政期フィリピン農村の反日抵抗をテーマとしたS・ハヴェリャーナ(阪谷芳直訳)『暁を見ずに』(井村文化事業社、一九七六年)の表紙裏に記された「米国の戦士たちへ　あなた方が解放してくれた人民のこの物語を感謝の心をこめて捧げる」との献辞に象徴的に示されている。

(2)　Willard H. Elsbree, *Japan's Role in Southeast Asian Nationalist Movements 1940 to 1945* (Cambridge : Harvard Univ. Press, 1953), p. 167.

(3)　この問題に関する研究史の整理については、後藤乾一『日本占領期インドネシア研究』龍溪書舎、一九八九年、序章、倉沢愛子『日本占領下のジャワ農村の変容』草思社、一九九二年、序章を参照。

(4)　谷川栄彦「太平洋戦争と東南アジア民族独立運動」『法政研究』第五三巻第三号(一九八七年一月)、三六二頁。

(5)　『朝日新聞』一九八六年九月一六日付。なお、信夫清三郎『「太平洋戦争」と「もう一つの太平洋戦争」』勁草書房、一九八八年、は、同シンポジウムでの谷川報告から「刺戟を得た」著者が「日本史家として問題と取り組んでみた報告」である(ii頁)。

(6)　Theodore Friend, *op. cit.*, p. 269.

(7)　宮元静雄『ジャワ終戦処理記』ジャワ終戦処理記刊行会、一九七三年、三六三頁。敗戦後、日本軍は連合軍命令により占領地東南アジアを「現状維持」のまま上陸する連合軍に引き渡すことになり、その過程で独立運動側との間に武力衝突が発生した。

(8)　W. G. J. Remmelink, "The Emergence of the New Situations : the Japanese Army on Java after the Surrender", *Militaire Spectator* (Jaargang 147, Feb. 1978), p. 63.

(9) クリストファー・ソーン(市川洋一訳)『太平洋戦争とは何だったのか』草思社、一九八九年、一七四―一七五頁より引用。

(10) この点については、後藤乾一、前掲書、二〇―二二頁を参照。

(11) 早稲田大学社会科学研究所編『インドネシアにおける日本軍政の研究』紀伊國屋書店、一九五九年、五四二―五四三頁。

(12) インドネシア日本占領期史料フォーラム編『証言集・日本軍占領下のインドネシア』龍溪書舎、一九九一年、所収の斎藤鎮男「ジャワ軍政に参画して」一六一頁。

(13) 斎藤鎮男「初期におけるインドネシヤ革命――意義、経過、批判――」一九四六年(未刊)。

(14) シティスマンダリ・スロト(舟知恵・松田あゆみ訳)『民族意識の母カルティニ伝』井村文化事業社、一九八二年、一六七頁。オランダの統治イデオロギー、スタイル等については *Journal of Japan-Netherlands Institute*, vol. II (1990). 所収の次の二論文が示唆的である。C. Fasseur, "Rulers and Ruled: Some Remarks on Dutch Colonial Ideology", L. Blussé, "A View from the Verandah: The 'Colonial Situation' as Mirrored in the Fiction of Colonial Civil Servants".

(15) 防衛庁防衛研究所戦史部編著『史料集・南方の軍政』朝雲新聞社、一九八五年、三三〇頁。

(16) 支配スタイルの差異性については、Benedict R. O'G. Anderson, *Java in A Time of Revolution, Occupation and Resistance 1944-1946* (Ithaca: Cornell Univ. Press), Chapter 2. 参照。

(17) この点については、ロシハン・アンワル(後藤乾一編訳)『シャフリル追想』井村文化事業社、一九九〇年、に収められた諸回想が示唆的である。

(18) 日本軍政期のインドネシアにおける対イスラム政策についての古典的研究として、Harry J. Benda, *The*

Crescent and the Rising Sun: Indonesian Islam under the Japanese Occupation, 1942-1945(Hague: W. van Hoeve, 1958). がある。日本側がイスラムに重大な関心を示していたことは、次の浩翰な報告書の作成からもうかがえる。『全ジャワ回教状況調査書』(復刻、解題中村光男、龍溪書舎、一九九一年)。

(19) Hamka, *Kenang-kenangan Hidup*(KL: Penerbitan Pustaka Antara, 1982), h. 208.

(20) Proyek Penelitian dan Pencatatan Kebudayaan Daerah, *Sejarah Kebangitan Nasional*(Pusat Penelitian Sejarah dan Budaya, 1977/78), Bab V. インドネシア語整備委員会の中にインドネシア語への造詣が深い市来龍夫のような日本人が参画していたことも無視すべきではない。市来「独立と言語——インドネシア語の進むべき道——」『新ジャワ』第一巻第二号(一九四四年一月)参照。また市来については後藤乾一『火の海の墓標——ある〈アジア主義者〉の流転と帰結——』時事通信社、一九七七年、を参照。

(21)「南方占領地行政実施要領」第一方針八。早稲田大学社会科学研究所、前掲書、五三二頁。

(22) この問題については、日本軍政期を背景にした次の小説に詳しい。S・T・アリシャバナ(後藤乾一監訳)『戦争と愛』井村文化事業社、一九八三年。また倉沢愛子、前掲書、第六章。

(23) 清水斉「民衆宣撫ひとすじに」インドネシア日本占領期史料フォーラム編、前掲書、三四一頁。

(24) 杉山伸也、イアン・ブラウン編著『戦間期東南アジアの経済摩擦』同文舘、一九九〇年、二〇一頁。

(25) ロームシャについての全体的考察については、後藤、前掲書、第一章、倉沢愛子、前掲書、第四章を参照。さらにタイ国立公文書館所蔵の一次史料を駆使した吉川利治の次の研究にもインドネシア人労務者についての記述がある。『泰緬鉄道——機密文書が明かすアジア太平洋戦争——』同文舘、一九九四年、一〇章。

(26) Mohammad Hatta, *Kumpulan Pidato 1942-49*(Jakarta: Yayasau Idayu, 1981), h. 40.

(27) アダム・マリク(尾村敬二訳)『共和国に仕えて』秀英書房、一九八一年、一二二頁。

(28) A. H. Nasution, *Sekitar Perang Kemerdekaan Indonesia I* (Bandung: Angkasa, 1977), h. 106.

(29) タウフィック・アブドゥラ編（渋沢雅英・土屋健治訳）『真実のインドネシア——建国の指導者たち——』サイマル出版会、一九七九年、七頁。

(30) S・T・アリシャバナ、前掲書、二四四—二四六頁。

(31) ヌグロホの研究の代表的なものとしては次がある。Nugroho Notosusanto, *The Peta Army during the Japanese Occupation of Indonesia* (Tokyo: Waseda Univ. Press, 1979). 日本側からみたブリタル蜂起の評価、さらにはペタの通史については、ペタ指導官であった森本武志『ジャワ防衛義勇軍史』龍溪書舎、一九九二年、を参照。

(32) 『インドネシア通信』一九七九年一二月五日。

(33) この問題をめぐっては、Sutan Sjahrir (tr. by B. Anderson), *Our Struggle* (Ithaca: Cornell Modern Indonesia Project, 1968). を参照。

(34) 『ジャワ年鑑（昭和一九年）』（復刻版）ビブリオ、一九七三年、四二頁。なおここでは、奉公会は、「内地の翼賛会、満州の共和《(ママ)》会、或は北支の新民会」とは性格の異なるものであると指摘されている。「全く初めての試み」といいながらも、協和会等に言及した点に、むしろある種の連続性をみてとることができよう。

(35) この点は、三谷太一郎「満州国国家体制と日本の国内政治」岩波講座『近代日本と植民地・第2巻』岩波書店、一九九二年、所収を参照。

(36) 清水、前掲証言、二九八頁。

(37) 石井米雄監修『インドネシアの辞典』同朋舎、一九九一年、六頁。

(38) ジョージ・S・カナヘレ（後藤乾一・近藤正臣・白石愛子訳）『日本軍政とインドネシア独立』鳳出版、

一九七七年、三四八頁。

(39) J. A. C. Mackie (ed.), *Indonesia: The Making of A Nation* (Research School of Pacific Studies, Australian National Univ., 1980), p. 679.

(40) Josef Silverstein, *Southeast Asia in World War II: Four Essays* (New Haven: Southeast Asian Studies, Yale Univ., 1966), p. 7.

(41) Joyce C. Lebra, *Japanese Trained Armies* (Hong Kong etc.: Heineman Educational Books, 1977), p. 167.

(42) Benedict R. O'G. Anderson, *op. cit.*, p. 31.

(43) S・T・アリシャバナ、前掲書(下)、二三三頁。

(44) その代表的蜂起であるシンガパルナ事件については、後藤、前掲書、二章。軍政当局は、こうした抗日反乱を粛清する一方、引き続きムスリム尊重の方針を維持するために反乱指導者ムストファを「狂信・反回教の首魁、地方民を使嗾煽動」という論法で断罪することになった。『ジャワ新聞』一九四四年三月七日。

(45) この問題については後藤乾一「インドネシアにおける国民統合とエスニシティ」『アジア研究』第三八巻第四号(一九九二年八月)所収を参照。

(46) 防衛庁戦史部、前掲書、四四三頁。

(47) 『ジャワ年鑑』二七頁。

(48) 『朝日新聞』一九四二年八月二六日付、防衛庁戦史部、前掲書、三五二頁より再録。

(49) Masashi Nishihara, *The Japanese and Sukarno's Indonesia: Tokyo-Jakarta Relations, 1951-1966* (Univ. Press of Hawaii, 1976), p. 62.

(50) 外務省アジア局第三課「インドネシアの戦争損害(主として「ジャワ島」について)」一九五三年一月、

四頁。また日本軍政下のインドネシアならびに東南アジア全体の経済状況については、次の諸著作を参照。倉沢愛子、前掲書、第一部。岩武照彦『南方軍政下の経済施策　上・下』(非売品)一九八一年。小林英夫『日本軍政下のアジア――「大東亜共栄圏」と軍票――』岩波新書、一九九四年。

(51) ステファン・レオン「マラヤにおける日本軍政」袖井林二郎編『世界史のなかの日本占領』日本評論社、一九八五年、五一頁。また同「英領マラヤの華人社会と日中関係」岩波講座『近代日本と植民地・第6巻』岩波書店、一九九三年、参照。

(52) 外務省南洋局「東印度民族運動ノ現状」一九四一年九月、四三頁。

(53) 後藤、前掲書、序章。

(54) 大東亜会議とインドネシアの関係については、本書第四章二節を参照。

(55) スカルノ(岡倉古志郎訳)『わが革命の再発見』理論社、一九六二年、三七頁。

(56) 『朝日新聞』一九五五年四月二五日付。

(57) 岡崎清三郎『天国から地獄へ』共栄書房、一九七七年、六六頁。

(58) 防衛庁戦史部、前掲書、四九九頁。

(59) 奥野誠亮「アジア解放戦としての大東亜戦争」『民族と政治』一九八九年三月号、一五頁。

(60) ASEANセンター編『アジアに生きる大東亜戦争』展転社、一九八八年、一二頁。

(61) Alfred W. McCoy (ed.), *Southeast Asia under Japanese Occupation* (New Haven: Yale Univ. Press, 1980), p. 7.

あとがき

本年(一九九四年)六月、筆者は西南太平洋上に浮かぶ小さな島嶼国パラオを初めて訪れた。前大戦の末期、日米両国の激戦の舞台となったこのパラオを中心とするミクロネシア(旧南洋群島、内南洋)は、「南」に関心をもち始めた近代日本が公的な形での「南進」の第一歩を刻した地であり、それはちょうど八〇年前、第一次世界大戦の勃発直後のことであった。

戦後半世紀近くアメリカの信託統治領となり、この十月に「独立」を手に入れたばかりの今日のパラオ共和国(べラウ)には、日本統治三〇年の残影を感じさせるものはほとんどない。しかしながら、灼熱の太陽がふりそそぐ日本人墓地に一歩足を踏み入れると、そこには今なおかつての大手進出企業や漁業関係者が建てた碑や旧在留邦人の墓碑が立ち並び、この南溟の地が戦前・戦中期の日本の対外的膨張にとって特別な地位を占めていたことを鮮かに示している。このように近代日本の南進の軌跡をみる上で象徴的な意味合いをもちながらも、戦後日本において旧南洋群島は、学問的にはつい近年まで忘却の彼方におかれてきたといっても過言ではなかった。

おそらく、内南洋との史的関係に対するそうした関心の低さと基本的な点で通底するものと思われるが、戦前期日本の南進、そしてその帰結でもある「大東亜共栄圏」時代の日本・東南アジア(外南洋)関係についても「戦後」約二〇年間、ごく一部の先行研究を除き日本では真剣に顧られることがなかった。端的にいうならば、近代日本・東南アジア関係史研究は、GHQによるアジア研究の事実上の凍結、過去に対する贖罪意識等に起因し、いわば〝タブー〟視される傾向すらあった。この点は、日本占領期東南アジアに関する研究が一九五〇年代初頭から活発であった欧米諸国、とりわけアメリカと比較し対照的ですらあった。

その一方一九六〇年代後半以降、東南アジア諸国の政治経済環境の変化(とりわけ一九六七年のASEAN発足)、日本経済の高度成長、さらには東南アジアにおける冷戦構造とその中でのアメリカの段階的「アジア離れ」などの諸条件を背景に、日本と東南アジアとの経済的、政治的関係は飛躍的に拡大深化した。そしてその副産物として、一九七〇年代前半にタイやインドネシアをはじめ東南アジア各地で反日運動の高揚がみられたことは、いまなおわれわれの記憶に鮮明である。

このような現実面での両者関係の進展と矛盾の露呈、さらには「戦後三〇年」という時間の流れを背景に、ようやく日本でも学問対象としての「日本・東南アジア関係史」への関心が本格化してきたことは周知のとおりである(この点についての研究史については、岩波講座『近代日本と植民地・第4巻』一九九三年所収の土屋健治「東南アジア」を参照)。

さらに今世紀最後の十年たる一九九〇年代に入ると、研究は質量ともにより充実化し、それに伴って国際的な広がりをもった共同研究や比較研究の試みもなされるようになった。この間、重要な変化として東南アジア史学会、アジア政経学会、日本国際政治学会、歴史学研究会、軍事史学会等、日本の関係学界でも日本・東南アジア関係(史)に直接・間接関わりをもつテーマが共通論題の中で取り上げられるようになった。

こうした研究状況を背景に、一九九〇年代に入って公刊された共同研究等の成果は、書物のみをみても次のようなものがある。杉山伸也、イアン・ブラウン編著『戦間期東南アジアの経済摩擦』(同文舘、一九九〇年)、矢野暢編『講座東南アジア学・第十巻・東南アジアと日本』(弘文堂、一九九一年)、吉川利治編著『近現代史のなかの日本と東南アジア』(東京書籍、一九九二年)、岩波講座『近代日本と植民地』全八巻(岩波書店、一九九二—九三年)、細谷千博他編『太平洋戦争』(東京大学出版会、一九九三年)、山田辰雄・渡辺利夫監修『講座現代アジア』全四巻(東京大学出版会、一九九四年)等。さらにこうした研究の活性化を支えるものとして、戦前・戦中期の重要な資史料の発掘・復刻、あるいはインタヴュー記録の公刊といった地道な作業の本格化についても言及されるべきであり、とりわけ龍溪書舎の南方軍政史料シリーズ(現在十四点公刊)は、特筆に価する企画といえよう。

日本・東南アジア関係史に関する国際的な関心の深化、あるいは共同研究の進展も、先述したごとく近年の顕著な傾向の一つである。一九九四年九月、東京(上智大学)で開催された第十三回国際アジア歴史学者会議(略称IAHA)においても、「第二次世界大戦とアジア」が共通論題の一つとして設定され、日本、欧米、東南アジアの九カ国の研究者から意欲的な論文が提出されたことも、この分野に対する学問的関心の大きさを裏書きするものであった。

こうした研究の国際的広がりとの関連で、筆者も参加の機会を与えられた日本・インドネシア関係史に関する二つの国際シンポジウムについても一言触れておきたい。

その一つは一九九二年三月、インドネシア科学院(LIPI)が主催した「インドネシア史における日本占領期」をテーマとした会議である。同地(ジャワ)における日本占領開始五〇周年にあたる三月九日を期して、このようなシンポジウムがかつての被支配者であるインドネシア側の歴史学界によって企画されたこと自体に、従来みられた感情論的、イデオロギー的評価とは異なり、日本軍政期三年五カ月を自国史・自民族史の中でより客観的に位置づけ、評価しようとする真摯な学問的姿勢を感じ取ることができた。このシンポジウムにはインドネシア、日本両当事国の研究者の他、アメリカ、オーストラリア、マレーシアの専門家が出席したが、残念ながらインドネシアの旧宗主国オランダからの参加は実現しなかった。

もう一つは、本年十一月、オランダの王立戦争資料館とアムステルダム自由大学が共同で主催した「インドネシアにおけるオランダ支配・日本支配の遺産——神話と現実——」と題したシンポジウムである。今日なお国民世論の一部に根強い反日感情が残るオランダにおいて、オランダ、日本、インドネシア三カ国の研究者を中心としたワークショップが四日間にわたり開かれ、比較史的観点から日蘭両国のインドネシア支配の「衝撃」とその「遺産」を議論し、さらには将来の三カ国間の共同研究態勢についての展望も検討された。

筆者はジャカルタとアムステルダムで開かれたこの二つの研究集会に参加し、かつて支配被支配の関係にあり、また敵視し合い、戦争をしたこの三カ国の研究者の間で、現代史を冷静に見つめ直そうとする確かな息吹を感じ、ある種の感慨を覚えざるを得なかった。いずれにせよ、今後の日本・東南アジア関係史研究の基本的方向は、日本側の観点からのみでなく、東南アジア側、さらには両者を取り巻くより大きな国際的文脈の中で、立体的、複眼的に、そして学際的に把握することが必要であることを改めて認識することができた。

本書は、上述したような日本内外での活力ある研究環境に支えられ、またその諸成果から多大な触発をうけつつ、筆者が一九九〇年代に入ってから発表した論考に加筆補正等をほどこし一書としたものである。各章の初出の題名、掲載書(誌)、刊行年は次のとおりであるが、転載をお許し下さった関係各位に厚く御礼を申し上げたい。

序章　(書下ろし)
第一章　「漁業・南進・沖縄」岩波講座『近代日本と植民地・第3巻　植民地化と産業化』岩波書店、一九九三年。
第二章　「台湾と南洋――「南進」問題との関連で――」岩波講座『近代日本と植民地・第2巻　帝国統治の構造』岩波書店、一九九三年。
第三章　「一九三〇年代「濠亜地中海」の国際関係」『社会科学討究』第四〇巻第一号、一九九四年七月。
第四章　「「大東亜戦争」の意味」矢野暢編『講座東南アジア学・第十巻　東南アジアと日本』弘文堂、一九九一年。
第五章　「インドネシアにおける「従軍慰安婦」問題の政治社会学」『社会科学討究』第三九巻第二号、一九九三年一二月。
第六章　「東南アジアにおける「戦時対日協力」の諸相」岩波講座『近代日本と植民地・第6巻　抵抗と屈従』岩波書店、一九九三年。
第七章　「日本のインドネシア支配の遺産」細谷千博・本間長世・入江昭・波多野澄雄編『太平洋戦争』東京大学出版会、一九九三年。

かつて筆者は、本書のテーマとの関連で、『昭和期日本とインドネシア――一九三〇年代「南進」の論理・「日本観」の系譜――』(勁草書房、一九八六年)『日本占領期インドネシア研究』(龍溪書舎、一九八九年)等の著作を上梓したことがある。その書題が示すように、そこでは時期的には主として一九三〇年代―一九四五年、対象地域としてはインドネシア一国に焦点が限定されていた。しかしながら、その後の研究の過程で筆者は内外の秀れた諸研究から多大な刺激を受けつつ、日本・東南アジア関係史を時間的にはより長いスパンで検討すること、また空間的にはインドネシア以外の東南アジア諸地域をも射程に入れることの必要性を強く感じてきた。

さらにそれとの関連で、近代日本と東南アジアとの関係においてさまざまな意味で〝連結器〟的な役割を果たしてきた「内国植民地」＝沖縄、最初の外国植民地＝台湾についても、一度自分なりの位置づけを試みてみたいと考えてきた。また戦前期「ポルトガル領ティモール問題」について本書でかなりの紙幅を費したのは、この問題が研究史的にみると日本ではほとんど空白に近かったこと、また今日国際的な関心を集めている『東ティモール』問題を考える時――とくにそれと日本との関わりを考えるにあたり――歴史的な文脈を把握することの重要性を痛感してきたことの二つの理由からである。

本書の副題についても、軽く触れておきたい。アジアにあって唯一の「近代国家」、「植民地帝国」となった日本は、否定面・積極面の両方において東南アジアの近現代史に一つの「衝撃」体となったことは打ち消すことのできない事実である。また主として戦時期支配に起因するさまざまな「遺産」――とりわけ「負」の――が今日なお東南アジア各地に色濃く残っていることも、多くの研究者が指摘するとおりである。それと同時に、近年東南アジアをはじめかつての「大東亜共栄圏」各地で日本に対し道義的、物質的な「歴史責任」を問い直す声が高まっている。ある意味で南進の「遺産」を引きずり、その「相続」問題の解決を迫られているのはわれわれ日本自身であるといわねばならないのではないだろうか。

いずれにせよ、このような視座に立って、日本・東南アジア関係史の全体像について私なりのスケッチを試みてみたい、というのが筆者の第一義的な意図である。

筆者のこれまでの試行錯誤がこのような形でまとまるまでには、じつに多くの方々から有形無形の励ましやお力添えそして叱咤を頂いてきた。おひとりずつのお名前を記すことは割愛させて頂くが、学界内外でまた日本の内外で長年ご厚情を賜った関係各位——幽明境を異にされた方々を含め——に心からの御礼を申し述べたい。とりわけ直接的には、アジア政経学会、東南アジア史学会等の関係学会、そして勤務先の早稲田大学の諸先学、同学の研究者、同僚に心からの謝意を表したい。また内外の充実した個性豊かな公文書館、史料館、図書館からはいつもながら多大の便宜をはかって頂いたが、それなしには本書のような実証的な歴史研究は不可能であることはいうまでもない。

さらに筆者に、研究視点が「日本中心主義」(その象徴としての「大東亜戦争」＝「解放戦争」史観)の陥穽におちこまないよう歯止めをかけてくれる上で、内外でのさまざまな国際シンポジウム等に出席の機会を与えられたことはきわめて重要な意味をもつものであった。とくにこの数年間、こうした各国の研究者との交流を可能としてくれた国際交流基金、国際文化会館、トヨタ財団、そしてインドネシア科学院(ＬＩＰＩ)、米国スタンフォード大学フーバー研究所、オーストラリア国立大学、オランダ王立戦争資料館、アムステルダム自由大学等の諸機関、関係各位にはこの場を借りて深甚なる謝意を表したい。

本書の企画から刊行までのすべての段階で、かつて岩波講座『近代日本と植民地』(全八巻、一九九二—九三年)を切り盛りした若手編集者馬場公彦氏には大変にお世話になった。マラソンで鍛えたインドネシア政治外交史を専攻する山崎功君の協力を得た。なお人名索引の作成にあたっては、的確にして鋭い助言の数々は、筆者にとって大きな支えであった。〝したたか〟な粘りとしなやかな感性を武器に、アジア現代史の諸課題に誠実に取り組む馬場氏の、

一九九五年(平成七年)は、日本にとって「大東亜戦争」敗戦五〇年、多くの近隣アジア諸国にとっては「光復」五〇年の節目の年にあたる。またこれら近隣アジア諸地域との関連でさらに時間軸を拡大すると、この年は日清戦争終結百周年(いうまでもなく植民地「台湾」領有百周年でもある)、そして「脱亜論」(福沢諭吉)発表一一〇年にあたる。また戦後に目を転じると一九九五年は、サンフランシスコ講和条約によって主権を回復した日本が「アジアの一員」として初めて参加した国際会議、第一回アジア・アフリカ会議(バンドン会議)四〇周年、そして日本の東南アジアへの関わりを加速化する重要な契機ともなったインドネシアの政変「九月三〇日事件」発生三〇周年でもある。

近代日本・東南アジア関係史を考察する上でこのような「意義深い」年に、拙書が多少なりとも議論のための一素材を提供できるとすれば、それは筆者にとって望外の幸せである。

一九九四年初冬、落葉舞う世田谷、砧にて

後藤乾一

岩波人文書セレクションに寄せて

韓国併合(一九一〇年)、辛亥革命(一九一一年)から一〇〇年を迎える今日、近現代日本と近隣アジアとの関係の構造とその本質を問い返す営みが、学術・教育界、出版・報道界はじめさまざまなレベルで試みられている。本年(二〇一〇年)秋から刊行が始まった『岩波講座東アジア近現代通史』(全一〇巻別巻一)も、そうした問題関心を背景とした意欲的な試みの一つである。敗戦後六五回目となる今年の韓国併合の日(八月二九日)に向け、就任まもない菅直人首相が謝罪の意を表明し、それを李明博大統領が未来を築くメッセージとして評価したように、一世紀余にわたる〝とげとげ〟しかった日韓関係も、本格的なイコール・パートナーシップの時代に入りつつあるかのようである(もちろん朝鮮半島の分断国家の一方である北朝鮮との関係正常化は、いまなお厳然たる課題として残されている)。

経済大国として安全保障をはじめ国際関係の中で急速に存在感を高めている中国との関係においても、「歴史問題」「領土問題」を含め少なからぬ難問を抱えているものの、両国の間には民・官双方で様々なネットワークが構築され、対話の深まりも確実に進展していることも周知のとおりである。そうした韓国(朝鮮半島)、中国との関係修復においては、二回にわたる首相談話(最初は一九九五年、戦後五〇周年に際しての「村山談話」に象徴されるように、また各種の世論調査が示すように、日本社会の間に東アジア(狭義での)に対する加害者認識が広範に定着していることが背景にある。もちろん日本国内には一九八〇年代初の「教科書問題」以降、とりわけ戦後半世紀の節目となった一九九五年以降、そうした加害性を認めることは民族の誇りを傷つける自虐的な史観であるとする「歴史修正主義」的な見方も、一定の支持を得ていることは記しておくべきであろう。

明治以前、幾世期にもわたり同じ伝統的国際秩序の中での〝仲間〟であった東アジアと比べ、近代日本はかつて南方、南洋と呼んだ東南アジアとは、どのような認識軸のもとに、どのような関係を築いてきたのであろうか。学問的にも正負両面、長い伝統をもつ東アジア史研究と異なり、戦後の日本で東南アジア史が学術研究・高等教育の中で制度化されるようになるのは、一九五〇年代末以降のことである。そうした事実を反映し、中学・高等学校の歴史教科書の中で東南アジアについての記述は驚くほど少ない。とりわけ現代の日本・東南アジア関係を考える上でも重要な意味をもつ前大戦期の日本支配については、ほぼすべての教科書で半頁ほどの記述しかなされていない。これは同じ時代についての東南アジア諸国の歴史教科書と比べると決定的な違いである。こうした非対称的な彼我の情報・知識量が固定化することは、今後の両者関係に奥深いところで影響を与えかねないことが憂慮される。

各種機関による日本人の歴史認識についての世論調査をみても、戦時期の日本占領がその後の東南アジアの独立(ひいては脱植民地化)に積極的な役割を果したとする「独立貢献論」(その極論としての「解放戦争」史観）が今なお根強く残っている。そしてそこから導き出される東南アジア「親日」論が、途切れることなく再生産されているのが現実である。ただ付言するならば、こうした社会の一部にみられる言説と学術界の実証的研究との間には大きな齟齬があり、今後その溝をいかに埋めていくかが重い課題として残されている。約言するならば、戦後日本は過去の「北進」「南進」という近代対外関係の二本柱の内、「北進」については一定の史的省察の積み重ねがなされてきたのに対し、「南進」についてはいまなおきちんと論じられていない、ともいえよう。

このたび、一九九五年に初版が公刊された拙著『近代日本と東南アジア』が岩波人文書セレクションの一冊として新たな装いで世に出るにあたり、旧版「あとがき」で記した刊行物を通してみた研究動向に若干の補足をさせて頂きたい。なおこの点については、最近の以下の拙稿も参照されたい。「コラム4　近代日本・東南アジア関係史」東南アジア学会監修『東南アジア史研究の展開』（山川出版社、二〇〇九年）、「早稲田大学におけるインドネシア研究半世紀」工藤元男・李成市編『アジア学のすすめ　第三巻アジア歴史・思想論』（弘文堂、二〇一〇年）。

日本と東南アジアの関係が経済面を中心に急激に深まったのは、一九六〇年代後半以降のことであった。おりしも東南アジアではベトナム戦争の影響でインドシナ半島の諸国が不安定化する一方、原加盟国五カ国によるＡＳＥＡＮ（東南アジア諸国連合）が発足し、市場経済原理を導入しつつ西側先進諸国との関係を深めていた。日本の学校教育の中で「東南アジア」という地域概念が定着したのとほぼ同じ時期であった(一九六六年には東南アジア史学会が発足)。しかしながら、一九七〇年代に入り日本経済の急激かつ過度の進出に対する警戒が戦時期の苛酷な日本支配の記憶とも重なり、インドネシア、タイを中心に東南アジア各地で大規模な反日運動が展開されたことは、今なおわれわれの記憶に新しい。このような現実に直面し、日本の東南アジア研究者の間では、両者間の摩擦をたんなる一過性の経済紛争とみるのではなく、近代日本の東南アジア観、同地域との関わりといった文化的かつ歴史的な文脈の中でとらえるべきとの見方が広く共有されるに至った。

そうした中で、草創期東南アジア研究の東西の拠点機関で実施された共同研究の成果が、相次いで刊行された。その主要著作を時系列的にみると以下のとおりである。正田健一郎編『近代日本の東南アジア観』(アジア経済研究所、一九七八年)、『東南アジア研究』の二度にわたる「近代日本の南方関与」特集号(京都大学東南アジア研究センター、一九七八年六月、八〇年一二月)、長崎暢子編『南アジアの民族運動と日本』(アジア経済研究所、一九八〇年)、田中宏編『日本軍政とアジアの民族運動』(同、一九八三年)、『アジア経済』の特集「戦前期邦人の東南アジア進出」(同、一九八五年三月)等。

これらの共同研究は組織横断的かつ学際的方法により実施され、戦後世代に属する多数の研究者が参加した。単純化していうならば、これらの初期共同研究に関わったことを契機に各研究者が個別課題を設定し、それ以降各自の研究成果を世に問うていくこととなった。上記共同研究の方向性、スタイル等は必ずしも一様ではないが、いくつかの顕著な類似性を見出すことが可能である。その第一は、一次史・資料、基礎文献を重視した実証研究ということである。また当時ようやく注目されるようになった関係者からの聞き取り調査の積極的な活用である。第二は、戦後東南アジアのナショナリズムの高揚と日本の戦時支配との間に一定の相関性を認めつつも、それは日本側が意図したものではなく、本質的には各地域の民族主義運動の主体性に起因するとの視座である。そしてその点と関連し第三は、東南アジアに対する加害認識を欠落させてきた戦後日本人の歴史認識への批判である。これらが前述した「社会の一部にみられる言説と学術界の実証的研究」との間の断層につながるものであろう。

以上三点、とりわけ第一点と密接な関係をもって具体化されたプログラムが、日本における研究助成財団の先駆トヨタ財団の助成による「日本占領期史料フォーラム」の発足である。これも前述した日本・東南アジア間の「情報・知識量」の非対称性に警告を発したインドネシア人歴史研究者スマルティニ女史(国立文書館館長、当時)の発言が契機となって誕生した研究者・専門司書の研究グループであり、日本占領期東南アジアに関する史・資料の蒐集、関係当事者からの聞き取り調査を実施し、その成果を公表することを主な目的とするものであった。一九八六年に発足したインドネシア日本占領期史料フォーラム(代表永積昭、後に中村光男)を嚆矢に、マラヤ・シンガポール(明石陽至)、フィリピン(池端雪浦)、ビルマ(根本敬)、そして東ティモール(後藤乾一)についての各研究グループが、日英両語による文献目録、証言集、さらには研究論文集を公刊してきた。ここでは論集のみを紹介すると以下のとおりである。池端雪浦編『日本占領下のフィリピン』岩波書店、一九九六年、明石陽至編『日本占領下の英領マラヤ・シンガポール』岩波書店、二〇〇一年、Kei Nemoto ed., *Reconsidering the Japanese Military Occupation in Burma (1942-45)*, ILCAA, Tokyo University of Foreign Studies, 2007.

このように一九九〇年代以降、研究環境のインフラが整備されたこと、あるいは関係諸国との学術交流が加速化されたこと、IT産業の発展による情報処理の迅速化等にも起因し、近代日本と東南アジアとの史的関係についての研究は顕著な進展を遂げた。本書旧版の「あとがき」との重複をつとめて避けつつ、以下では代表的な日本語著作を刊行順に紹介させて頂き、本テーマに関心を有する読者の方々の便宜を図ることが出来れば幸いである。

清水元編『両大戦間期日本・東南アジア関係の諸相』アジア経済研究所、一九八六年、石井米雄・吉川利治『日・タイ交流六〇〇年史』講談社、一九八七年、原不二夫『忘れられた南洋移民――マラヤ渡航日本人農民の軌跡――』アジア経済研究所、一九八七年、内海愛子・村井吉敬『シネアスト許泳の「昭和」――植民地下で映画づくりに奔走した一朝鮮人の軌跡――』凱風社、一九八七年、岩武照彦『南方軍政論集』巌南堂書店、一九八九年、早瀬晋三『「ベンゲット移民」の虚像と実像――近代日本・東南アジア関係史の一考察――』同文舘出版、一九八九年、立川京一『第二次世界大戦とフランス領インドシナ――「日仏協力」の研究――』彩流社、二〇〇〇年、吉川洋子『日比賠償外交交渉の研究：一九四九―一九五六』勁草書房、一九九一年、矢野暢編『講座東南アジア学10東南アジアと日本』弘文堂、一九九一年、倉沢愛子『日本占領下のジャワ農村の変容』草思社、一九九二年、吉川利治編『近現代史のなかの日本と東南アジア』東京書籍、一九九二年、白石昌也『ベトナム民族運動とアジア――ファン・ボイ・チャウの革命思想と対外認識――』巌南堂書店、一九九三年、小林英夫『日本軍政下のアジア』岩波新書、一九九三年、萩原宜之・後藤乾一編『東南アジア史のなかの近代日本』みすず書房、一九九五年、安達宏昭『戦前期日本と東南アジア――資源獲得の視点から――』吉川弘文館、二〇〇二年、武島良成『日本占領とビルマの民族運動――タキン勢力の政治的上昇――』龍渓書舎、二〇〇三年、池端雪浦、リディア・N・ユー・ホセ編『近現代日本・フィリピン関係史』岩波書店、二〇〇四年、永井均『フィリピンと対日戦犯裁判――一九四五～一九五三年』岩波書店、二〇一〇年、根本敬『抵抗と協力のはざま――近代ビルマ史のなかのイギリスと日本〈シリーズ戦争の経験を問う〉』岩波書店、二〇一〇年。

なお本書のテーマに関する筆者の関連著作としては、以下を参照されたい。『昭和期日本とインドネシア――「南進」の論理・「日本観」の系譜――』勁草書房、一九八六年、『日本占領期インドネシア研究』龍溪書舎、一九八九年、『近代日本とインドネシア――「交流」百年史――』北樹出版、一九八九年、『〈東〉ティモール国際関係史 1900-1945』みすず書房、一九九九年、*Tensions of Empire: Japan and Southeast Asia in the Colonial and Postcolonial World* (Ohio University Press, 2003).

二〇一〇年一一月三日

後藤乾一

主要人名索引

＊　本文(注を除く)に登場する歴史上の人物に限定し，原則として現代の研究者は対象からはずした．

■岩波オンデマンドブックス■

近代日本と東南アジア——南進の「衝撃」と「遺産」

1995年 1月27日　第1刷発行
2010年12月10日　人文書セレクション版発行
2015年 8月11日　オンデマンド版発行

著　者　後藤乾一《ごとうけんいち》

発行者　岡本　厚

発行所　株式会社 岩波書店
〒101-8002 東京都千代田区一ツ橋 2-5-5
電話案内 03-5210-4000
http://www.iwanami.co.jp/

印刷／製本・法令印刷

ISBN 978-4-00-730260-2　　Printed in Japan